KB042743

태봉학회 총서 **1**

# 태봉
# 철원도성
# 연구

CHEORWON
DOSEONG :
THE CAPITAL CITY
OF TAEBONG
KINGDOM

## 泰封國 鐵圓都城

태봉학회

철원군
*Cheorwon*

태봉학회 총서 1

# 태봉 철원도성 연구

CHEORWON
DOSEONG :
THE CAPITAL CITY
OF TAEBONG
KINGDOM

泰封國 鐵圓都城

태봉학회
철원군
Cheorwon

주류성

# 총서를 펴내며

태봉을 비롯하여 후삼국의 역사를 전공하는 연구자는 그리 많지 않다. 태봉을 주제로 하는 학회지의 발간은 아직 어려운 실정이다. 이에 태봉학회에서는 태봉과 철원 지역의 역사, 문화에 대한 기왕의 논고, 자료 등을 모아 총서를 간행하기로 하였다. 관련 글들이나 자료들은 오랜 기간에 걸쳐 드문드문 발표되어왔고, 여기저기에 흩어져 있다. 그러므로 이것들을 정리하여 묶는 것도 의미가 있다는 판단에서였다. 이 점에서 태봉 관련 단행본에 실린 것들은 제외하였다.

총서 제 1권의 주제는 철원도성으로 선택하였다. 철원도성은 905년부터 918년까지 태봉의 도읍이었다. 태봉 18년의 역사 중 14년 동안 정치와 문화의 중심지였다. 918년 6월 정변을 일으켜 즉위한 왕건도 그 이듬해 정월 송악으로 옮겨가기 전까지 철원에 머물렀다. 고려의 첫 도읍도 철원도성이었다. 철원도성은 외성, 내성 및 궁성으로 이루어져 있다. 외성 둘레는 약 12.7km, 내성은 약 7.7km이다. 외성을 기준으로 한양도성의 약 2/3 크기에 달하는 성곽도시였다. 그 내부는 도시계획에 따라 일정하게 구획된 것으로 여겨지고 있다.

이상과 같은 이유로 철원도성은 연구자들의 관심을 끌어왔거니와, 한편으로는 그 입지 때문에도 주목을 받아왔다. 철원도성의 거의 대부분은 비무장지대 내에 위치하고 있다. 비무장지대는 남북 분단의 상징이자 대결의 현장이다. 연구자들은 남북 화해의 상징으로서 철원도성에 대한 남북공동연구를 희망해왔다. 2018년 9월 평양에서 남과 북이 비무장지대 안의 역사유적에 대한 공동조사 및 발굴과 관련한 군사적 보장대책을 계속 협의하기로 하였다고 발표함으로써 이는 국민적 관심사가 되기도 하였다. 최근 남북 관계가 경색됨에 따라 철원도성에 대한 관심은 적어졌다. 하지만 우리는 이 책이 앞으로의 남북공동연구를 위한 사전 기초 작업으로서 의의를 갖는다고 생각한다.

이 책은 제 1부 역사, 제 2부 고고, 제 3부 자료 및 부록으로 구성되었다. 궁예왕은 904년 국호를 마진, 연호를 무태로 하고, 광평성을 비롯한 중앙정치조직을 정비하는 등 국가로서의 면모를 일신하였다. 이러한 역사적 상황을 고려하면서 905년 철원도성을 도읍으로 정한 배경과 역사적 의의를 다룬 논문들을 모은 것이 제 1부이다. 분단과 6. 25 전쟁으로 인해 연구자들은 철원도성에 접근할 수 없었다. 일제시기의 조사 자료, 1950년대, 60년대의 항공사진, 1990년대 중반 이후 실시된 극히 제한된 지역에 대한 조사를 바탕으로 고고학적 연구가 이루어져 왔다. 관련 논고들로 제 2부를 구성하였다. 제 3부는 일제시기부터 6·25 전쟁 이전에 발표된 답사기, 기행문을 모아 놓은 것이다. 이 시기 철원도성의 상황을 아는데 도움이 될 것이다. 부록에는 태봉학회와 관련한 자료를 실었다.

먼저 원고를 내주시고, 교정과 함께 일부 가다듬어 주시기도 한 필자 여러분들께 감사드린다. 태봉학회를 물심양면으로 도와주시는 이현종 철원군 군수 이하 철원군 관계자 여러분께도 고마움을 전한다. 학회의 김용선, 이재범 고문, 김영규 사무국장, 나건주 간사가 편집과 실무를 맡아 수고하셨다. 도서출판 주류성의 최병식 회장과 이준 이사가 출판을 위해 애써 주셨다.

2019년 12월

태봉학회 회장 조 인 성

# 목차

제1부
# 역사         9

# 수록 논문 및 자료 출처

## 제1부 역사

정선용,「궁예의 세력형성 과정과 도읍 선정」『한국사연구』97, 한국사연구회, 1997.

이재범,「궁예정권의 철원정도와 '경'·'도'」『서울문화』10, 서울문화사학회, 2006.

신성재,「궁예정권의 철원천도와 전쟁사적 의미」『한국사연구』158, 한국사연구회, 2012.

서금석,「궁예의 국도선정과 국호·연호 제정의 성격」『한국중세사연구』42, 한국중세사학회, 2015.

## 제2부 고고

유병하·나병호,「궁예도성과 견훤도성」『대외관계로 본 후백제』(국립전주박물관 편), 공감, 2015.

이재,「철원도성 연구의 현단계」『남북공동의 문화유산: DMZ 태봉 철원도성』(2018태봉학술대회), 철원군·태봉학회, 2018.

심재연,「일제강점기 풍천원의 고적조사」『고고학』18-1, 중부고고학회, 2019.

심정보,「태봉국 철원도성의 축조기법과 공간구성」『문물연구』36, 재단법인 동아문화재단, 2019.

## 제3부 자료

小春,「弓裔王의 옛 서울을 밟고」『개벽』제 7호, 개벽사; 국사편찬위원회, 한국사데이터베이스

倉澤藤三郎,「弓裔の古址を訪ねて」『文敎の朝鮮』大正十五年八月(第十二号), 朝鮮敎育會, 1926

田保橋 潔,「弓裔とその都城址」『京城帝大 史學會誌』第十七號, 京城帝大 史學會, 1941

都宥浩,「奉先寺址考」『문화유물』제2집, 조선물질문화유물조사보존위원회기관지, 1950

## 부록

태봉학회,「태봉학회 창립선언문」태봉학회 창립기념 학술대회 자료집, 철원군·태봉학회, 2018

태봉학회,「태봉학회 회칙」위와 같음

김영규,「태봉 및 철원 관련 학술연구 동향 -철원군을 중심으로-」위와 같음

태봉학회 총서 **1**

제1부

# 역사

태봉
철원도성
연구

CHEORWON
DOSEONG :
THE CAPITAL CITY
OF TAEBONG
KINGDOM

泰封國 鐵圓都城

# 弓裔의 勢力形成 過程과 都邑 選定

정선용

서강대 박물관 연구교수

## 목차

## 1. 머리말

都邑은 한 나라에 있어서 정치·경제·사회·문화의 중심지에 해당되기 때문에 그것을 정하는 과정에는 권력을 장악한 지배세력의 이해관계가 개입되기 마련이다. 이러한 사정은 弓裔가 鐵圓을 중심으로 後高句麗를 세운 뒤 松嶽에 遷都하였다가 다시 철원으로 還都한 과정에서도 적용되었을 것이다. 궁예가 송악천도와 철원환도 과정에서 風水地理를 이용한 점,[1] 王建이 궁예의 철원환도를 讖緯說에 의존했다고 비난한 뒤에 다시 송악으로 천도한 점[2] 등은 이러한 사실을 말해준다. 이런 점에서 볼 때, 궁예의 都邑 選定과 관련된 연구는 미흡한 채로 남아 있는 그의 세력기반 및 그것의 형성 과정을 밝히기 위해 주목할 만한 연구 주제라 할 수 있을 것이다.[3]

궁예의 도읍 선정이 갖는 이러한 중요성은 기존의 연구자들도 인식하고 있었다. 그 결과, 궁예의 도읍 선정과 관련하여 풍수지리를 주목하거나,[4] 철원정도와 송악천도를 각각 철원 주민의 彌勒信仰的 末世意識과 王建家 및 浿西勢力의 군사적·경제적 기반을 활용하려는 것이었다는 견해,[5] 송악천도에서 철원환도의 과정을 豪族聯合과 專制政治의 추구와 관련시키려는 이해,[6] 그리고 梁吉의 위협을 의식하여 송악으로 천도

---

1) 궁예는 '漢北의 이름난 郡으로서 산수가 빼어난 곳'이라 하면서 송악으로 천도하였고(『三國史記』 50, 列傳 10 弓裔), 철원으로 환도하는 과정에서도 讖緯說을 이용하였다(『高麗史節要』 1, 太祖神聖大王 원년). 뿐만 아니라 그는 철원으로 환도하기에 앞서 孝恭王 7년(903)에 철원 일대를 답사하기도 하였다(『三國史記』 12, 新羅本紀 12 孝恭王 7년).

2) 『高麗史』 1, 世家 1 太祖 원년 8월 辛亥 및 2년 정월.

3) 궁예의 세력기반과 관련하여, 寺院勢力(申虎澈, 「弓裔의 政治的 性格 -특히 佛敎와의 관계를 중심으로-」 『韓國學報』 29, 一志社, 1982), 隨院僧徒(李在範, 「弓裔政權의 政治的 性格에 관한 考察」 『溪村閔丙河敎授停年紀念史學論叢』, 1988), 豪族勢力(鄭淸柱, 「弓裔와 豪族勢力」 『全北史學』 10, 全北大, 1986 ; 『新羅末高麗初 豪族硏究』, 一潮閣, 1996) 등이 주목되고 있다. 그러나 궁예와 그 세력기반이 이러한 연구 성과에도 불구하고 분명하게 밝혀졌다고 볼 수는 없다.

4) 이러한 견해는 李丙燾에 의해 제기되었고(『韓國史大觀』, 普文閣, 1983), 崔柄憲에 의해 보완되었다(「道詵의 生涯와 羅末麗初의 風水地理說 -禪宗과 風水地理說의 關係를 중심으로 하여-」 『韓國史硏究』 11, 韓國史硏究會, 1975, p. 146).

5) 조인성은 彌勒信仰의 末世意識에 경도된 철원과 그 인근 지역의 유력한 주민들이 말세에서 벗어나려는 염원으로 到彼岸寺의 毘盧遮那佛을 조성하였다고 보았다. 그리고 미륵불을 자처하던 궁예가 철원에 도읍한 것도 말세의식에 경도된 이 지역민들의 호응을 받았기 때문이라고 하였다(趙仁成, 「弓裔의 勢力形成과 建國」 『震檀學報』 75, 震檀學會, 1993, pp. 20-23).

6) 申虎澈, 「後三國 建國勢力과 淸州 地方勢力」 『湖西文化硏究』 11, 忠北大, 1993-ⓐ, p. 77.
_____, 「後三國時代 豪族聯合政治」 『韓國史上의 政治形態』, 一潮閣, 1993-ⓑ, pp. 159-163.

했다는 주장[7] 등이 제시되었다. 뿐만 아니라 궁예정권의 변천 과정을 송악 이전 시대와 송악 시대, 그리고 철원 시대로 구분하여 설명하기도 하였다.[8] 그러나 그 동안의 연구들이 궁예의 도읍 선정을 그의 세력형성 과정과 어떻게 관련되었는지 체계적으로 밝혔다고 볼 수는 없다.

그러므로 이 글에서는 궁예의 세력형성 과정과 관련하여 그의 도읍 선정 문제를 보다 구체적으로 검토하려고 한다. 이를 위해, 먼저 명주에서 자립하였던 궁예가 왜 철원에 도읍하여 나라를 세웠는지 알아보려고 한다. 그리고 나서 철원에 도읍했던 궁예가 송악으로 천도한 까닭은 무엇이었나 하는 점을 밝혀 보려고 한다. 마지막으로 궁예가 송악에서 다시 철원으로 환도한 사실을 살펴보려고 한다. 이러한 연구는 궁예정권의 세력형성 과정, 나아가 궁예와 왕건이 대립할 수밖에 없었던 정치적 이해관계를 밝히는데 도움이 될 것이다.


## 2. 弓裔의 自立과 鐵圓定都

궁예가 처음으로 나라를 세운 것은 眞聖女王 10년(896)의 일이었다.[9] 그는 同王 8년(894)에 溟州에서 자립했다가,[10] 이 때에 이르러 鐵圓을 도읍으로 삼아 內外의 官職을 설치하고 왕을 자칭하였다. 명주를 떠나

---

7) 鄭淸柱, 「新羅末·高麗初 支配勢力의 社會的 性格」 『全南史學』 9, 1995 ; 앞의 책, 1996, p. 199.

8) 李貞信, 「弓裔政權의 成立과 變遷」 『藍史鄭在覺博士古稀紀念東洋學論叢』 高麗苑, 1984.

9) 궁예는 진성여왕 9년(895)에 철원을 점령하였고(『三國史記』 11, 新羅本紀 11 眞聖女王 9년), 896년에 이 곳을 중심으로 나라를 세웠다(『三國遺事』 1, 王曆 1 後高麗).

10) 『三國史記』 50, 列傳 10 弓裔.

猪足(인제)·狌川(화천)·夫若(김화)·金城(김화)·鐵圓(철원) 등 10여 성을 점령한 궁예는 이러한 세력형성을 통해 浿西賊寇들의 來降도 받아낼 수 있었다. 이것은 철원에 도읍하기 전까지 궁예가 주로 강원도 북부 지역에서 세력을 형성하고 있었음을 알려준다.

이러한 사실은 궁예가 철원에 도읍하여 나라를 세운 이유를 설명하는데 도움이 된다. 철원은 위의 다른 지역들과 달리, 넓은 평야지대로 이루어져 있었기 때문이다.[11] 唐 咸通 5년(景文王 5년 : 865)에 조성된 到彼岸寺[12] 毘盧遮那佛 銘文의 일부인 다음 기록도 이와 관련하여 주목된다.

A. 唐天子咸通六年乙酉正月 日 新羅漢州北界 鐵員郡到彼岸寺 成佛之時 士
□龍岳堅淸 于時□覓居士 結緣一千五百餘人 堅金石志 勤不覺勞因 (「到彼
岸寺 毘盧遮那佛造像記」, 『譯註韓國古代金石文』3)

여기에 보이는 '□覓居士'를 비롯한 1,500여 명의 香徒들은 대부분 철원과 그 인근 지역의 유력한 주민들로 이해된다.[13] 그런데 이들이 조성한 身高 100.5cm에 달하는 鐵佛인 비로자나불은 완성되기까지 많은

---

11) 『擇里志』에 따르면, 철원은 비록 땅이 메마르지만 넓은 들과 낮은 산을 가지고 있어 두메 속에 하나의 도회지를 이루었다고 한다(『擇里志』 八道總論 江原道篇). 실제로 철원은 북쪽의 고암산·서쪽의 추가령 지구대·동북쪽의 백암산·동남쪽의 광주산맥에 둘러싸여 있는데, 백암산 등 1000m에 가까운 동쪽의 산들을 제외한 대부분의 산들이 낮은 언덕을 이루고 있으며, 그 가운데를 따라 임진강의 상류인 한탄강이 흐르고 있다. 이러한 지리적 특성을 가진 철원은 강원도에서 가장 넓은 농토를 가지고 있다고 한다(李貞信, 앞의 논문, 1984, pp. 55-56).

12) 鐵原郡 東松邑 觀雨里 到彼岸 450번지에 現存.

13) 조인성은 高麗 顯宗 元年(1010) 開心寺 石塔 建立에 참여하였던 香徒가 醴泉郡과 인근 多仁縣의 주민들이었다는 견해(李泰鎭, 「醴泉 開心寺 石塔記의 分析」, 『歷史學報』 53·54合輯, 1972, pp. 42-48)에 주목하여, 도피안사의 비로자나불 조성에 참여한 1500여 명을 철원과 인근 지역의 유력한 주민들로 이해하였다(趙仁成, 앞의 논문, 1993, p. 20).

비용을 필요로 하였다.[14] 여기에서 철원과 그 인근 지역의 주민들로 이루어진 이들 향도의 대부분이 自作農이었다는 견해를 주목할 필요가 있다.[15] 이 견해는 철원 일대의 넓은 평야지대를 고려할 때 크게 틀리지 않을 것이다. 그런데 위의 기록이 궁예의 철원정도 30여 년 전의 자료라는 점을 감안하면, 궁예가 이러한 경제적 조건과 이에 기반한 이 지역세력의 협조를 기대하며 철원에 도읍하였을 가능성은 충분하다.

그러나 철원의 지리적·경제적인 조건만으로 궁예가 그 곳에 도읍한 까닭을 설명할 수는 없다. 진성여왕 9년(895) 8월에 철원을 점령한 궁예가 그 이듬해에 곧바로 그 곳을 도읍으로 정한 점도 이러한 사실을 알려준다. 그런데 지배세력의 이해관계가 도읍 선정 문제에 개입된다는 점을 고려하면, 궁예가 철원에 도읍한 것도 그의 정치적 이해관계에 따른 것이었다고 할 수 있다. 따라서 궁예가 철원에 도읍한 까닭을 밝히기 위해서는 먼저 그의 정치적 입장이 어떠했는지를 살필 필요가 있다. 철원에 도읍할 당시 궁예의 정치적 입장은 그의 세력형성 과정을 검토함으로써 확인할 수 있을 것이다. 특히 궁예의 초기 세력기반에 대한 究明은 철원정도와 관련된 그의 정치적 입장을 이해하는데 도움이 될 것이다.

B-1. 弓裔 新羅人 姓金氏 考第四十七憲安王誼靖 母憲安王嬪御 失其姓名 或

云 四十八景文王膺廉之子 以五月五日 生於外家 其時 屋上有素光 若長虹

---

14) 조인성은 身高 273.5cm의 寶林寺 鐵造毘盧舍那佛像에 2500 斤의 철이 소요되었다는 점에 주목하여(文明大,「新羅下代 毘盧舍那佛像彫刻의 硏究」,『美術資料』21, 1977, pp. 19-21), 身高 100.5cm에 달하는 鐵佛인 도피안사의 비로자나불도 완성되기까지 많은 비용을 필요로 하였을 것이라 하였다(趙仁成, 앞의 논문, 1993, p. 20). 도피안사 비로자나불에 대한 더 자세한 연구는 文明大의「新羅下代 毘盧舍那佛像彫刻의 硏究(續)」(『美術資料』22, 1978, p. 31)를 참고하기 바란다.

15) 趙仁成, 앞의 논문, 1993, pp. 20-23.

上屬天 日官奏曰 此兒以重午日生 生而有齒 且光焰異常 恐將來不利於國家
宜勿養之 王勅中使 抵其家殺之 使者取於襁褓中 投之樓下 乳姬竊捧之 誤以
手觸 眇其一目 抱而逃竄 劬勞養育 年十餘歲 遊戲不止 其婢告之曰 子之生
也 見棄於國 予不忍 竊養以至今日 而子之狂如此 必爲人所知 則予與子俱
不免 爲之奈何 弓裔泣曰 若然則吾逝矣 無爲母憂 (『三國史記』50, 列傳 10
弓裔)

  2. 便去世達寺 今之興教寺是也 祝髮爲僧 自號善宗 及壯不拘檢僧律 軒輊
有膽氣 嘗赴齋 行次有烏鳥衝物 落所持鉢中 視之 牙籤書王字 則秘而不言
頗自負 (위의 책)

  3. 善宗謂乘亂聚衆 可以得志 以眞聖王卽位五年大順二年辛亥 投竹州賊魁
箕萱 箕萱侮慢不禮 善宗鬱悒不自安 潛結箕萱摩下元會·申煊等爲友 景福元
年壬子 投北原賊梁吉 吉善遇之 委任以事 遂分兵 使東略地 於是出宿雉岳山
石南寺 行襲酒泉·奈城·鬱烏·御珍等縣 皆降之 (위의 책)


위의 기록은 궁예의 세력형성 과정과 관련하여 주목되는 자료들이
다. 먼저 B-1의 기록은 궁예가 신라 왕실의 왕자 출신이었다는 점에서
주목된다. 이 기록은 궁예가 憲安王의 庶子인지 景文王의 아들인지 착오
를 일으키고 있기 때문에 신라에 대한 반란의 당위성을 부여하려는 궁
예에 의해 조작된 것이라는 견해도 있다.[16] 그러나 고려의 건국을 합리

---

16) 洪淳昶, 「變革期의 政治와 宗教 -後三國時代를 中心으로-」, 『人文研究』 2, 嶺南大, 1982, pp.
227-228.

화하는 과정에서 궁예가 貶下되었다는 점을 고려하면,[17] 신라 왕실과 관련된 그의 출생설을 조작된 것으로 볼 수만은 없다. 그것이 조작되었다면 고려 시대에 이미 비판되었을 것이기 때문이다. 이런 점에서 볼 때, 궁예는 왕위계승과 관련된 모반사건으로 희생된 왕자 출신이었음에 틀림없다.[18] 궁예가 이처럼 신라 왕실에 의해 버림받은 왕자 출신이었다는 점은 뒷날 그가 반신라적인 지방세력을 규합하는데 유리하게 작용하였을 것이다. 그렇지만 그것은 어디까지나 궁예가 자신의 세력을 형성한 뒤의 일이었다. 그는 왕자 출신이라는 점 때문에 세력을 형성하기 전까지 오히려 열악한 환경 속에서 생활해야 했다.[19] 그가 신분 노출을 피해

---

17) G. Cameroon Hurst III, "The Good, The Bad and The Ugly : Personalities in the Founding of Koryŏ Dynasty", Korean Studies Forum no.7. Summer-fall, 1981 ; 李道學 譯, 「王建·弓裔·甄萱의 再評價」『우리文化』1989 3·4월호 및 申虎澈, 「弓裔의 政治的 性格 -특히 佛敎와의 관계를 중심으로-」『韓國學報』29, 一志社, 1982, p. 32.

18) 궁예를 포괄적인 의미에서 왕위계승전에 희생된 왕족(崔圭成, 「弓裔政權의 性格과 國號의 變更」『祥明女大論文集』19, 1987, pp. 289-290 및 李在範, 「後三國時代 弓裔政權의 硏究」成均館大學校 博士學位論文, 1992, p. 11)이나 몰락한 진골 귀족의 후예(趙仁成, 「泰封의 弓裔政權研究」西江大學校 博士學位論文, 1990, pp. 7-13) 정도로 파악하는 것도 이런 점에서 재고할 필요가 있다.

19) 이재범은 궁예의 유년시절이 생명을 보존하는 것만으로도 다행스럽게 여길 정도로 열악한 생활이었다고 하였다(李在範, 앞의 논문, 1992, p. 13). 궁예가 憲安王의 庶子였나 아니면 景文王의 아들이었나 하는 문제는 이런 점에서 그의 세력형성과 관련하여 큰 의미가 없다. 다만 논의를 분명히 하기 위해, 궁예가 경문왕의 아들이었다는 견해(申虎澈, 앞의 논문, 1982, pp. 33-36)에 따랐음을 밝힌다. 헌안왕의 경우는 아들이 없어서 사위인 膺廉(경문왕)에게 왕위를 물려주었다(『三國史記』11, 新羅本紀 11 憲安王 5년 정월 및 『三國遺事』2, 紀異 2 第四十八代 景文大王). 따라서 헌안왕은 가장 유력한 왕위계승자인 자신의 서자를 태어나자마자 죽여하지는 않았을 것이다. 반면, 正妃인 寧花夫人과의 사이에 있었던 晸(憲康王)·晃(定康王)의 두 왕자를 두고 있었던 경문왕의 경우는 궁예로 대표되는 세력이 정비 소생의 아들과 왕위계승을 둘러싸고 대립하다 제거되었을 가능성이 있었던 것이다.

숨어살았다는 것은 이러한 사정을 말해준다.[20] 따라서 왕자 출신이었다는 점은 자립하기 전까지의 궁예를 여러모로 곤란하게 만들었을 것이다.

신라 왕실에서 쫓겨나 숨어살던 궁예가 善宗이란 法名으로 世達寺에 出家한 사실을 알려주는 B-2의 기록은 그의 세력기반을 寺院勢力이나 그 하층세력인 隨院僧徒로 이해하는 과정에서 주목되었다.[21] 궁예가 자신의 외가세력을 배경으로 세달사의 세력권인 영월 및 그 인근 지역의 호족세력과 결합했다는 견해도 이 기록에 따른 것이었다.[22] 그러나 궁예가 세달사에 출가한 것도 그의 세력형성에 있어서 결정적인 영향을 준 것 같지는 않다. 그는 세달사에 있는 동안에 '王'이라는 글자가 쓰여진 牙籤을 얻고 자부심을 가졌다. 그러면서도 그는 이 사실을 누구에게도 말하지 않았다. 이것은 궁예가 세달사에 머무르는 동안 자신의 세력을 형성하지 못했음을 알려주는 것이라 하겠다. 이와 관련하여 궁예가 세달

---

20) 정청주는 궁예가 자신의 외가세력과 연결되는 지역에서 양육되었고, 그 곳을 구체적으로 世達寺가 있는 영월 지방으로 보았다. 그리고 궁예는 이러한 외가 세력을 배경으로 세력기반을 형성하였다고 하였다(鄭淸柱, 앞의 책, 1996, pp. 69-73). 그러나 숨어살아야 했던 궁예가 그의 외가세력과 연결되는 지역에서 살았다고 볼 수는 없다. 그리고 궁예의 출가를 또 다른 도피 생활로 이해한다면, 그가 숨어 지낸 곳을 세달사 인근 지역으로 볼 수도 없다.

21) 궁예의 초기 세력기반을 불교사상에 기초한 사원세력으로 파악한 신호철(申虎澈, 앞의 논문, 1982, pp. 36-45)이나, 궁예가 寺院 내의 하층세력인 隨院僧徒와 결합함으로써 사원들을 쉽게 규합했다는 이재범(李在範, 앞의 논문, 1988, pp. 135-136)의 주장은 궁예가 세달사에 출가한 점에 주목한 것이었다.

22) 정청주는 寧越과 그 인근의 平昌·旌善·丹陽·提川 등 넓은 지역을 세력권으로 하는 世達寺(『三國遺事』 3, 塔像 洛山二大聖 觀音·正趣·調信)를 世達寺로 보았다. 그리고 그 곳의 위치는 세달사의 후대 명칭으로 알려진 興敎寺가 지금의 江原道 寧越郡 南面 興月里 興敎洞 大華山 西上復에 소재하였다는 점(鄭永鎬, 「新羅 獅子山 興寧寺址 硏究」 『白山學報』 7, 1969, p. 27)에 주목하여 영월 지역에 비정하였다(鄭淸柱, 앞의 책, 1996, pp. 70-73). 그러나 고려시대의 興敎寺는 영월군 이외에 경기도 개풍군에서도 찾아볼 수 있다(『新增東國輿地勝覽』 13, 京畿道 開豐郡 豐德 佛宇條). 따라서 궁예가 출가했던 세달사를 영월 지역에 한정지어 설명할 수는 없다. 그것을 개풍군에 있었던 흥교사로 이해하는 경우도 있기 때문이다(李丙燾, 『國譯 三國史記』 乙酉文化社, 1977, p. 714 및 金杜珍, 「新羅下代 崛山門의 形成과 그 思想」 『省谷論叢』 17, 1986, p. 305 註 25) 및 崔圭成, 앞의 논문, 1987, p. 290).

사에 있는 동안 僧律에 구애받지 않았다는 점은 주목할 만하다. 궁예가 자유분방한 태도로 인해 사원세력으로부터 오히려 배척받았을 가능성을 보여주기 때문이다.[23] 이러한 추측이 타당하다면, 궁예의 세력기반을 寺院勢力이나 隨院僧徒에서 찾으려는 것도 재고할 필요가 있다.

B-3의 기록도 궁예의 세력형성과 관련하여 주목되는 자료이다. 이에 따르면, 궁예는 진성여왕 5년(891)에 신라말의 혼란을 틈타 竹州의 賊魁인 箕萱에게 歸附하였다. 그러나 그는 기훤의 냉대를 받고 불안해하다가, 기훤의 휘하에 있던 元會·申煊 등과 우의를 맺었다. 궁예는 그 뒤 다시 景福 원년(진성여왕 6년 : 892)에 北原의 梁吉에게 귀의하였다.[24] 그런데 양길은 기훤과 달리 궁예를 우대하고 일을 委任하였다. 그리고 궁예에게 병사를 나누어주어 동쪽 땅을 경략케 하였다. 궁예는 이 때 雉岳山 石南寺에 주둔하면서 酒泉(영월)·奈城(영월)·鬱烏(평창)·御珍(정선) 등 명주 관내와 그 인근 10여 군현의 항복을 받아내었다고 한다.[25] 이 기록은 신라 왕실로부터 버림받은 궁예가 지방세력에 가담함으로써 본격적

---

23) 조인성도 궁예가 이 때부터 불교에 대한 관심보다도 현실의 정치적·사회적 상황에 관심을 가졌을 것이라 하였다(趙仁成, 앞의 논문, 1990, p. 28). 한편 이재범은 궁예의 출가를 전문 승려가 아닌, 사원의 각종 노동에 종사하는 隨院僧徒가 된 것으로 이해하였다(李在範, 앞의 논문, 1992, pp. 19-26). 그러나 궁예는 뒤에 經文 20여 권을 自述하였다고 한다(『三國史記』50, 列傳 10 弓裔). 이것은 궁예가 세달사에 있는 동안 승려로서 전문적인 수업을 받았다는 점을 알려준다고 하겠다.

24) 궁예가 양길에게 귀부한 것은 大順 庚戌年(890)의 일이었다는 기록도 있다(『三國遺事』1, 王曆 1 後高麗).

25) 『三國史記』新羅本紀에 따르면, 궁예는 양길의 佐將이 되어 진성여왕 5년(891) 10월에 百餘騎를 이끌고 가서 명주 관내의 酒泉 등 10여 郡縣을 점령하였다고 한다(『三國史記』11, 新羅本紀 11 眞聖女王 5년). 新羅本紀와 弓裔傳이 연대와 내용에 있어서 약간의 차이를 보이고 있지만, 이것은 동일한 사실을 언급한 것이라고 할 수 있다. 그리고 위의 지리에 대한 고증은 신호철의 견해를 따랐다(申虎澈, 앞의 논문, 1982, p. 39). 다만, 御珍의 경우는 '本于珍也 一云御珍 一云古弓伊'라는 기록(『大東地志』16, 蔚珍沿革條)에 주목하여 울진 지역으로 이해하는 경우도 있어(吳永淑, 「泰封國形成과 弓裔의 支持基盤」 淑明女大 碩士學位論文, 1985, p. 17), 보다 엄밀한 고증이 요구된다.

인 반신라 활동을 시작했다는 점에서 주목된다. 여기에서 궁예가 왜 기훤과 양길로부터 서로 다른 대우를 받았는지 그 자세한 사정을 알 수는 없다.[26] 그러나 이것은 궁예가 양길에게 귀부할 때까지 특별히 주목받을 만한 존재가 아니었음을 알려준다. 그는 일찍이 자신의 세력을 형성할 기회가 없었던 것이다. 기훤이 그를 예우하지 않았던 것도 이러한 이유 때문이었을 것이다. 그리고 궁예가 군사활동을 시작할 수 있었던 것은 양길의 배려가 있었기 때문에 가능했다. 그가 酒泉·奈城·鬱烏·御珍 등 명주 관내와 그 인근 10여 군현의 항복을 받은 것은 양길의 佐將이란 직책을 가진 채였다. 따라서 이것은 전적으로 자신의 능력에 의존해서 이루어낸 것이기는 하지만, 궁예 자신의 독자적인 세력형성보다는 양길의 세력권을 넓혔다는 의미가 더 강했다.

이제까지 궁예가 양길에게 귀부하여 활동할 때까지의 행적에 대해 살펴보았다. 여기에서 궁예는 양길에게 귀부하기 전까지 이렇다할 세력을 형성하지 못하였음을 알았다. 그리고 그는 양길의 휘하에서 비로소 자신의 능력을 발휘할 수 있었음도 알았다. 따라서 궁예가 세력을 형성한 것은 양길에게 귀부한 뒤의 일이었다고 하겠다. 이제, 명주에서 자립한 궁예가 철원에 도읍한 까닭을 그와 양길과의 관계에 주목하여 살펴

---

26) 신호철은 궁예가 世達寺의 寺院勢力을 세력기반으로 하여 箕萱에게 귀부했다가 기훤이 '悔慢不禮'했기 때문에 다시 梁吉에게 귀의했다고 보았다(申虎澈, 앞의 논문, 1982, pp. 36-40). 이정신은 기훤이 사원세력과 소위 賊黨勢力으로 불리는 유민들을 세력기반으로 한 궁예를 두려워해서 냉대했다고 하였다(李貞信, 앞의 논문, 1984, pp. 41-43). 그리고 정청주는 기훤이 궁예를 예우하지 않은 것은 그에게 귀부할 당시 궁예의 세력기반이 미약했기 때문이고, 양길이 그를 신임한 것은 궁예가 기훤 휘하에 있던 元會·申煊 등과 함께 귀부했기 때문이라고 하였다(鄭淸柱, 앞의 책, 1996, p. 74). 위의 견해들은 정도의 차이가 있지만 대체로 궁예가 세달사 시절부터 상당한 세력을 형성한 것으로 이해했다는 점에서 공통점이 있다. 반면, 조인성과 이재범은 궁예가 양길에게 귀부한 뒤에 비로소 체계적인 조직활동을 시작할 수 있었고, 양길의 휘하에서도 자신의 능력을 기초로 활동하였다고 보았다(趙仁成, 앞의 논문, 1990, pp. 10-12 및 李在範, 앞의 논문, 1992, p. 31).

보려고 한다.

C. 乾寧元年 入溟州 有衆三千五百人 分爲十四隊 金大·黔毛·昕長·貴平·張
一等 爲舍上-舍上謂部長也- 與士卒同甘苦勞逸 至於予奪 公而不私 是以衆
心畏愛 推爲將軍 於是擊破猪足·狌川·夫若·金城·鐵圓等城 軍聲甚盛 浿西
賊寇來降者衆多 善宗自以爲衆大 可以開國稱君 始設內外官職 (『三國史記』
50, 列傳 10 弓裔)

위의 기록은 궁예가 溟州에서 자립하고 다시 철원에 근거하여 나라
를 세우기까지의 사정을 알려주고 있다. 이에 따르면, 궁예는 乾寧 원년
(진성여왕 8년 : 894)에 명주로 들어가면서 자립하였다. 이것은 그가 양길
에게 귀부한 지 2년만의 일이었다. 그가 명주에 들어간 원래의 목적은
양길의 세력권을 넓히려는데 있었을 것이다. 그렇기 때문에 궁예는 양길
의 군사를 이끌고 명주에 들어가 자립했다고 할 수 있다. 이와 관련하여
궁예가 자립하는데 기반이 되었던 3,500 명의 존재는 주목할 만하다. 이
가운데에는 그가 북원을 떠나 명주에 이르는 동안 모여든 이들도 있었
을 것이다. 뿐만 아니라 그가 명주에 들어간 뒤에 동원한 이들도 있었을
것이다. 그러나 이 집단의 핵심은 대체로 궁예와 함께 양길 휘하에서 군
사활동을 계속해 온 인물들이었을 것이다.[27] 그가 자립하면서 舍上으로

---

27) 新羅本紀에 따르면, 궁예는 이 때 600여 명의 무리를 이끌고 북원에서 何瑟羅(명주)로 들어
가 將軍을 자칭했다고 한다(『三國史記』 11, 新羅本紀 11 眞聖女王 8년 10월). 이것은 그가 명주에
서 3,500 명을 14대로 나누었다는 궁예전의 기록과 차이가 있다. 이에 대해, 김철준은 궁예가 600
여 명을 이끌고 북원을 출발하여 명주에 이르는 동안 3,500여 명으로 증가시켰다고 보았으며(金哲
埈, 앞의 책, 1975, p. 256), 박한설은 600여 명을 이끌고 명주에 들어간 궁예가 명주에서 모병하여
3,500여 명으로 늘렸다고 하였다(朴漢卨, 「後三國의 成立」『韓國史』 3, 1978, p. 622).

임명한 金大·黔毛·昕長·貴平·張一 등도 대체로 이 범주에 포함된 인물들이었을 것이다.[28] 궁예가 부대를 14隊로 나누고 이들을 舍上에 임명한 것에는 명주에 이르는 동안 모여든 자들을 적절하게 배치하려는 의도도 있었겠지만, 양길의 휘하에서 활동했던 이들을 자신의 세력으로 끌어들이려는 노력이었다고 볼 수도 있다. 궁예가 士卒들과 同苦同樂하며 公平無私함을 보였던 까닭도 이러한 사정 때문이었을 것이다. 그리고 궁예가 이들에 의해 將軍으로 추대되었다는 것은 그가 양길의 영향력에서 벗어나 자신의 휘하 병력을 통제할 수 있었음을 의미한다. 따라서 궁예의 초기 세력기반은 양길과의 관계를 떠나서 생각할 수 없었다고 하겠다.

궁예가 처음에 명주를 떠나 철원으로 가서 나라를 세운 까닭은 이러한 사정과 관련이 있었을 것이다. 즉, 궁예는 명주에 들어가 자립할 수 있었지만 양길로부터 완전히 자유로울 수는 없었다. 무엇보다도 그의 핵심세력이 양길과 무관할 수 없었던 것이다. 그렇다고 그가 이 때 양길세력을 극복할 처지에 있었던 것도 아니었다. 궁예는 이 때문에 명주를 떠

---

28) 궁예가 이 때 임명한 부대장에 해당하는 舍上들은 金大黔·毛昕·長貴平·張一로 끊어 읽기도 하고(李丙燾, 앞의 책, 1977, p. 715), 金大·黔毛·昕長·貴平·張一(金哲埈, 「後三國時代 支配勢力의 性格」, 『李相栢博士回甲紀念論叢』, 1964 ; 『韓國古代社會研究』, 1975, p. 254 및 趙仁成, 앞의 논문, 1993, p. 2) 및 金大黔·毛昕長·貴平·張一로 읽기도 한다(鄭淸柱, 앞의 책, 1996, p. 77). 여기에서는 金哲埈·趙仁成의 견해에 따른다.

한편, 정청주는 궁예의 핵심세력인 舍上을 명주 출신으로 볼 수는 없다고 하였다. 그리고 그는 『世宗實錄』 地理志의 江原道 平昌郡 姓氏條에 土姓으로 金氏가 있다는 점에 주목하여 金大(金黔)를 평창 출신의 호족으로 보았고, 936년에서 945년 사이에 崔彦撝가 撰한 「興寧寺澄曉大師寶印塔碑」(『韓國金石全文-中世-』上, pp. 344-345)의 陰記에 一吉干의 官階를 가진 提州의 貴平이 나온다는 점에 주목하여 貴平을 提州 지역의 호족세력으로 보았다(鄭淸柱, 앞의 책, 1996, p. 76). 이에 반해, 조인성은 金大 등의 舍上을 토착적 기반이 약한 명주 출신의 농민 반란군 지도자들이었다고 보았다(趙仁成, 앞의 논문, 1990, p. 40).

날 수밖에 없었다.[29] 이것은 당시 양길의 세력이 어느 정도였는지를 살펴보면 더 쉽게 이해할 수 있다. 현재로선 양길이 구체적으로 어떤 인물이었는지 알 수 없지만, 다음의 기록은 그의 존재를 이해하는데 도움이 된다.

D. 唐昭宗景福元年 是新羅眞聖王在位六年 (中略) 於是萱竊有覦心 嘯聚徒侶 行擊京西南州縣 所至響應 旬月之間 衆至五千人 遂襲武珍州自王 猶不敢公然稱王 自署爲新羅西面都統指揮兵馬制置持節都督全武公等州軍事行全州刺史兼御史中丞上柱國漢南郡開國公食邑二千戶 是時 北原賊良吉雄强-良吉卽梁吉也- 弓裔自投爲麾下 萱聞之 遙授良吉職爲裨將 (『三國史記』 50, 列傳 10 甄萱)

위의 기록에 따르면, 甄萱은 진성여왕 6년(892)에 武珍州를 중심으로 세력을 형성하고 있었다. 그런데 왕을 自稱하던 그는 궁예가 양길의 휘하로 들어갔다는 소식을 전해 듣고 양길에게 裨將의 관직을 제수하였다.[30] 견훤이 양길에게 비장의 관직을 제수한 것은 궁예의 귀부보다도 양길의 세력 자체를 고려한 것이었다고 볼 수 있다. 이러한 이해가 타당

29) 金順式은 왕건의 집권 초에 협력하지 않은 인물이었다는 점에서 親弓裔勢力이었다고 볼 수 있다(趙仁成, 앞의 논문, 1990, pp. 32-45). 그리고 그의 친궁예적 성향은 궁예가 명주에 기반을 둔 자신의 세력기반을 인정해 주었기 때문에 형성되었을 가능성도 있다. 따라서 궁예는 김순식과의 관계를 고려하여 명주를 떠났을 가능성도 배제할 수 없다. 그러나 명주의 김순식이 왕건에게 근심을 안겨줄 정도로 세력을 형성한 것은 훨씬 뒤의 일이었을 가능성이 높다.

30) 裨將이 어떤 성격의 직책인지 구체적으로 알 수는 없다. 그러나 견훤이 자립하기 전에 서남해의 防戍軍으로 파견되었다가 裨將의 관직에 올랐다는 점에 주목하면, 그것은 독립된 부대의 지휘관으로 이해할 수도 있다(申虎澈, 『後百濟甄萱政權硏究』, 一潮閣, 1993, pp. 11-12 및 鄭淸柱, 앞의 책, 1996, p. 189).

하다면, 견훤이 양길에게 비장의 관직을 제수한 것은 그가 자신과 견줄 만한 세력을 형성하고 있는 양길을 현실적으로 인정한다는 의미였다고 할 수 있다. 말하자면, 일종의 외교적 성격을 띤 것이었다. 이러한 사실을 고려하면, 양길은 全州·武州를 중심으로 公州까지 진출한 견훤과도 비교될 만한 세력을 형성하고 있었음에 틀림없다.[31] 즉, 그는 신라 말의 혼란을 틈타 각지에 세력을 형성하고 있던, 후삼국이 정립되기 전의 지방세력을 대표할 만한 존재였다고 할 수 있다.

궁예는 이러한 양길로부터 벗어나 자립했기 때문에 그를 의식해야 했을 것이다. 특히 궁예는 명주 관내까지 진출한 양길세력을 의식하지 않으면 안 되었다.[32] 그가 명주를 떠난 이유는 여기에 있었다. 자신이 배반한 양길과의 전면적인 대립을 피해야 했기 때문이다. 그리고 명주를 떠난 궁예는 猪足·狌川·夫若·金城·鐵圓 등 강원도 북부 지역으로 진출하여 세력을 형성하다가 896년에 마침내 철원을 중심으로 나라를 세울 수 있었다. 따라서 궁예가 명주를 떠나 철원에 도읍한 것은 양길과의 대립을 피하려는 데에 있었다고 할 수 있다. 물론, 이 과정에서 궁예가 철원을 도읍으로 삼은 것은 그 곳이 그만큼 중요한 지역이었기 때문일 것이다. 즉, 철원정도는 양길과의 전면적인 대립을 피해 북상하던 궁예가 평야지대를 이루고 있는 철원 지역의 경제력과 이에 바탕을 둔 지방세력

---

31) 산과 평야가 적절하게 섞여 있고 동해에서 나오는 魚·鹽 등이 모여드는 교통의 요지에 해당하는 원주의 지리적 조건도 양길의 독자적인 세력형성에 도움을 주었을 것이다(『擇里志』 八道總論 江原道篇 原州).

32) 酒泉·奈城·鬱烏·御珍 등 명주 관내와 그 인근 10여 군현을 점령한 것은 궁예였지만, 그것은 그가 자립하기 이전의 일이었다. 뿐만 아니라 그 곳은 양길의 근거지인 북원으로부터 멀지 않은 지역이기도 했다. 따라서 이 지역은 궁예가 명주에서 자립할 당시에도 여전히 양길의 세력권에 포함되었다고 할 수 있다.

들의 협조를 기대하기 위한 것이었다고 하겠다.

## 3. 弓裔의 梁吉勢力 制壓과 松嶽遷都

앞에서 살펴본 것처럼 명주에서 자립한 궁예는 양길과의 전면적인 대립을 피하려는 과정에서 철원에 도읍하여 나라를 세웠다. 그런데 철원에 도읍한 궁예는 松嶽郡의 귀부를 받고 僧嶺(연천)·臨江(장단)의 兩縣을 공취하면서 세력을 확대한 뒤에 도읍을 송악으로 옮겼다.

E. 弓裔據高句麗之地 都鐵圓 國號泰封 世祖時爲松嶽郡沙粲 乾寧三年丙辰
以郡歸于裔 裔大喜 以爲金城太守 世祖說之曰 大王 若欲王朝鮮·肅愼·卞韓
之地 莫如先城松嶽 以吾長子 爲其主 裔從之 使太祖 築勃禦塹城 仍爲城主
時太祖年二十 光化元年戊午 裔移都松嶽 太祖來見 授精騎大監 (『高麗史』 1,
世家 1 太祖 1)

위의 기록에 따르면, 궁예가 송악을 자신의 세력권에 포함시킨 것은 그 곳에서 대대로 세력을 형성해오던 龍建의 자발적인 歸附에 따른 결과였다. 이것은 그가 철원에 도읍하였던 乾寧 3년(896)의 일이었다. 그런데 궁예는 이로부터 2년 뒤인 光化 원년(898)에 송악으로 도읍을 옮겼다.[33] 궁예가 이처럼 철원에 도읍한 뒤 얼마 지나지 않아서 송악으로 옮긴 것은 그 곳이 자신에게 그만큼 중요한 지역이었기 때문이다. 이와 관련하여, 궁예에게 '왕께서 만약 朝鮮·肅愼·卞韓의 王이 되려면 송악에 성을 쌓아 나의 큰아들(=왕건)로 城主를 삼는 것보다 급한 것이 없습니다'고 말한 용건의 말에 주목할 필요가 있다. 이것은 용건이 자신의 세력을 키울 목적에서 송악의 중요성을 강조한 것으로 볼 수도 있다.[34] 그러나 용건은 궁예의 군사력에 저항할 수 없었기 때문에 귀부하였다.[35] 여기에서 용건이 송악의 중요성을 강조한 것은 자신의 독자적인 세력을 키울 목적이 아니었음을 알 수 있다. 따라서 궁예의 송악천도는 용건의 요청보다도 자신의 필요에 따른 것이었다고 하겠다.[36] 궁예가 송악을 '漢北의 이름난 郡으로서 산수가 빼어난 곳'이라고 하면서 천도했다는 점도 이러한 사정을 말해주는 것이다.

그러면 송악은 궁예에게 왜 그렇게 중요했을까. 이와 관련하여 먼저 주목되는 것은 禮成江과 漢江 下流에 인접한 송악의 지리적 조건이다.

---

33) 궁예가 송악으로 천도한 시기에 대해서는, 『三國遺事』 王曆과 『三國史記』 弓裔列傳이 乾寧 四年(孝恭王 1년 : 897)丁巳說을, 『三國史記』 新羅本紀와 『高麗史』 世家가 化化 元年(孝恭王 2년 : 898) 戊午說을 제시하고 있다. 이 글에서는 光化 元年(孝恭王 2년 : 898) 戊午說을 따른다(李丙燾, 앞의 책, 1977, p. 717 註 4) 참고).

34) 왕건이 先代로부터 송악에서 海上活動을 통해 상당한 규모의 세력을 형성하고 있었다는 점(朴漢卨, 「王室世系의 貿易活動에 대하여 -그들의 出身究明을 중심으로-」, 『史叢』 10, 1965, pp. 266-281), 용건이 송악의 중요성을 강조하면서 왕건의 중용을 요청했다는 점(申虎澈, 앞의 논문, 1993-ⓐ, p. 5 및 앞의 논문, 1993-ⓑ, pp. 159-160), 궁예가 용건을 金城의 太守로 삼고 20세에 지나지 않은 왕건을 송악의 城主로 삼았다가 다시 精騎大監에 제수한 점 등은 이러한 가능성을 보여준다.

35) 洪承基, 「後三國의 分裂과 王建에 의한 統一」, 『韓國史市民講座』 5, 1989, p. 74.

36) 용건은 乾寧 4年(897) 5월에 죽었다(『高麗史』 1, 世系). 따라서 그가 이로부터 1년 뒤에 있었던 궁예의 송악천도에 결정적인 역할을 했다고 볼 수도 없다.

이것은 水路를 이용할 수 있었다는 점에서 송악의 중요성을 알려준다.[37]
도읍에 당시의 편리한 교통 수단인 수로가 연결된다는 것은 租稅의 運
送 등에 유리했기 때문이다. 철원이 수로를 이용할 수 없는 내륙 지역이
었다는 점을 고려하면,[38] 송악의 지리적 조건이 갖는 중요성을 쉽게 이
해할 수 있다. 즉, 궁예는 조세의 운송 등에 유리한 수로를 이용할 수 있
었기 때문에 송악을 도읍으로 주목하였을 것이다. 특히 용건의 자발적
인 귀부를 받았던 궁예는 송악에 천도함으로써 이 지역 세력의 적극적
인 협조도 기대할 수 있었다. 이것은 세력을 확대하려는 궁예에게 중요
한 의미가 있었다.

F-1. 弓裔取浿西道及漢山州管內三十餘城 遂都於松岳郡 (『三國史記』12, 新
羅本紀 12 孝恭王 2년 7월)

　　2. (乾寧)三年丙辰 攻取僧嶺·臨江兩縣 四年丁巳 仁物縣降 善宗謂松岳郡
漢北名郡 山水奇秀 遂定以爲都 擊破孔巖·黔浦·穴口等城 (『三國史記』50,
列傳 10 弓裔)

위의 기록은 궁예가 송악천도를 전후한 시기에 확보한 지역에 대한
자료이다. 먼저 F-1의 기록을 살펴보면, 궁예는 孝恭王 2년(898) 송악으
로 천도하기에 앞서 浿西道와 漢山州 管內 30여 城을 얻었다. 궁예가 이

---

37) 金庠基, 『高麗時代史』, 서울大 出版部, 1985, pp. 1-4.
38) 개화기 이전의 철원 지역은 이 고장의 중심부를 관류하고 있는 한탄강을 교통과 물물교환에 활
용하지 못하였다. 단지 건축자재와 신탄용 목재를 뗏목이나 묶지 않은 채로 한탄강에 띄워 보내 정
연 부근의 육로 지점에서 수거하여 각 지역으로 보급하였다고 한다(鐵原郡 編, 『鐵原郡誌』上, 1992,
p. 147).

때 얻은 30여 성은 구체적으로 어느 지역을 가리키는지 알 수 없다. 그러나 乾寧 3년(진성여왕 10년 : 896)에 僧嶺(연천)·臨江(장단)을 공취하고 이듬해에 仁物縣(개풍)의 항복을 받았다는 F-2의 기록은 궁예가 이 때 얻은 패서도와 한산주 관내 30여 성의 일부를 확인하는데 도움을 준다. 이 지역을 궁예가 송악으로 천도하기 바로 전에 얻은 곳이라는 점에서 F-1에 보이는 패서도와 한산주 관내 30여 성의 일부였다고 보아도 틀리지 않기 때문이다. 그리고 F-2의 기록은 궁예가 송악으로 천도한 뒤에 孔巖(양천구)·黔浦(김포)·穴口(강화) 등을 격파한 사실도 보여주는데, 이 지역은 대체로 한강 하류 일대였다.

여기에서 궁예가 송악천도를 전후하여 패서도와 한산주 일대 그리고 한강 하류 일대까지 확보했음을 알 수 있다. 이 지역이 대부분 漢江 水界에 인접해 있다는 점을 고려하면, 궁예는 이 일대를 장악하는 과정에서 수로에 익숙한 송악세력의 협조를 기대하였을 가능성이 있다. 그가 용건의 자발적인 귀부를 받았다는 점은 이러한 추측을 허락한다. 이러한 추측이 타당하다면, 궁예는 수로에 익숙한 송악세력의 협조를 받아 패서도와 한산주 일대 그리고 한강 하류 일대를 효과적으로 장악하기 위해 송악으로 천도하였을 가능성이 높다. 즉, 궁예는 송악이 한강 하류 일대 등을 장악하기 위한 중요한 지역이었기 때문에 그 곳으로 도읍을 옮겼을 것으로 이해된다.

그러나 궁예가 송악에 천도한 이유는 단순히 패서 및 한산주 지역, 그리고 한강 하류 일대 등을 장악하려는 데에만 있었던 것 같지는 않다. 궁예가 이 일대를 장악하려고만 했다면 도읍을 철원에서 송악으로 옮길 필요가 없었을지도 모른다. 궁예가 패서 지역과 한산주 관내를 철원에 도읍한 동안에 이미 공취하였다는 점에서 특히 그러하다. 그러면, 궁예가 송악으로 도읍을 옮긴 또 다른 목적은 어디에 있었을까.

G-1. (乾寧四年丁巳) 時梁吉猶在北原 取國原等三十餘城有之 聞善宗地廣民
衆大怒 欲以三十餘城勁兵襲之 善宗潛認 先擊大敗之 (『三國史記』 50, 列傳
10 弓裔)

2. 北原賊帥梁吉 忌弓裔貳己 與國原等十餘城主 謀攻之 進軍於非惱城下
梁吉兵潰走 (『三國史記』 12, 新羅本紀 12 孝恭王 3년 7월)

위의 기록은 궁예가 송악으로 도읍을 옮긴 뒤에 北原(原州)의 梁吉을
제압한 사실을 알려주고 있다.[39] 먼저 G-1의 기록을 살펴보면, 당시의
양길은 國原(忠州) 등 30여 성을 거느리고 있었다. 그리고 양길은 자신이
거느린 30여 성의 勁兵을 동원하여 세력이 커진 궁예를 공격하다가 크
게 패했다고 한다. 그러나 단순히 세력이 커진 것에 대한 불만으로 양길
이 궁예를 공격했다고 볼 수는 없다. 이것은 위의 내용과 동일한 사건을
다룬 것으로 이해되는 G-2의 기록을 통해서도 알 수 있다. 이에 따르면,
양길은 孝恭王 3년(899)에 국원 등 10여 성의 城主를 동원하여 궁예를
공격하였다. 그리고 궁예는 이에 대응하여 非惱城 아래에서 양길의 군대

---

39) 궁예와 양길의 결전은 G-1의 기록이 孝恭王 1년(897)으로, G-2의 기록이 효공왕 3년(899)으로
서술하고 있다. 이것은 궁예의 송악천도 시기를 弓裔列傳이 897년으로, 新羅本紀가 898년으로 본
것에 따른 차이일 뿐이다. 따라서 궁예의 송악천도가 효공왕 2년(898)에 있었다고 파악한 (註 33) 참
고) 필자는 궁예의 송악천도 이후인 효공왕 3년(899)에 궁예와 양길의 결전이 있었을 것으로 이해
하였다. 그리고 이 때 양길이 동원한 군사력은 G-1의 기록이 30여 성의 勁兵으로, G-2의 기록이 국
원 등 10여 성의 城主로 서술하고 있다. 이것은 양길이 國原 等 30여 성을 취한 사실을 보다 구체적
으로 언급하고 있는 G-1의 기록을 따른다.

를 궤멸시켰다.[40] 여기에서 주목되는 것은 양길이 자신에게 두 마음을 품은 것에 대해 꺼려하면서 궁예를 공격하였다는 점이다. 양길이 자신에 대한 모종의 음모를 꾸민 궁예와 대립하려고 하였음을 알려주는 대목이다. 궁예와 양길의 이러한 대립이 궁예의 송악천도 직후에 있었다는 점은 주목할 필요가 있다. 이것은 궁예가 양길과의 대결을 위해 송악으로 천도하였고, 양길은 이러한 의도를 알고 궁예를 공격하였음을 보여주기 때문이다.

  궁예가 양길로부터 자립하여 그와의 전면적인 대립을 피할 목적으로 명주를 떠나 철원에 도읍하였음은 앞에서 이미 살펴본 바 있다. 그러나 명주를 떠난 궁예는 강원도 북부 지역으로 진출하여 猪足·狌川·夫若·金城·鐵圓 등 10여 성을 점령하고, 浿西賊寇들의 來降까지 받아내면서 세력을 형성하여 왔다. 그리고 철원에 도읍하여 나라를 세운 그는 용건의 자발적인 귀부로 송악 지역까지 아우를 수 있었다. 이렇게 세력을 확대한 궁예는 양길과의 대립에 자신감을 가졌을 법하다. 그가 강원도 북부와 패서 지역을 장악한 뒤 남하정책을 추구한 것은 이러한 사정을 말해준다.[41] 그의 남하정책은 양길과의 대결이 예견되는 것이었기 때문이다. 이러한 사실은 당시에 양길이 어느 정도의 세력을 형성하고 있었는가를

---

40) 非惱城의 현 위치는 자세하지 않다. 그러나 高麗 顯宗(1009-1031)이 거란의 침입을 피하여 廣州에서 陽城(安城郡 陽城面)으로 가는 길에 非惱驛에 유숙한 사실이 있다는 점을 고려하면(『高麗史』 94, 列傳 7 智蔡文), 그 곳이 廣州와 安城 사이의 어느 지점에 있었음은 분명해 보인다(安永根, 「羅末麗初 淸州勢力의 動向」『朴永錫敎授華甲紀念韓國史學論叢』上, 探求堂, 1992, pp. 400-401 註 8) 참고).

41) 이 때 동해안에서 서해안에 이르는 영역을 확보했던 궁예는 북쪽이나 남쪽으로 진출할 수 있었다. 그런데 당시의 북쪽 지역은 발해와 접경하여 황폐한 채로 남아 있었다. 이러한 사실은 평양이 고구려 멸망 이후 황폐화되었다는 기록에서도 확인된다(『三國史記』 50, 列傳 10 弓裔). 반면, 남쪽지역은 이와 달리 평야지대가 많았다. 궁예는 이러한 사정을 고려하여 남하정책을 중요시하였을 것이다.

알아보면 분명하게 밝혀질 것이다. 그런데 양길이 國原 등 30여 성을 장
악하고 있었다는 G-1의 기록은 궁예와 결전할 당시 그의 세력을 알려준
다는 점에서 주목된다. 여기에 보이는 30여 성이 구체적으로 어느 곳이
었으며, 그 곳을 장악한 양길의 세력은 어느 정도였는지 자세히 알 수 없
다. 그러나 다음의 기록은 양길이 장악한 30여 성의 판도를 이해하는데
도움을 준다.

H-1. (光化)三年庚申 又命太祖伐廣州·忠州·唐城·靑州-或云靑川·槐壤等皆
平之 以功授太祖阿湌之職 (『三國史記』50, 列傳 10 弓裔)

2. 國原·菁州·槐壤賊帥淸吉·莘萱等 擧城投-舊本作役也-於弓裔 (『三國史
記』12, 新羅本紀 12 孝恭王 4년 10월)


위의 기록은 궁예가 양길을 제압한 이듬해에 새로 얻은 지역에 대
한 자료이다. 먼저 H-1의 기록을 살펴보면, 궁예는 光化 3년(효공왕 4년 :
900)에 왕건을 시켜 廣州·忠州·唐城(남양)·靑州·槐壤(괴산) 등을 평정하
였다고 한다. 그런데 H-2의 기록은 궁예가 孝恭王 4년에 淸吉·莘萱 등
의 귀부로 國原(忠州)·靑州·槐壤을 얻었음을 보여주고 있다. 동일한 사건
을 서로 다르게 전하고 있는 이 기록들은 각기 의미를 지니고 있었을 것
이다.[42] 그런데 H-2의 기록은 궁예가 청주 일대를 확보하는데 莘萱 등의
역할이 있었음을 알려준다. 여기에 보이는 莘萱은 궁예가 기훤의 휘하에

---

42) 궁예가 청주 등지를 얻게 된 과정은 H-1의 사료가 왕건의 역할을, H-2의 사료가 그 지역세력의
자발적인 투항을 강조하였다. 이와 관련하여, 신호철은 청주 지역의 자발적인 투항을 강조하는 H-2
의 사료를 수용하고 있지만(申虎澈, 앞의 논문, 1993-@, p. 80), 필자는 위의 사료들이 모두 의미를
가지고 있었을 것으로 파악하였다.

서 인정받지 못해 불안에 떨고 있을 무렵에 가깝게 지낸 申萱과 동일인
이라고 한다.[43] 만일 이 견해가 타당하다면, 위의 기록은 양길의 세력권
을 이해하는데 중요한 단서를 제공해 준다. 申萱은 궁예와 함께 양길에
게 귀부한 것으로 이해되고 있다.[44] 그런데 청주 일대가 그의 귀부를 계
기로 궁예에 귀속되었다는 것은 이 지역이 이 때까지 양길의 세력권이
었음을 보여주기 때문이다.[45] 이러한 사실은 국원·청주 등이 양길의 세
력권인 30여 성에 포함된다는 점에서도 확인할 수 있다.[46] 따라서 양길
이 장악한 30여 성은 남한강 일대를 포함하는 國原·靑州·槐壤·廣州·唐
城 등 광범위한 지역이었다고 할 수 있다.[47]

　이러한 사실은 궁예의 남하정책이 남한강 일대를 포함한 광범위한
지역에 세력을 형성하고 있던 양길과 대결하려는 것이었음을 알려준다.

---

43) 申虎澈, 앞의 논문, 1982, p. 39 註 21) 참고.

44) 註 43) 참고.

45) 궁예와 함께 양길에게 귀부한 신훤도 양길로부터 독립하여 청주 일대에 독자적인 세력을 형성
하고 있었을 가능성도 배제할 수 없다. 그러나 양길이 궁예와 결전할 당시에 이 일대의 城主를 동원
하였다는 점을 고려하면, 신훤은 이 때까지 양길의 휘하에 있었다고 보는 것이 더 타당해 보인다. 따
라서 신훤은 양길이 궁예와의 결전에서 패한 이후에 청주 일대의 세력들을 수습하여 궁예에게 귀부
하였을 것으로 이해된다.

46) 朝鮮 英祖 20년(1774)에 上黨山城(= 청주지역의 古城)의 僧將 靈休가 쓴 다음 기록도 이와 관련
하여 주목된다. 在昔弓裔新羅安憲王(憲安王의 誤記 = 筆者註)之庶子也 (中略) 及祝髮爲僧 往見梁
吉 吉分兵東略地 因築城于此都 居之衆漸多(『上黨山城古今事蹟記』) 이에 따르면, 궁예는 양길의 군
대를 거느리고 북원에서 동쪽으로 가서 청주를 경략하였다고 한다. 이것은 궁예가 명주 관내와 그
인근의 10여 군현을 경략한 사실을 오해한 것일 가능성이 높기 때문에 엄밀한 사료 비판을 필요로
한다. 그러나 궁예가 양길의 휘하에 있을 때에 이미 청주를 경략하여 上黨山城을 축성하였다는 기록
은 청주 지역이 이른 시기에 양길의 세력권에 포함되었을 가능성을 시사해 준다(申虎澈, 앞의 논문,
1993-@, p. 80). 이 자료에 대해서는 淸州大學校의 『博物館報』 3號(1989. 12)에 그 原文과 解題가
실려 있다.

47) 양길이 장악한 30여 성은 궁예가 송악으로 천도하기 전에 장악한 浿西道와 漢山州 관내 30여
성(史料 F-1 참고)의 크기와 비교된다. 그러나 양길의 30여 성은 淸州에서 廣州에 이르는 광범위한
지역을 포함하고 있었기 때문에 兩者를 단순하게 수치로만 비교할 수는 없을 듯하다.

궁예가 패서도와 한산주 일대 그리고 한강 하류 일대를 장악한 것도 양길과의 대결을 위해 필요했던 것이다. 철원에 도읍한 궁예의 세력기반으로는 명주에서 그의 자립을 도운 집단과 명주를 떠나 철원에 이르는 과정에서 그를 추종한 집단, 그리고 철원에서 성장하다가 궁예에게 협조한 집단 등이 있었을 것이다. 그러나 그 세력기반의 핵심은 궁예가 명주에서 자립할 때부터 함께 활동해 온 이들이었을 것이다. 그렇지만 궁예와 마찬가지로 양길과 무관할 수 없었던 이들은 양길과의 관계에 있어서 수세적인 입장이었을 것이다. 궁예는 이 때문에 자신의 *存廢*를 가늠할 양길과의 결전에 이들을 의존할 수 없었다. 특히 한강의 수로를 통해 북상할 가능성이 높은 양길세력과의 대립은 내륙 지역인 철원에 기반한 세력보다 水戰에 능한 세력의 협조가 필요하였다. 그는 이 과정에서 자발적으로 귀부한 송악세력에 주목하였을 것이다.[48] 송악 지역은 양길과의 대결을 위해 필요했던 패서도와 한산주 일대 그리고 한강 하류 일대를 장악하기에도 적절한 지역이었다.[49] 용건이 궁예에게 '朝鮮·肅慎·卞韓의 王이 되려면 송악에 성을 쌓아 나의 큰아들로 성주를 삼는 것보다 급한 것이 없다'고 말한 것도 이러한 이유 때문이었을 것이다. 따라서 궁예가 송악으로 천도한 의도는 양길을 효과적으로 제압하려는 것에 있었다고 할 수 있다.

---

48) 송악세력이 수로에 익숙했다는 것은 왕건의 先代가 송악에서 대대로 海上活動을 통해 세력을 형성하였다는 점에서 알 수 있다(朴漢卨, 앞의 논문, 1965, pp. 266-281). 뿐만 아니라 왕건이 나주 점령을 비롯한 전투에서 水軍을 이끌고 자주 활동하였다는 점도 이러한 사정을 말해준다.

49) 기존의 연구자들은 대체로 넓은 평야지대를 이루고 있는 송악과 그 인근 지역의 경제적 조건에 주목하여 궁예의 송악천도를 설명하고 있다(申虎澈, 앞의 논문, 1993-ⓑ, pp. 159-163 및 趙仁成, 앞의 논문, 1993, pp. 20-23). 그러나 궁예가 단순히 송악 일대의 경제적 조건을 고려하여, 혹은 그 일대를 효과적으로 장악하기 위해서 송악으로 천도했다고 볼 수만은 없다.

아무튼 궁예는 송악에 천도함으로써 양길세력을 효과적으로 제압할 수 있었던 것 같다. 물론, 그가 양길을 궤멸시킬 때에 어떤 세력을 동원하였는지 자세히 알 수는 없다. 그러나 왕건을 파견하여 양길의 세력권이었던 청주 일대까지 평정하였다는 F-1의 기록은 궁예가 수전에 익숙한 송악세력의 도움으로 양길을 제압하였음을 보여주기 때문이다. 그리고 궁예는 양길세력을 평정함으로써 그의 세력형성 과정에 있어서 또 한 차례의 중요한 전환기를 마련하였다. 廣州·唐城에서 青州에 이르는 광범위한 지역을 자신의 세력권에 포함시킬 수 있었기 때문이다.

I. 天復元年辛酉 善宗自稱王 謂人日 往者新羅請兵於唐 以破高句麗 故平壤舊都鞠爲茂草 吾必報其讎 蓋怨生時見棄 故有此言 嘗南巡至興州浮石寺 見壁畵新羅王像 發劍擊之 其刃迹猶在 (『三國史記』 50, 列傳 10 弓裔)

위의 기록에 따르면, 양길세력을 평정한 궁예는 이듬해인 天復 원년(901)에 왕을 자칭하였다. 궁예는 앞에서 언급한 것처럼 철원을 도읍으로 삼은 896년에 이미 왕을 자칭한 바 있었다. 이런 점을 고려하면, 그가 이 때에 이르러 왕을 자칭하였다는 것은 사료의 잘못일 수 있다. 그러나 이것은 궁예가 신라에 견줄 정도로 성장한 자신의 세력을 과시하려는 과정에서 나타난 표현일 수도 있다. 이러한 추측이 타당하다면, 궁예가 양길세력을 평정한 것은 그가 신라와 대등할 정도의 세력을 키운 계기였다고 할 수 있다. 즉, 후삼국의 정립은 궁예가 양길세력을 평정하면서 비로소 시작되었던 것이다.[50] 그리고 궁예는 이 때 高句麗 繼承意識을 강조하면서 신라에 대한 복수를 다짐하였다.[51] 이것은 양길세력을 제압한 궁예가 자신의 광범위한 세력권을 하나로 통합하기 위한 구호였을 것이다. 견훤도 후백제를 세우면서 이미 백제의 부흥을 강조한 사실이 있다.[52] 이러한 점에서 볼 때, 궁예가 고구려 계승의식을 강조한 것은 자신의 세력권을 하나로 통합하는데 효과적이었음에 틀림없다. 그러나 궁예가 이처럼 고구려 계승의식을 강조한 것에는 反新羅政策을 효과적으로 추구하려는 의도도 있었다. 여기에는 신라의 왕자출신이면서도 왕위계승전에 희생된 자신의 처지가 고려되었을 것이다. 그가 이 무렵 浮石寺에 있는 신라왕의 畵像을 칼로 베어 버린 것도 이러한 사정을 말해준다. 그리고 궁예의 반신라정책은 그가 철원으로 환도한 의도와 관련되기도 하였다. 이에 대해서는 章을 달리하여 살펴보기로 하자.

## 4. 弓裔의 反新羅政策과 鐵圓還都

양길세력을 평정하여 후삼국간의 대립에 본격적으로 뛰어든 궁예가

---

50) 진성여왕 6년(892)에 5,000여 명을 모아 자립한 견훤이 후백제왕을 자칭한 것도 효공왕 4년 (900)의 일이었다(『三國史記』 50, 列傳 10 甄萱).

51) 궁예의 고구려 계승의식에 대한 연구는 왕건의 고구려 계승의식과 관련해서 비교되고 있다. 이에 대한 연구로는 崔根泳의 「高麗建國理念의 國系的 性格 -王建의 성장과정을 中心으로-」(『韓國史論』 18, 國史編纂委員會, 1988, pp. 20-65)와 申瀅植의 「統一新羅時代 高句麗遺民의 動向」(『統一新羅史研究』, 三知院, 1990, pp.97-115), 그리고 李在範의 「高麗 太祖 卽位時의 社會動向에 관한 一考察」(『阜村 申延澈敎授 停年退任紀念史學論叢』, 일월서각, 1995, pp. 485-493) 등이 참고된다.

52) 『三國史記』 50, 列傳 10 甄萱.

철원으로 다시 환도한 것은 天祐 2년(905)의 일이었다. 그렇지만 그는 孝恭王 7년(903)에 이미 철원 일대를 답사하면서 환도를 계획하고 있었다. 송악은 수로를 이용할 수 있었기 때문에 조세의 운송 등에 있어서 여전히 도읍으로 유용한 지역이었다. 그럼에도 불구하고 궁예는 수로를 이용할 수 없는 내륙 지방인 철원으로 환도했던 것이다. 따라서 여기에서는 송악의 지리적 이점을 포기하면서까지 철원으로 환도한 궁예의 의도가 어디에 있었는지를 밝혀 보려고 한다.

J-1. (天祐元年甲子) 秋七月 移靑州人戶一千 入鐵圓城爲京 伐取尙州等三十餘州縣 公州將軍弘奇來降 天祐二年乙丑 入新京 修葺觀闕樓臺 窮奢極侈 改武泰爲聖冊元年 分定浿西十三鎭 平壤城主將軍黔用降 甑城赤衣黃衣賊明貴等歸服 善宗以强盛自矜 意欲幷呑 令國人呼新羅爲滅都 凡自新羅來者 盡誅殺之 (『三國史記』 50, 列傳 10 弓裔)

2. 秋七月 弓裔移都於鐵圓 八月 弓裔行兵 侵奪我邊邑 以至竹嶺東北 王聞疆場日削甚患 然力不能禦 命諸城主 愼勿出戰 堅壁固守 (『三國史記』 12, 新羅本紀 12 孝恭王 9년)

3. (天祐)三年丙寅 裔命太祖 率精騎將軍黔式等 領兵三千 攻尙州沙火鎭 與甄萱累戰克之 裔以土地益廣 士馬漸强 意欲幷呑新羅 呼爲滅都 自新羅來附者 並皆誅殺 (『高麗史』 1, 世家 1 太祖 1)

위의 기록은 궁예가 철원으로 환도할 당시의 사정을 알려주고 있다. 먼저 J-1의 기록에 따르면, 궁예는 天祐 원년(904)에 靑州人 一千戶를 徙民시킨 뒤에 철원을 도읍으로 삼았다. 그리고 나서 尙州 등 30여 州縣

을 쳐서 빼앗고, 公州將軍 弘奇의 투항을 받아들였다. 그리고 궁궐을 사치스럽게 만든 궁예는 이듬해에 마침내 철원으로 환도하면서,[53] 연호도 聖冊 원년으로 바꾸었다. 또한 그는 浿西地域에 13鎭을 설치하고 平壤城 主將軍 黔用 등의 항복을 받아내기도 하였다. 궁예는 이러한 과정을 거쳐 강성해진 세력에 자신감을 갖고 신라를 병탄하려 하였다.[54] 그는 이때 國人들로 하여금 신라를 滅都라 부르게 하고, 그 곳에서 온 자들을 모두 誅殺하였다고 한다. 물론, 궁예가 신라에서 귀부한 사람들을 모두 죽였다고 볼 수는 없다. 그러나 위의 사실들은 궁예가 철원으로 환도할 때에 신라를 병합하려고 하였음을 알려준다. 이것은 궁예가 신라를 병합하려는 과정에서 철원으로 환도하였을 가능성을 보여준다. 이러한 사정은 J-2와 J-3의 기록을 통해서도 알 수 있다. 즉, 궁예는 철원으로 환도한 다음 달에 신라 변경을 공격하여 竹嶺 동북 면까지 쳐들어갔다(J-2). 그리고 天祐 3년(906)에도 왕건으로 하여금 견훤과 싸워 尙州 沙火鎭을 공략케 하였다(J-3).[55] 궁예는 이처럼 철원환도를 전후하여 신라를 본격적으로

53) 궁예가 이 때 만든 궁궐은 奢侈가 극에 달하였다고 하지만, 오늘날 알려진 궁예의 城郭은 둘레 14,421尺의 外城과 둘레 1,905尺의 內城으로 이루어진 土城에 불과하다(『新增東國輿地勝覽』 47, 鐵原都護府 古跡). 이 때문에 그것이 사치스러웠다는 것은 왕건의 簒奪을 정당화시키는 과정에서 생겨난 과장된 표현이었다는 견해도 있다(李貞信, 앞의 논문, 1984, p. 56). 그러나 궁예의 궁궐이 수로를 이용할 수 없는 철원에 만들어졌기 때문에 사치스러웠다는 평가를 받았을 가능성도 있다. 궁예는 철원에 궁궐을 세우는 과정에서 필요한 목재 등의 운송을 교통이 불편한 陸路에 의존해야 했을 것이다. 백성들이 토목공사에 시달린 이유도 여기에 있었을 것이다(『高麗史』 1, 世家 1 太祖 원년 8월 辛亥). 그리고 이 때문에 그의 궁궐이 사치스러웠다는 평을 들었을 것으로 추측된다.

54) 궁예가 이 때 강성해진 것에 자긍심을 가졌다는 사실은 송악을 떠나 철원으로 환도한 그의 의도가 단순히 왕건 등의 견제를 피하려는 것이 아니었음을 보여준다.

55) 궁예와 견훤의 대립은 전면적인 대결보다 신라의 영역을 경쟁적으로 선점하려는 과정에서 나타난 것이라고 볼 수 있다. 궁예는 환도할 목적으로 철원 일대를 답사한 天復 3년(903)에 나주지역을 처음 점령하였다(『高麗史』 1, 世家 1 太祖 1). 이것은 궁예의 나주점령이 견훤을 배후에서 견제함으로써 자신의 반신라정책을 효과적으로 추진하려는 의도였음을 보여준다.

공격하였다. 이것은 철원에 환도한 궁예의 의도가 신라를 병합하려는 데에 있었음을 알려준다고 하겠다.

궁예가 이처럼 신라를 병합하려는 과정에서 철원으로 환도했다는 점은 그가 송악에서 떠난 이유를 알려주기도 한다. 송악은 신라와의 접경에서 멀리 떨어진 해안가에 위치하고 있었다. 송악의 이러한 지리적 조건은 신라를 병합하려던 궁예에게 큰 도움을 줄 수 없었다. 궁예는 신라를 공략하는 과정에서 수로의 이용을 기대할 수 없었기 때문이다. 여기에서는 내륙에서의 싸움이 주를 이룰 수밖에 없었다. 이러한 사실은 송악세력에 대한 궁예의 의존도가 그 만큼 떨어졌음을 의미한다. 따라서 송악은 전략적인 면에서 신라로 진출하려는 궁예가 도읍하기에 적절하지 않았다.[56] 오히려 그 곳은 궁예가 자신과 경쟁하던 견훤의 공격으로부터 쉽게 노출된 지역이었다. 견훤이 뒷날 禮成江까지 水軍을 보내어 고려의 왕건을 공격한 것은 이러한 사정을 말해준다.[57] 신라의 병합을 중요하게 여긴 궁예는 송악에 도읍하는 동안 견훤에 대한 긴장감을 느껴야 했던 것이다.

반면, 철원은 신라를 공략하려는 궁예가 안전을 도모하기에 적절한 지역이었다. 내륙에 위치하고 있는 철원은 궁예가 견훤의 공격에 대비하면서 신라를 공략할 수 있었던 것이다.[58] 그리고 그 곳은 궁예가 처음에

---

56) 송악은 신라로 진출하려는 궁예가 수로를 이용할 때에도 효과적일 수 없었다. 왜냐하면 궁예가 신라로 진출하는 과정에서 이용할 수 있는 수로는 남한강의 수로였을 것이다. 그런데 송악은 남한강의 수로에서 멀리 떨어져 있었기 때문이다.

57) 『高麗史』1, 世家 1 太祖 15년 9월.

58) 철원이 수로를 이용할 수 없는 내륙지역이었다는 것은 그 곳이 외부, 특히 수로를 이용한 견훤의 침입에 효과적으로 대응할 수 있는 지역이었음을 알려준다.

도읍한 곳이었기 때문에 그의 초기 세력기반과 밀접하게 관련된 지역이었다. 이러한 이유에서 양길세력을 평정한 궁예가 다시 철원 지역을 주목하지 않았나 여겨진다. 궁예가 효과적인 양길세력의 제압을 위해 송악으로 천도하였다는 점에서 그러하다. 신라를 병합하려는 궁예는 이제 수전에 능한 송악세력보다 내륙에서 성장한 세력의 활동을 더 필요로 하였기 때문이다. 또한 궁예는 자신의 초기세력과 양길을 평정하는 과정에서 귀부한 세력을 하나로 결집시키기 위해 철원을 주목하였을 가능성도 있다. 그가 철원환도에 앞서 청주세력을 사민시킨 것은 이러한 사정을 말해준다. 특히 청주 일대가 궁예의 세력권에 편입된 것은 그와 함께 양길에게 귀부했던 申萱과 동일인으로 이해되는 莘萱의 자발적인 귀부가 있었기 때문이다. 따라서 궁예는 자신과 함께 양길의 휘하에서부터 활동했던 초기세력과 양길을 평정하는 과정에서 자신에게 호의적이었던 莘萱 등을 하나로 결집시키기 위해 철원에 환도하였을 법하다.

아무튼 궁예는 신라를 효과적으로 병합하기 위해 철원으로 환도하였고, 이 과정에서 청주세력을 중용하였다.[59] 그가 철원으로 환도하기에 앞서 청주세력을 사민시킨 것은 이런 점에서도 이해된다. 궁예는 자신과 함께 양길에게 귀부하기도 했던 신훤과의 관계를 고려하여 청주세력을

---

59) 많은 연구자들이 궁예정권과 청주세력의 관계에 대한 관심을 보였다. 이 가운데, 궁예의 청주인 사민정책을 집단인질적 성격으로 파악한 金甲童(「高麗建國期의 淸州勢力과 王建」,『韓國史硏究』48, 韓國史硏究會, 1985, pp. 36-50)을 제외한 대부분의 연구자들은 이기백이 궁예의 군사적 기반으로 이해한 이래(李基白,「高麗京軍考」,『李丙燾博士華甲紀念史學論叢』, 1956 ;『高麗兵制史硏究』, 1968, p. 44), 청주세력을 궁예의 세력기반으로 이해하였다. 특히, 홍승기는 궁예가 청주세력을 철원으로 사민한 것을 궁예정권의 핵심이 송악세력에서 청주세력으로 교체된 것을 의미한다고 이해하였다(洪承基,「後三國의 分裂과 王建에 의한 統一」,『韓國史市民講座』5, 一潮閣, 1989, p. 76). 청주세력에 대한 지금까지의 논의는 홍승기와 신호철의 연구사 정리가 참고된다(洪承基,「弓裔王의 專制的 王權의 追求」,『擇窩許善道先生停年紀念韓國史學論叢』, 一潮閣, 1992, p. 77 및 申虎澈, 앞의 논문, 1993-ⓐ, pp. 73-75).

중용하였을 가능성이 높다. 뿐만 아니라 그는 양길의 휘하에서 활동하던 시기부터 청주에 연고를 가지고 있었을 것으로 추정되기도 한다.[60] 그는 이 때문에 청주세력의 충성심을 기대할 수도 있었다. 그러나 궁예가 청주세력을 중용한 것은 무엇보다도 이들의 반신라적 성향을 고려한 것이라 할 수 있다.

K. 熊川州都督憲昌 以父周元不得爲王 反叛 國號長安 建元慶雲元年 脅武珍·完山·菁·沙伐四州都督 國原·西原·金官仕臣及諸郡縣守令 以爲己屬 菁州都督向榮 脫身走推火郡 漢山·牛頭·歃良·浿江·北原等 先知憲昌逆謀 擧兵自守 (中略) 諸軍共到熊津 與賊大戰 斬獲不可勝計 憲昌僅以身免 入城固守 諸軍圍攻浹旬 城將陷 憲昌知不免自死 從者斷首與身各藏 及城陷 得其身於古塚誅之 戮宗族·黨與凡二百三十九人 縱其民 (『三國史記』10, 新羅本紀 10 憲德王 14년 3월)

위의 기록에 따르면, 熊川州 都督인 金憲昌은 자신의 아버지인 金周元이 왕위를 계승하지 못한 것에 대한 불만으로 憲德王 14년(822)에 반란을 일으켰다. 웅천주를 중심으로 난을 일으킨 그는 武珍州(광주)·完山州(전주)·菁州(진주)·沙伐州(상주)의 都督과 國原(충주)·西原(청주)·金官(김해)의 仕臣 그리고 여러 郡縣을 장악하고 국호를 長安, 연호를 慶雲이라 하였다. 그러나 그는 결국 신라 왕실의 토벌군에 의해 평정되고 말았다. 그런데 여기에서 주목되는 것은 헤아릴 수 없을 정도로 많은 희생자를

60) 궁예가 양길의 휘하에 있을 때 청주를 경략하고 이 곳에 上黨山城을 築城하였다는 『上黨山城古今事蹟記』의 기록은 이와 관련하여 주목된다(註 46) 참고).

낸 김헌창의 난에 청주 지역이 관련되었다는 점이다. 뿐만 아니라 이 난에 가담하였다가 신라왕실에 의해 처형된 黨與 239 명 가운데에도 청주인이 포함되어 있었을 것이다. 이러한 사실은 김헌창의 난에 가담한 청주세력이 신라왕실에 의해 토벌되었음을 알려준다. 물론 신라왕실은 김헌창의 난에 연루된 일반 백성들을 풀어주기도 하였다. 그러나 그것이 청주세력의 반신라적 정서를 해소시킬 수는 없었다. 西原京에는 오히려 김헌창의 난이 평정된 이듬해에 天災地變까지 있었다.[61] 이러한 점을 고려하면, 청주세력은 김헌창의 난을 전후하여 신라에 대해 반감을 가지고 있었음을 알 수 있다.

청주세력의 반신라적 성향은 궁예가 철원으로 환도할 무렵에도 지속되었을 것이다. 김헌창의 난이 궁예의 철원환도 80여 년 전에 있었다는 사실은 이러한 추측을 허락한다. 궁예는 신라를 병합하려는 과정에서 청주세력의 뿌리깊은 반신라적 성향에 주목하였을 것이다.[62] 특히 청주 지역은 충청도 지방에서 신라 지역으로 진출하기 위한 중요한 통로이기도 했다.[63] 따라서 그 곳은 궁예가 신라를 병합하기 위한 전진기지로 이용하기에도 적절한 지역이었다. 결국 궁예가 신라를 병합하려는 의도에서 철원으로 환도했다는 것은 반신라적 성향이 강한 청주세력을 중용한

---

61) 『三國史記』 10, 新羅本紀 10 憲德王 15년.

62) 漢山·牛頭·歃良·浿江·北原 등이 김헌창에 대항하여 성을 굳게 지킨 것과 달리, 청주 일대는 김헌창의 난에 적극적으로 개입하였다. 이러한 사실은 궁예가 청주세력의 반신라적 성향을 이용할 목적으로 이들을 중용하였을 가능성을 보여준다.

63) 청주·보은은 신라가 충청도 지역으로 진출하기 위한 중요한 통로였다(李基白, 丹楊新羅赤城碑 발견 1차 學術座談會 발언, 『史學志』 12, 1978, pp. 61-62). 따라서 청주 일대는 충청도 지역에서 신라 지역으로 진출할 때에도 중요한 통로가 된다.

점에서도 알 수 있다.[64]

이와 같이 신라를 병합할 목적으로 철원에 환도하여 청주세력을 중용한 궁예는 J-2의 기록에 보이는 것처럼 침략에 적극적으로 대항하지도 못한 신라를 공략함으로써 三韓의 태반을 차지할 정도로 세력을 확대할 수 있었다. 그가 彌勒觀心法을 내세우며 전제왕권을 추구한 것도 반신라정책을 통해 그 만큼 세력을 확대시켰기 때문에 가능하였다.[65] 그러나 궁예의 반신라정책은 송악세력의 반발을 초래하기도 하였다. 송악세력은 양길세력을 평정한 궁예가 후삼국의 대립이 본격화되었을 때 신라의 병합보다 후백제와 대립하기를 원하였을 것이다. 자신들이 제해권을 장악함으로써 후백제와의 대립을 주도할 수 있었기 때문이다. 왕건이 나주 점령을 비롯한 후백제와의 전투에서 자주 활약했다는 점도 이러한 추측을 허락한다. 그렇지만 궁예는 내륙전을 필요로 하는 신라의 병합에 치중하였다. 뿐만 아니라 그는 이 과정에서 철원으로 환도하여 청주세력을 중용하였다. 따라서 궁예에 의해 소외된 송악세력은 당연히 반발하였을 것이다.

L. 詔曰 前主 視民如草芥 而惟欲之從 乃信讖緯 遽棄松嶽 還居斧壤 營立宮
室 百姓困於土功 三時失於農業 加以饑饉荐臻 疾疫仍起 室家棄背 道殣相

---

64) 궁예가 신라를 병합하려고 한 것은 청주세력의 입장에서도 자신들의 뿌리깊은 반신라적 성향을 반영한다는 점에서 중요한 의미가 있었다. 그리고 청주세력은 궁예가 반후백제정책을 추진하는 것보다도 반신라정책을 추구하는 것이 더 유리하였다. 청주는 후삼국의 접경 지역에 있었다. 그런데 후백제의 세력은 강성한 데 비해, 신라는 J-2의 기록에서 본 것처럼 궁예의 침략에 적극적으로 대항하지도 못했다. 따라서 청주세력들은 자신의 지역기반이 치열한 각축장이 될 수도 있는 후백제와의 대립보다, 신라를 병합하려는 궁예의 정책이 유리하였을 것이다.

65) 홍승기는 궁예의 전제왕권이 강경파 청주세력에 의해 주도되었다고 하였다(洪承基, 앞의 논문, 1992, pp. 76-99).

望 一匹細布 直米五升 至使齊民 賣身鬻子 爲人奴婢 朕甚悶焉 其令所在 具
錄以聞 於是 得一千餘口 以內庫布帛 贖還之 (『高麗史』1, 世家 1 太祖 원년
8월 辛亥)

　　왕건은 위의 기록에 보이는 것처럼 집권한 뒤 민심을 수습하는 과정
에서 내린 詔書를 통해, 궁예가 백성을 草芥처럼 여기더니 마침내 讖緯
說에 의존하여 斧壤으로 환도했다고 비난하였다. 궁예의 철원환도에 대
한 왕건의 이러한 인식은 그가 집권할 무렵에 형성되었을 가능성도 배
제할 수 없다. 그리고 왕건의 이러한 불만은 궁예가 전제왕권을 추구한
뒤에 생겨났을 가능성도 있다.[66] 그러나 왕건은 이른 시기부터 궁예에
대해 불만을 드러내고 있었다. 왕건이 30세가 되던 해에 바다 가운데 서
있는 九層金塔을 보고 그 위에 올라가는 꿈을 꾸었다는 기록은 이러한
사실을 말해준다.[67] 이 기록은 왕건이 천하를 제패하겠다는 정치적 야
심을 드러내었음을 알려주는 것으로 이해되고 있다.[68] 그런데 왕건은
용건이 궁예에게 귀부한 乾寧 3년(896)에 20세의 나이였다. 그렇기 때문
에 왕건이 30세 되던 해는 궁예가 철원으로 환도한 이듬해인 906년에
해당된다. 왕건이 궁예의 철원환도 직후에 이미 역모를 꿈꾸고 있었음
을 알려주는 대목이다. 이러한 점을 고려하면, 왕건은 철원환도를 계기

---

66) 신호철은 왕건과 궁예의 갈등을 궁예가 年號를 水德萬歲, 國號를 泰封으로 바꾸면서 專制王權
을 추구한 乾化 원년(911)에 시작된 것으로 보았다(申虎澈, 앞의 논문, 1982, p. 45).

67) 『高麗史』1, 世家 1 太祖 1.

68) 이에 대해서는 이재범의 논문들이 참고된다(李在範, 앞의 논문, 1992, pp. 57-59 및 앞의 논문,
1995, p. 485).

로 궁예에 대해 불만을 드러내었음에 틀림없다.[69] 그리고 왕건이 궁예에 대해 불만을 드러낸 까닭은 궁예의 철원환도가 청주세력을 중심으로 반신라정책을 추구했기 때문일 것이다.[70]

M-1. 梁開平三年己巳 太祖見裔日以驕虐 復有志於閫外 適 裔以羅州爲憂 遂令太祖 往鎭之 進階爲韓粲海軍大將軍 (『高麗史』1, 世家 1 太祖 1)

2. 太祖復修戰艦備糧餉 欲留戌羅州 金言等 自以功多無賞 頗解體 太祖曰 愼勿怠 唯戮力無貳心 庶可獲福 今主上 恣虐 多殺不辜 讒諛得志 互相浸潤 是以 在內者 人不自保 莫如外事征伐 殫力勤王 以得全身之爲愈也 諸將然 之 (위의 책)

M-1의 기록에 따르면, 왕건은 梁 開平 3년(909) 무렵 韓粲 海軍大將軍에 임명되어 나주 지역을 지키고 있었다. 그런데 그가 이 때 나주로 내려간 것은 날로 교만하고 잔학해지는 궁예를 피하려는 의도였다고 한다. 왕건이 이처럼 궁예를 피하여 閫外에 뜻을 둔 까닭은 무엇이었을까. 그것은 궁예의 반신라정책에 대한 왕건의 반발에서 비롯되었다. 이와 관련하여 주목되는 것이 M-2의 기록이다. 이에 따르면, 金言 등은 功이 많은데도 궁예가 포상해주지 않는다고 왕건에게 불만을 토로하였다. 그러자 왕건은 이들에게 임무에 태만하지 말고, 두 마음을 품지 않으면 복을 받

---

69) 궁예가 철원으로 환도하면서 浿西 地域에 13鎭을 설치한 것도 송악 및 패서세력의 이러한 반발에 대비하려는 것이었을 가능성이 높다(『三國史記』50, 列傳 10 弓裔).

70) 이재범은 궁예와 왕건의 이러한 갈등이 탈고구려주의를 표방하고 고구려계 호족을 견제하려는 궁예의 조치에서 비롯되었다고 하였다(李在範, 앞의 논문, 1995, pp. 485-493). 그러나 궁예와 왕건의 갈등을 궁예의 고구려 계승의식 철회와 관련하여 이해하는 것은 왕건의 친신라정책을 일관되게 설명할 수 없다.

을 것이라고 위로하였다. 그는 그러면서도 궁예가 방자하고 잔학해서 무고한 사람을 많이 죽였다고 하였다. 이 때문에 아첨하는 무리가 뜻을 얻어 조정안에 있는 사람들은 몸을 보전하지 못한다고도 하였다.

여기에서 주목되는 것은 궁예가 나주 지역에서 공을 세운 이들에게 합당한 상을 내리지 않았다는 점이다. 그리고 김언 등과 왕건은 이 때문에 궁예에 대한 불만을 드러내었다는 사실이다.[71] 여기에 보이는 賞이란 반드시 물질적인 포상만을 의미하지 않을 것이다. 그것은 궁예가 청주세력을 중심으로 신라의 병합을 강조하면서 자신들을 소외시킨 사실과 관련되었을 것이다.[72] 따라서 왕건을 비롯한 송악세력의 불만은 궁예가 철원에 환도하여 청주세력을 중심으로 반신라정책을 꾀하는 과정에서 시작되었다고 하겠다. 그리고 이러한 사정은 왕건이 乾化 3년(913)에 阿志泰 사건을 처리한 뒤에도 계속되었을 것이다.[73] 왕건이 이 때 자신에게 화가 미칠 것을 두려워하여 다시 閫外에 뜻을 두었던 것도, 궁예가 이듬해에 왕건을 侍中에서 해임시켜 나주로 내려보낸 것도 이러한 사실을 말해준다. 그리고 청주세력을 중심으로 반신라정책을 추구하던 궁예는 반발하는 송악세력을 견제하기도 하고 때로는 회유하기도 하였다.

---

71) 金言 등은 그 출신이 어느 지역이었는지 자세히 알 수 없다. 그러나 수군을 이끌었고 왕건의 부장이었다는 점은 이들이 최소한 수전에 익숙한 송악 일대의 지방세력과 이해관계를 함께 하고 있었음을 알려준다. 이와 관련하여, 사료 N의 기록에 보이는 것처럼 모반혐의로 궁지에 몰린 왕건을 도와준 崔凝이 黃州 土山人으로 浿西勢力이었다는 점은 주목할 만하다(『高麗史』 92, 列傳 5 崔凝).

72) 궁예가 나주지역을 공략한 사실은 반신라정책을 주도하는 청주세력의 지역적 기반이 되는 청주지역을 견훤의 공격으로부터 보호하려는 의도도 있었을 것이다.

73) 아지태 사건은 궁예의 반신라정책을 주도하던 청주세력이 뒤에 분열하였음을 알려준다(『高麗史』 1, 世家 1 太祖 1). 이와 관련하여, 궁예의 전제왕권에 대한 입장의 차이 때문에 온건파와 강경파로 분열하였다는 연구가 있어 참고된다(洪承基, 앞의 논문, 1992, pp. 85-91).

N. 一日急召 太祖入內 (中略) 怒目熟視太祖曰 卿昨夜 聚衆謀叛 何耶 太祖
顔色自若 輾然而笑曰 烏有是哉 裔曰 卿莫紿我 我能觀心 所以知也 我將入
定以觀 了說其事 乃合眼負手 仰天良久 時掌奏崔凝在側 佯墜筆 下廷取之
因趨過太祖 微語曰 不服則危 太祖乃悟曰 臣實謀叛 罪當死 裔大笑曰 卿可
謂直也 卽以金銀粧鞍轡賜之曰 卿勿復誑我 遂以步將 康瑄詰·黑湘·金材瑗
等 副太祖 增治舟舸百餘艘 大船十數 各方十六步 上起樓櫓 可以馳馬 領軍
三千餘人 載粮餉 往羅州 (『高麗史』1, 世家 1 太祖 1)

위의 기록에 따르면, 왕건은 모반의 혐의로 추궁하는 궁예에게 그 사
실을 부인하다가 崔凝의 충고에 따라 그 혐의를 인정하였다. 그리고 궁
예는 이러한 왕건에게 金銀으로 치장한 안장과 고삐를 賜하였다. 이것
은 왕건의 정변을 정당화시켜 주는 궁예의 失政으로 볼 수도 있다. 궁예
가 彌勒觀心法을 내세워 전제적 왕권을 행사한 사례의 하나로 이해되기
때문이다. 그러나 이것은 궁예가 전제왕권을 행사한 사례로 단순하게 볼
수만은 없다. 그가 모반의 혐의를 씌워 왕건을 추궁한 것은 자신의 반신
라정책에 대해 불만을 갖고 있는 송악세력을 견제하려는 조치였다. 그
리고 궁예가 모반의 혐의를 인정한 왕건에게 역설적으로 상을 내렸다는
것은 왕건을 회유하여 송악세력의 반발을 무마하려는 것이었다. 그러나
청주세력을 중심으로 반신라정책을 추구하는 과정에서 생겨난 궁예와
송악세력의 갈등은 결과적으로 궁예의 몰락을 가져왔다. 왕건이 그를 제
거하고 고려를 건국한 것은 이러한 사정을 말해준다. 따라서 궁예가 철
원에 환도하여 청주세력을 중심으로 반신라정책을 추구한 사실은 그가

후삼국의 대립을 주도할 만큼 세력을 형성하는 계기가 되었지만, 다른 한편으로는 그가 몰락하게 된 원인도 되었던 것이다.

## 5. 맺음말

이상으로 도읍 선정 문제에 주목하면서 궁예의 세력형성 과정을 살펴보았다. 그 결과, 궁예는 세력형성 과정에서 생겨난 정치적 입장의 변화에 따라 철원정도와 송악천도 그리고 철원환도를 반복하였음을 알았다. 여기에서는 이 글을 통해 확인할 수 있었던 사실들을 요약하면서 맺음말을 대신하려고 한다.

왕위계승전에 희생된 신라의 왕자출신으로서 승려가 되기도 하였던 궁예가 세력을 형성한 것은 梁吉의 휘하에 들어간 이후였다. 그리고 그는 眞聖女王 8년(894)에 명주로 들어가 양길로부터 자립하였다. 그러나 그는 일찍부터 甄萱에 견줄 만한 세력을 형성하여 명주 관내까지 세력을 미치고 있던 양길을 의식할 수밖에 없었다. 그가 명주를 떠나 진성여왕 10년(896) 철원에 도읍한 이유가 여기에 있었다. 궁예가 이 때 철원에 도읍한 것은 평야지대를 이루고 있던 그 곳의 경제적·지리적 조건을 고려하고, 그 지방세력들의 협조도 기대하려는 것이었다. 따라서 궁예가 철원에 도읍한 것은 양길세력과의 전면적인 대립을 피하는 과정에서 이루어졌다고 할 수 있다.

그런데 궁예는 강원도 북부와 패서 지역 및 송악을 장악하면서 양길에 대해 적극적인 대립을 꾀하였다. 그가 光化 원년(898)에 송악으로 도읍을 옮긴 것도 양길과의 대결을 위한 것이었다. 송악은 궁예가 패서 지역과 한강 하류 일대 등을 장악함으로써, 한강 수로를 타고 북상하는 양길에 대비할 수 있었기 때문이다. 특히, 龍建의 자발적인 귀부를 받았던 궁예는 송악에 천도함으로써 水戰에 익숙한 송악세력의 적극적인 협조도 기대할 수 있었다. 아무튼 송악으로 천도한 궁예는 孝恭王 3년(899)에 마침내 양길을 제압할 수 있었다. 그가 이 과정에서 송악세력의 협조를 받은 사실은 光化 3년(900)에 양길의 세력권인 廣州·忠州·唐城·靑州·槐壤 등을 평정하는 데에 왕건이 활동한 데서도 알 수 있다.

양길세력을 평정한 궁예는 후삼국간의 경쟁에 본격적으로 뛰어들면서 반신라정책을 표방하였고, 이 과정에서 다시 철원으로 환도하였다. 그가 철원으로 환도한 다음 달에 신라 변경을 공격하여 竹嶺 동북 지방까지 쳐들어간 것은 이러한 사정을 말해준다. 사실, 송악은 신라와의 접경에서 멀리 떨어진 해안가에 위치하였기 때문에 내륙에서의 싸움이 요구되는 궁예의 반신라정책에서 그 중요성이 떨어졌다. 반면, 내륙 깊숙이 위치한 철원은 궁예가 견훤의 공격에 대비하면서 신라를 공략할 수 있는 지역이었다. 특히 그 곳은 궁예가 처음 도읍한 지역이었기 때문에 초기세력과 양길을 평정하는 과정에서 자발적으로 귀부한 세력을 하나로 결집시키기에도 적절하였다. 그가 철원환도에 앞서 청주세력을 사민시킨 것은 이런 측면에서도 이해할 수 있다. 그리고 궁예가 청주세력을 중용한 것은 그 지역이 신라로 진출하기 위한 통로였으며 김헌창의 난을 전후한 시기부터 반신라적 성향을 보였기 때문이었다.

궁예는 청주세력을 중용하여 반신라정책을 추구하면서 삼한의 영토 태반 이상을 차지할 수 있었다. 그러나 궁예의 이러한 정책은 양길세력의 평정에 공헌한 송악세력의 반발을 초래하였다. 왕건이 궁예의 철원 환도 직후인 30세 무렵에 逆謀를 의미하는 꿈을 꾸었다거나 철원환도를 讖緯說에 의존했다고 비난한 사실 등은 송악세력의 이러한 반발을 의미한다. 궁예는 이렇게 반발하는 송악세력을 견제하는 한편, 이들의 불만을 무마하기도 하였다. 철원으로 환도하면서 浿西 地域에 13鎭을 설치하고 왕건을 나주로 내려보내거나 모반의 혐의로 추궁한 것이 전자에 해당된다면, 모반의 혐의를 인정한 왕건에게 상을 내린 것은 후자에 해당된다고 할 수 있다. 그러나 궁예와 송악세력의 갈등은 왕건의 고려 건국에서 알 수 있는 것처럼 결과적으로 궁예의 몰락을 초래하고 말았다.

이상의 연구를 통해, 궁예의 세력형성 과정은 신라 하대를 대표하는 지방세력 가운데 하나였던 양길과의 관계가 중요한 영향을 끼쳤음을 알았다. 그리고 궁예의 몰락은 청주세력에 의한 반신라정책에 대한 송악세력의 반발에서 비롯되었음을 밝혔다. 그러나 도읍을 정하는 문제는 당시의 사정들이 복잡하게 관련되었을 것이기 때문에 여러 가지 측면들을 함께 고려해야 한다. 그럼에도 불구하고, 이 글에서는 구체적인 자료의 부족으로 한정된 내용만을 다루었다. 뿐만 아니라 논의의 전개 과정에서 지나친 비약과 무리한 추론에 의존할 수밖에 없었다. 따라서 이 글은 하나의 가능성을 검토한 것에 불과하다. 이에 대한 비판을 통해, 앞으로 신라말·고려초의 정치적·사회적 변동이 보다 분명하게 밝혀지기를 기대한다.

# 弓裔政權의 鐵圓定都와 '京'·'都'

**이재범**

(전) 경기대학교 사학과 교수

## 목차

## 1. 머리말

궁예의 도읍선정에 있어서도 잦은 천도가 그의 성격의 불안정성에 기인한 것으로 이해되어 왔다. 그러나 실제 궁예의 도읍 선정은 궁예정권의 성격의 변화와 관련이 있는 것으로 이해되어야 한다는 주장도 제기되고 있다.[1]

이러한 연구경향에 힘입어 본고에서는 궁예가 국가의 최대 중대사의 하나인 도읍을 옮긴 과정과 의미에 대하여 검토해 보고자 한다. 궁예

---

[1] 정선용은 철원으로의 천도가 신라를 공격하기 위한 목적(1997「궁예의 세력형성과정과 도읍선정」『한국사연구』 97.)에서 비롯되었다고 한다.

는 도읍을 철원에서 송악, 다시 송악에서 철원으로 옮겼다고 한다. 그리고 이러한 천도에 대하여 궁예의 비정상적인 성격과 관련지어 이해하려는 경향도 있었다. 그러나 도읍의 이전과 같은 국가의 중대사는 국왕권이 강하다고 하더라도 독단으로 결정할 수 있는 사안이 아니다. 그렇게 하지 않으면 안되었을 필연적인 요인이 있었을 것이다. 또한 도읍을 옮기면서 병행되었던 일련의 시책도 일정한 의미가 있었을 것이다.

따라서 본고에서는 궁예정권의 도읍 이전의 의미를 파악하고, 더 나아가 그에 따른 국가 경영 형태의 변화에 관하여 살펴보고자 한다. 특히 궁예가 도읍을 자주 옮겼다고 하는 사료들을 근거로 하여 궁예의 도읍 선정이 어떠한 과정을 거쳐 905년의 철원 정도로 귀결되었는지를 검토해 보고자 한다. 이러한 일련의 작업이 궁예정권의 국가경영의 변화를 유동적으로 파악하는데 도움이 될 수 있기를 바란다.

## 2. 궁예정권의 도읍선정 및 이도에 관한 사료 검토

궁예는 몇 차례 도읍을 옮겼다고 한다. 이와 관련된 자료를 살펴보면 다음과 같다.

A-1. 弓裔 大順 丙辰(896) 都鐵圓城(今東州也)[2]

---

2) 『三國遺事』卷1 王曆 後高句麗

A-2. 丁巳(897) 移都松岳郡[3]

A-3. 孝恭王 二年(898) 秋七月 弓裔取浿西道及漢山州管內三十餘城 逐都於松岳郡[4]

A-4. 時新羅政衰群賊競起 甄萱叛據南州稱後百濟 弓裔據高句麗之地 都鐵圓國號泰封 --(중략)-- 光化元年戊午(898)裔移都松嶽太 祖來見 授精騎大監[5]

A-5. 孝恭王 九年(905) 秋七月 弓裔移都於鐵圓[6]

A-6. 天祐二年乙丑(905) 入新京 修葺觀闕樓臺 窮奢極侈[7]

A-7. 天祐二年乙丑(905) 裔還都鐵圓[8]

A-8. 後弓裔起兵 略取高勾麗舊地 自松岳郡來都 修葺宮室窮極奢侈 國號泰封 及太祖卽位 徙都松嶽 改鐵圓爲東州 [弓裔宮殿古基 在 州北二十七里 楓川之原][9]

A-9. 甲戌(914) 還鐵原[10]


위의 기사들은 궁예가 도읍을 정하고 옮겼다는 내용을 발췌한 것이 다. 이에 따르면 궁예는 896년에 처음 철원에 도읍을 정하고 897년부터

---

3) 『三國遺事』卷1 王曆 後高句麗

4) 『三國史記』卷12 新羅本紀 孝恭王 2年 秋七月.

5) 『高麗史』卷1 太祖世家.

6) 『三國史記』卷12 新羅本紀12 孝恭王9年

7) 『三國史記』卷50 弓裔列傳.

8) 『高麗史』卷1 世家1 太祖1

9) 『高麗史』卷58 地理3 東州

10) 『三國遺事』卷1 王曆 後高句麗

이도 준비를 하여 898년에 도읍을 송악군으로 옮겼다.[11] 그리고 905년에 철원으로 이도, 혹은 환도를 한 것으로 기록하고 있다. 그런데 『삼국유사』왕력조에는 914년에 철원으로 환도하였다는 사실을 기록하고 있다. 이를 종합하면 궁예는 처음 철원에서 송악, 다시 송악에서 철원, 그리고 다시 철원으로 한차례의 정도와 세차례의 천도를 한 것으로 볼 수 있다.

그러나 위의 기록은 좀 더 면밀히 주목하게 되면 궁예정권의 도읍 이전에 관한 종래의 이해에 약간의 착종이 있었음을 알게 한다. 먼저 위의 기사 가운데 의문시 되는 것은 『삼국유사』의 914년 철원 환도에 관한 기사이다. 이 내용은 사실성에 다소 의문이 간다. 위의 사료들을 검토하면 궁예는 905년에 송악군에서 철원으로 이도를 하였다. 그리고 그 뒤 다른 지역으로 도읍을 옮긴 적이 없다. 그런데 어떻게 하여 914년에 철원으로 환도를 하게 되었을까? 그런데 『삼국유사』에는 905년의 철원으로의 도읍 이전 기사는 없고 914년의 환도 기록만이 나온다.

이와같이 『삼국유사』가 『삼국사기』와 『고려사』의 기록과 차이가 있는 것은 어떻게 이해하여야 하며, 그 이유는 무엇이었을까? 914년 무렵 『삼국사기』나 『고려사』 등에서 철원으로의 환도 기사를 찾아 볼 수 없다. 실제로도 도읍을 옮기는 것은 무리였다. 914년은 철원에서 아지태사건[12]이 나던 해로 궁예의 철원정권이 왕건에 의하여 장악되어 가던 시기이다. 이 정쟁은 905년 철원에 도읍을 할 때 사민하였던 청주민들에

---

11) 897년에 준비하여 898년에 도읍이 완결된 것으로 보는 견해를 따른다.(강문석, 2005, 「철원환도 이전의 궁예정권 연구」 『역사와 현실』 57, 260쪽의 주81.)

12) 철원에서의 정쟁으로 처음 주목한 연구자는 신호철이다.(1982, 「궁예의 정치적 성격」 『한국학보』 29.)

의한 것으로 철원에서 발생하였던 것임에 틀림없다. 그런데 어떻게 하여 『삼국유사』에는 914년의 철원환도가 기록되고, 905년의 도읍이전 기록은 누락되었던 것일까?

그런데 『삼국유사』의 기록을 뒷받침할 문헌적 근거는 어디에서도 찾아 볼 수 없다. 견강부회격으로 주장하자면 『삼국사기』에 궁예가 904년에 국호와 연호를 다시 세우고, 제도를 대대적으로 개편하면서 천도준비를 하였던 사실을 일연이 914년의 환도로 잘못 이해하였을 것이라는 정도일 것이다. 『삼국유사』의 914년 철원환도는 두찬으로 볼 수 밖에 없을 것 같다.[13]

이와함께 『삼국유사』에는 궁예에 관한 내용이 상대적으로 소략하고 정확하지 못하다는 점도 지적되어야 할 것 같다. 『삼국유사』에는 후백제의 견훤에 대해서는 상당한 분량의 서술이 있으나,[14] 궁예에 관해서는 왕력에서 간단히 소개하는데 그치고 있다. 일연은 궁예에 대하여 다른 분야보다 적은 정보를 가지고 있었고, 아울러 부정확하였던 것 같다. 그런 점에서 『삼국유사』궁예에 관한 내용은 다소 두찬이 있었던 것은 아닌가 추정된다.

다음으로 주목해야 할 것은 위의 기록들에 나오는 905년의 '철원'에 도읍을 정한 사실을 '환도'와 '이도' 가운데 어떤 해석을 하여야 할 것인

---

13) 궁예는 904년 송악에서 철원으로 도읍 이전 준비를 하고 905년에 이도하였다는 기록이 나온다. 철원 이도 전에 궁예는 국호를 바꾸고 대대적인 관제를 정비하게 되는데 이를 잘못 파악한 것은 아닌지? 『삼국유사』의 내용대로 914년에 철원환도를 했다고 하면, 905년과 914년 이전의 어느 때 한번 더 송악이나 그 밖의 다른 지역으로 으로 도읍을 옮겼어야 했다. 그러나 그러한 내용은 찾아지지 않는다.

14) 『삼국유사』 권2, 기이 2, 후백제와 견훤.

가 하는 점이다.[15) 이 사실에 대하여 『고려사』에서는 '환도철원'이라 하였고, 『삼국사기』에는 '이도'라고 표현하였다. 『삼국유사』에 기록된 914년의 철원환도는 앞에서 살펴보았듯이 사실 자체에 신빙성이 없어서 무시하여도 좋을 것으로 보인다. 여기서 문제가 되는 것은 『고려사』에 기록된 905년의 '환도철원'과 『삼국사기』의 '이도어철원'의 차이이다.[16)

환도와 이도는 도읍을 옮겼다는 사실은 같지만, 의미는 크게 달라질 수 있다. 환도란 처음 도읍을 하였던 그 지점으로 다시 돌아간다는 의미이다. 이와 달리 이도는 '도읍을 옮긴다'는 뜻이므로, 원래의 도읍이 있었다면 그곳으로 돌아가도 되고, 그렇지 않다면 새로운 도읍을 선정하여 옮긴다는 의미가 되는 것이다. 따라서 '환도철원'이라고 하면, 처음 있었던 철원의 도읍으로 다시 돌아간다는 의미이다. 그러나 '이도철원'이라고 하면 철원이라는 지역은 같으나, 선정된 지역은 이전의 도읍지와 다르다는 의미가 된다.

그리고 이 시기에도 이도와 환도는 분명히 구분하여 사용하였던 것 같다. 『삼국유사』에는 철원에서 송악으로 옮기는 것은 '이도'라고 표현하였고, 내용 자체를 신뢰할 수는 없으나 송악에서 철원으로 간 사실은 '환철원'이라고 표기하고 있다. 이를 보면 이도와 환도를 분명히 다른 개념으로 사용하고 있음을 알 수 있다. 한편 『고려사』에서도 이러한 '이도'와 '환도'를 구분하여 사용하고 있다. 송악에서 철원으로의 도읍이전은

---

15) 정선용, 강문석 등이 환도라는 용어를 그대로 사용하는 것은 『삼국유사』 왕력과 『고려사』를 따른 것으로 보여진다.

16) 이 사실에 대하여 의문을 제기한 신호철은 905년의 천도를 '신경'으로 표현하였다는 점을 들어 896년의 철원 도읍지와는 다른 곳이었다는 견해를 피력했다.(1999「궁예와 왕건과 청주호족」『중원문화논총』 2·3집, 78쪽. 주22참조)

환도, 그리고 철원에서 송악으로는 사도[17]라고 구분하여 표현하고 있다.

그렇다면 '환도'와 '이도' 가운데 보다 사실에 근접한 사실은 무엇일까? 먼저 궁예와 가까운 시기의 기록이 무엇인가를 보면 두말 할 것도 없이 삼국사기이다. 그리고 궁예에 관한 내용도 어떤 문헌도 풍부하다. 이에 비해 『고려사』의 궁예 관련 내용은 편파적이고, 내용도 왕건을 미화하기 위한 것들이며, 사실 그 자체로서도 부정확한 부분이 적지 않다. 예컨대 A-4.의 내용 가운데 궁예가 898년 이전에 이미 '도철원국호위태봉'이라 한 것은 사실과 부합되지 않는다. 이때는 궁예정권이 아직 태봉이라는 국호를 사용하기 이전인데도 태봉으로 통칭하고 있는 것이다. 이처럼 두 문헌의 성격으로 볼 때도 그렇고 『고려사』는 고려와 왕건을 중심으로 서술하였기 때문에 '환도철원'을 뒷받침해 줄 근거도 더 이상 찾을 수 없다. 궁예에 관한한 삼국사기의 기록이 신뢰도에 있어서 앞선다고 할 것이다. 따라서 『고려사』'還都鐵原'과 『삼국사기』의 '移都於鐵圓' 가운데 보다 사실에 근접한 표현은 '이도어철원'이라고 할 수 있을 것이다. 그렇다면 『고려사』 찬자들은 왜 환도라고 했을까? 그 까닭은 바로 앞서 A-4.의 내용처럼 이미 898년 이전에 철원에 도읍을 하고 국가를 경영하였다는 전제 하에 그렇게 인식하게 되었던 것으로 여겨진다.

그러므로 그동안 문헌적 검토 없이 905년의 철원으로의 도읍 이전을 '환도'라고 표현한 것은 이제 '이도'로서 '정도'로 이해되어야 할 것이다.

이도, 혹은 정도로 이해해야 할 근거는 『삼국사기』에서 찾아진다. 무

---

17) 徙都는 이도와 같은 의미이다. 마땅히 환도라고 하여야 할 것이나, 왕조가 바뀌었으므로 사도로 표현하였을 것이다.

엇보다도『삼국사기』는 905년 철원으로의 천도를 이도로 표현하면서 철원을 '신경'이라고 호칭하고 있다. 환도의 경우라면 '신경'이라는 호칭을 사용할 수 없었을 것이다.『삼국사기』의 신경이라는 호칭은 궁예정권이 철원지역으로 이전하였다고 하더라도 종전의 도읍과는 다른 지역으로의 이전이라는 의미를 내포하고 있는 것이다. 그렇지 않다면『삼국사기』의 찬자들이 이를 '신경'이라고 부를 까닭이 없었을 것이다. 따라서 송악에서 철원으로의 천도는 '신경'에서 정도를 한 것으로 이해되어야 할 것이다.

그렇다면 신경의 의미는 무엇일까? 여기서 신경이라고 했을 경우는 이전의 '舊京'에 대한 상대적인 의미를 담고 있다. 과연 '구경'은 어디를 가리키는 것일까? 얼른 연상되는 지역은 철원 이전의 도읍이었던 '송악군'이다. 그러나 송악군을 '구경'으로 볼 수는 없을 것 같다. 왠가하면 '송악'은 어디까지나 '군'이라는 행정단위였으며, '경'이 된 시기는 훨씬 뒤이기 때문이다.[18] 이에 비하여 철원은 이미 궁예가 경으로 승격을 시켜 두었던 것이다. 다음의 자료가 참고 된다.

B-1. 天祐元年甲子(904) 秋七月以靑州人戶一千入鐵圓城爲京 ---[19]
B-2. 貞明四年戊寅(918) 鐵圓京衆心忽變 推戴我太祖卽位[20]


B-1.의 내용은 궁예가 철원으로 이도하기 한해 전인 904년에 청주인

---

18) 송악군은 그 뒤 개주, 개경, 개성부, 황도 등으로 불리었지만, 궁예가 철원으로 이도하기 전에 경으로 불린 적이 없었다.
19)『三國史記』卷50 弓裔列傳.
20)『三國史記』卷50 甄萱列傳.

호 1천호를 철원성에 들이고 '경'으로 삼았다는 사실을 전한다. 그리고 당시의 철원은 다른 지역과 달리 '경'으로서 일반인들에게도 인식되고 있었음을 B-2.의 내용에서 알 수 있다. 이에 따르면 철원은 당시인들에게 철원경으로 불리고 있었음을 확인 할 수 있다.

따라서 신경 철원경은 송악군에 상대되는 것이 아니라 '경'의 위치에 있었던 또 다른 '경'과의 관계에서 이해되어야 할 것이다. 철원이 되었을 당시 '경'이라는 호칭이 있었던 지역은 신라의 왕경과 5소경이 있었다. 소경은 서원경과 같이 그냥 경으로도 불리었으므로 6개의 경이 있었다고 하여도 틀리지 않을 것이다. 이 경은 당시의 행정관부에서 가장 상위의 관부였을 뿐만 아니라 신분 또한 다른 지역과 달랐다. 그러므로 철원경으로의 천도는 이전의 철원과 송악군으로의 천도와는 근본적으로 차이가 있었다. 단순하 지리상 이전이 아니라, 철원을 경이라고 하여 다른 지역과 차별화를 하여 수도로 삼았기 때문이다.

이와같이 철원이 경으로서 특수한 행정구역상 위치를 확보한 도읍이라면, 이전의 도읍이라고 할 수 있는 '철원경' 이전의 철원과 송악군은 궁예와 궁예정권에 있어서 어떤 위치에 있었던 지역이었을까? 철원과 송악을 도읍으로 삼았다고 한 용례를 A-2.와 A-3.에서 확인할 수 있다. 여기에는 '丁巳(897) 移都松岳郡'(A-2.)과 '孝恭王 二年(898) 秋七月 弓裔取浿西道及漢山州管內三十餘城 遂都於松岳郡'(A-3)이라고 하여 도읍을 삼았다고 기록하고 있다. 그런데 이 두지역에 대하여 '경'을 삼았다고 하는 내용은 달리 찾아 볼 수 없다. 이 두 지역에 대하여 도읍을 삼은 것은 확실하지만, 경을 설치하지는 않았던 것이다.

지금까지 이 표현을 믿고 이를 도읍, 더 나아가 국가의 수도로 이해하였다. 그러나 '도'의 어의에는 '경'과는 조금 다른 차이가 있다.[21] 굳이 차이를 말하자면 경성과 도성은 그 격에 있어서 차이가 있다. 경성은 천자가 사는 곳, 황거를 의미한다고 한다.[22] 이에 대하여 도성은 천자 또는 제후의 성, 또는 주대 제후의 자제 또는 경·대부의 영지가 있는 성을 의미한다고 한다.[23] 경은 천자가 사는 곳만을 가리키는 데 비하여, 도는 제후랄지 왕자제 등이 거주하는 곳까지 포괄한다.[24] 따라서 경을 설치하고 도읍을 삼은 것과 그렇지 않은 것은 차이가 있는 것으로 여겨진다. 견훤도 국가를 개창했지만, 자신의 근거지를 '경'이라고 하지는 않았고, 무진주나 완산주 등으로만 표현되고 있다. 궁예에게 있어서도 마찬가지였다. 896년 철원을 도읍으로 할 때나 송악을 도읍으로 할 때 이를 '경'으로 삼았다는 표현은 보이지 않는다.

이런 의미에서 궁예가 자신의 905년 철원을 새 근거지로 삼고 '경'이라고 하였다는 사실은 이전의 '도'로 하였다는 의미와는 또 다른 것이다. 궁예가 단행한 905년의 철원경의 정도는 완벽한 독립을 꾀하고자 하는 천자국으로의 발돋움이라고 할 수 있을 것이다.[25] 이에 비해 이전의 도읍은 일종의 본거지로서의 개념으로 파악하는 것이 좋을 것 같다. 이를

---

21) 『대한화사전』, 경은 군주가 사는 성이 있는 토지(2권, 546쪽), 도는 천자가 살고 있는 취락, 周制에 畿內에 있는 왕의 자제 공경대부의 采地, 제후의 하읍(11권, 277) 등 다양한 의미로 쓰인다. 경은 천자에게만 국한되는데 비해, 도는 천자에서부터 제후에 이르기까지 다양한 계층에게 적용된다.

22) 『대한화사전』, 2권 546쪽.

23) 『대한화사전』, 11권 281쪽.

24) 경과 도의 차이는 '天子所都曰京師, 京'으로 천자가 사는 '도'를 '경'이라고 한다.(『대한화사전』, 2권 546) 경은 천자, 도는 일정한 지역의 우두머리가 사는 지역으로 보아야 할 것이다.

25) 이 점에서 견훤정권과 차별화가 될 수 있을 것이다. 견훤은 자주적인 독립을 꾀하기보다는 책봉 등 외부로부터의 인정을 더 중시하였던 것 같다. 신라 경애왕을 죽이고 경순왕을 옹립한 것도 신라를 멸하여 새로운 사회를 건설하기보다는 종래의 권위에 대한 신봉이 나타나 보이고 있다.

보다 구체적으로 이해하기 위하여 실제 궁예 세력의 성장과정을 살펴보도록 하자. 실제로 궁예정권의 896년과 898년의 도읍 설정 당시의 국력은 어느 정도 였을까? 과연 『삼국유사』 내용대로 896년에 처음 철원에 도읍을 설정할 수 있었으며, 그 때의 도읍의 개념은 어느 정도일까? 당시 궁예세력의 가늠해 보도록 한다.

B-2-1. 이때 (궁예가) 猪足 牲川 夫若 金城 鐵圓等城을 擊破하니 軍聲甚盛
現西蹟寇來降者重多 善宗自以爲衆大 B-2-2 可以開國稱君始設內外官職[26]

궁예는 철원에 895년(진성여왕 9년) 이후에 철원으로 진출하고 있다. 궁예는 한주 관내 부약·철원 등의 10여 군현을 얻고 있다.[27] 그리고 B-2에 의하면 궁예는 개국칭군할만 하다하여 비로소 내외관직을 두었다고 한다. 그렇다고 하여 이 시기를 분명하게 국호나 국체를 드러낸 국가조직으로 볼 수가 있을까?

궁예가 처음 자신의 집단을 일정한 행정체계화 하였다는 내용은 894년의 명주 점령이후였던 것 같다. 물론 궁예가 이보다 앞서 자신의 집단을 일정하게 조직화하였을 가능성도 있지만 아마도 명주 점령이후가 거의 확실시 된다.

C. 乾寧元年(894) 入溟州 衆三千五百人分爲十四隊金毛--- 等爲舍上---是

---

26) 『三國史記』卷50 弓裔列傳.
27) 弓裔가 猪足 牲川 二郡을 擊取하고 또 漢州管內 夫若 鐵原等 十餘群縣을 破하였다.(『三國史記』 新羅本紀 卷11 眞聖王 9年 秋7月.)

以衆心畏愛推爲將軍[28]

　C의 내용은 궁예가 명주 점령 이후에 자신의 늘어난 병력을 14대의 부대로 나누었다는 것이다. 이때 궁예는 명주를 장악하고 군대를 14개 부대로 재편성하면서 그 부대의 장을 '舍上'이라고 하였다는 내용이다. 이 자체가 일정한 군사행정체계를 표시하는 것임에 틀림없다. 그리고 이 때 궁예는 장군으로 추대되었다.

　그러나 C의 내용은 군대편성과 관련된 것만을 알려주고 있다. 이 무렵에 더 구체적인 행정부서가 들어섰는지를 알기는 어렵다. 물론 이 무렵에 많은 호족들이 일정한 행정조직을 설치하였던 흔적들이 있는 것으로 보아 미숙하나마 군대 조직이상의 행정단위도 있었을 것으로 추정해 볼 수는 있다. 그러나 국가의 면모를 갖춘 체계적인 행정조직을 수반한 내외관직을 두었다고 보기는 어렵다.

　궁예가 군직이 아닌 일반 행정관부를 보다 구체화 시켰던 것은 철원을 근거지로 삼은 이후 부터라고 보아야 옳을 듯하다. 궁예는 한주에 진입하고 나서 국가적인 면모를 갖추는 것으로 보인다. B-1을 보면 이때 896년에 궁예가 철원을 근거지로 하였지만, 개국칭군하고 내외관직을 설치했다는 확신을 갖기는 어렵다. 지나치게 자구 해석에 치우친 경향이 있는지는 모르겠지만, B-2를 보면 문장 앞에 '可以'라고 하여 궁예가 '개국칭군 할 만한 능력이 있다'고 하였을 뿐이다. 실제로 '개국칭군'하였다는 표현과는 다소 거리가 있다고 보인다. 이러한 사정으로 미루어 볼 때

---

28) 『三國史記』 卷50 弓裔列傳.

이 무렵에 궁예는 간소한 행정체제는 보유하고 있었을지 모르지만, 실제 국가규모의 체계적인 행정조직을 운영하였다고 보기는 어렵다. 그만큼 궁예정권의 기반이 허약했다는 의미도 된다. 더욱이 이때 두었다고 하는 내외관직의 구체적인 직명은 지금까지 알려진 바가 하나도 없다. 이를 보면 실질적인 내외관직의 설치는 다소 어려움이 따랐던 것 같다.

따라서 이때의 철원성에 도읍을 하였다는 『삼국유사』의 기록은 재검토해 보아야 할 필요를 느낀다. 더구나 이 시기에 궁예가 자신의 집단을 어떻게 표현했는지에 대해서도 알려진 바가 없다. 마찬가지로 궁예집단에 대해서 어떻게 호칭을 했는지에 관한 기록도 없다. 국가의 도읍이 되기 위해서는 국호를 비롯한 국가를 상징하는 체계가 갖추어져야 할 것이다. 그런데 『삼국사기』나 국가와 관련된 궁예에 관한 내용은 찾아지지 않는다. 그러므로 이 896년의 철원도읍은 국가의 도읍으로 보기 보다는 궁예집단의 본거지로 보아야 옳지 않을까?

앞에서도 언급했듯이 도읍은 천자, 또는 제후들의 중심도시라는 의미이다. 그런데 이 시기까지 궁예의 세력은 일정한 국호나 자신들의 집단을 통칭하는 이름을 가지지 못하고 있었던 것으로 보면 '도철원'의 의미는 천자의 국가를 뜻한다기보다 궁예정권의 본거지의 개념으로 파악하여야 할 것 같다.

당시에는 이미 대규모화한 호족이나 여러 집단들은 자신들의 고유한 표현 방식을 가지고 있었다. '적고적'이나 '북원적 양길' 등으로 불려지듯이 우두머리의 이름이나 지역적 특성을 빌어 자신들의 집단을 차별화하고 있었던 시기였다.[29] 그런데 궁예에게 있어서 이 시기에 그러한 징후가 보이고 있다. 앞서 명주에서 그를 장군이라고 하였던 것으로 보면 무언가 궁예라는 이름과 관련된 호칭이 있었을 것이다. 그렇다고 하여 그것을 국호라고 할 수는 없다.[30]

한편으로는 궁예보다 더 세력이 강했을 것으로 여겨지는 양길에게 있어서도 북원을 근거지로 하였다고는 하지만, 이를 도읍으로 삼았다고 표현하지는 않고 있다. 이러한 점으로 볼 때 궁예가 896년에 '도철원성' 하였다는 『삼국유사』의 기록은 궁예가 이곳을 자신의 본거지로 삼았다는 의미로 받아들여야 할 것으로 여겨진다.

경이 다른 지역과 차별화 된 것이었음은 919년에 왕건이 철원을 떠나 송악[31]으로 이도를 할 때 '철원'을 '동주'로 하였던 사실에서도 확인이 된다. 이 상황은 철원을 '경'이라는 위치에서 '주'라는 위치로 하락시켰다는 의미인 것이다. 그리고 왕건은 '太祖二年 定都于松嶽之陽爲開州'라 하여 송악군을 개주로 승격 개칭하여 도읍으로 삼고 있는 것이다. 개주는 그 뒤에 언제인가 개경이 되었다가 광종11년에 황도로 부르게 되었

---

29) ○○○ 장군 성주 등으로 불렸던 예가 그것이다.

30) 예컨대 명주장군 궁예 등으로 불렸을 것으로 추정해 볼 수 있다.

31) 개경에 관해서는 박용운(1996『고려시대 개경연구』, 일지사.)과 박종진(1999「고려시기 개경사 연구동향」『역사와 현실』 38.)의 연구와 『고려의 황도 개경』(2002, 한국역사연구회.)을 참조.

다.[32)]

　　그러면 이때의 철원성은 구체적으로 어느 지역을 말하는 것일까? 궁예가 이 일대를 장악할 수 있었던 것은 상당한 격전을 치르고서야 가능했던 것으로 여겨진다. 궁예는 자신의 점령지역을 연합을 꾀하기도 하고, 공취하기도 하고, 영입을 받기도 하였다.[33)] 그러나 이 지역은 '擊取' '擊破'라고 표현하고 있는 바와 같이 전투를 통하여 획득하였던 것으로 보인다. 따라서 896년에 도읍으로 삼았다고 하는 철원성은 궁예가 철원을 공격하기 이전부터 있었던 것 같다.[34)] 그리고 현재의 풍천원에 있는 궁예도성과는 다른 위치라는 사실도 알게 된다.

　　그렇다면 궁예가 공식적으로 국가를 선포하고 도읍을 정한 해는 언제일까? 이러한 추정은 궁예가 국호를 제정한 901년 이후라야 가능할 것 같다. 901년에 궁예가 국호를 제정했다는 사실은 『삼국사기』에는 언급이 없고 『삼국유사』에만 나오고 있다.

　　D. 辛酉稱高麗[35)]

---

32) 『고려사』 권56 지리1 왕경조. 개주를 개경으로 부르게 된 시기는 정확히 알 수 없다. 단지 '太祖元年以平壤荒廢量徙鹽白黃海등諸州民以實之爲大都護府尋爲西京光宗十一年改稱西都(『고려사』권58 지리 3 서경유수관조)'라 한 것으로 보아 서경보다 조금 이르거나 같은 시기일 것으로 추정할 뿐이다. 구체적으로 '是歲徙大丞質榮行波等父兄子弟及 諸郡縣良家子弟以實西京 行西京新置官府員吏 始築在城(『고려사』권1 태조세가 5년조)'이라 한 것으로 보아 태조 5년 이전으로 소급할 수 있다. 그리고 왕건이 바로 송악군을 '경'으로 삼지 않고 '개주'로 한 것은 왕건과 신라와의 관계에서 찾아 볼 수 있지 않을까 생각된다. 궁예는 천자국을 선포했지만, 왕건은 이때까지도 신라와의 관계에서 칭신을 했던 것으로 여겨지기 때문이다.

33) 이재범, 1992『후삼국시대 궁예정권 연구』성균관대 박사학위 논문.

34) 이재는 지금의 동주산성을 이곳에 비정하고 있다.(이재, 2003 제3회 태봉 학술제『궁예와 태봉의 역사적 재조명』철원군·철원문화원.)

35) 『三國遺事』王曆 後高麗.

D.의 내용은 궁예가 자신의 집단을 901년에 고려라고 칭했다는 것을 알려 준다. 그러므로 궁예는 901년(신유) 이전에 자신들의 집단을 무엇으로 표현했는지 궁금하다. 앞에서 추정한 데로 궁예장군 혹은 명주장군 등으로 불렸을 가능성이 크다. 어떻든 기록으로만 본다면 궁예는 901년에 처음 국호를 사용한 것으로 된다. 이때의 국호가 고려인 것이다. 『삼국사기』에는 구체적으로 고려라고 칭하지는 않았지만, 이와 관련된 내용이 찾아진다.

E. 天復元年辛酉 善宗自稱王 謂人曰往者新羅 請兵於唐 以破高句麗 故平壤 舊都 鞠爲茂草 吾必報其讐[36]

E의 내용은 국호를 어떻게 했다는 내용은 없다. 그러나 이 사료에서 주목해야 할 내용은 '선종자칭왕'이라는 부분이다. 이에 따르면 궁예는 901년이 되어서야 비로소 왕이 되고 있다. 896년의 철원에서는 '칭왕'을 하지 않았던 것이다. 그러므로 철원을 도읍으로 했을 당시의 궁예는 왕이 아니었고, 따라서 당시의 궁예 집단은 우리가 일반적으로 생각하는 국가로 보기 어렵다는 의미가 되는 것이다. 따라서 이 901년은 궁예가 스스로 왕을 칭하고 고구려의 원수를 갚겠다는 의지를 보였고, 국호를 고려라고 칭하여 명실상부한 국가를 열었다는 의미일 것이다.

한편 A의 내용대로 철원 도읍을 896년으로 인정한다면, 이때의 도

---

36) 『三國史記』 卷50 弓裔列傳.

읍은 국호도 없고 왕도 없는 국가의 도읍이 되는 셈이다.[37] 그리고 이듬해인 송악천도 이후에도 여전히 국호가 없으므로 송악을 국가의 도읍으로 보기에는 무리가 있게 된다. 그러므로 901년 이전까지의 송악 도읍도 896년의 철원도읍과 마찬가지로 본거지 개념에 해당한다고 하여야 할 것이다. 따라서 『삼국유사』의 내용에 따라 896년 궁예정권이 처음으로 철원에 정도하였다는 사실은 국가의 도읍을 정한 해로 보기 어렵다. 이보다는 궁예정권의 국가로의 출발은 901년이며, 체계적인 완비된 국가로서의 모습은 905년 철원정도 이후부터라고 하여야 할 것이다.

지금까지 궁예정권의 도읍에 관한 자료를 중심으로 검토해 보았다. 그 결과 『삼국유사』에 기록된 궁예정권의 첫 번째 정도라고 할 수 있는 896년의 철원 정도는 다소 무리가 있는 것으로 여겨지는 것이다. 이 시기는 궁예정권이 뚜렷하게 국가체로 형성되었다는 실마리를 발견하기가 어렵기 때문이다. 마찬가지로 897년 송악 천도도 천도라고 하기 보다는 본거지를 옮겼다고 하는 정도의 해석이 무난할 것으로 추정하였다. 그리고 궁예가 송악을 새로운 본거지로서의 도읍으로 삼은 시기는 898년이 무리가 없을 것으로 여겨진다. 896년에 철원성에 가자마자 다음해 옮겼을 것으로 보기에 무리가 있다. 897년부터 구상하던 것을 898년에 실행에 옮긴 것으로 보면 좋지 않을까?

이들을 종합해 보면 궁예정권의 국가로서의 첫 도읍은 송악으로 보아야 무리가 없을 것 같다. 그 시기는 고려라는 국호를 칭했고, 왕을 칭

---

37) 이때의 궁예 군사의 수는 3,500보다는 많았을 것이다. 견훤이 5,000 정도의 병력으로 국가를 칭했다고 하는데, 이때 국가 규모는 이른바 고구려, 백제, 신라와 같은 규모의 통치조직을 갖춘 국가는 아니었을 것이다. 『삼국지』 위지 동이전의 삼한에 있었던 국가 정도의 규모로 보아야 할것이다.

했던 901년의 송악으로 보아야 할 것이다. 그리고 본격적인 궁예정권의 국가출발은 905년 궁예가 철원을 '경'으로 승격시키고 도읍을 옮긴 해부터라고 해야 할 것이다.

## 3. 905년 철원 정도와 전제적 국가경영

전장에서는 궁예의 도읍에 관하여 일반적인 검토를 하였다. 이 장에서는 궁예의 905년 철원으로의 이도는 어떤 의미를 가지는지 살펴보도록 한다.

904년에 궁예가 철원 천도를 계획하고 준비한 내용은 상당한 규모였다. 먼저 국호를 바꾸었다. 궁예는 마진이라는 국호를 내세우면서, 연호도 바꾸었다. 그리고 철원천도를 위하여 청주에서 인호 1천호를 사민하여 철원으로 옮겼다. 그리고 궁궐 등 부속 건물을 새로운 장소에 신축하여 궁궐로서의 위엄을 갖추었다. 그리고 이러한 도시를 계획한 뒤 905년에 천도하였다고 한다.

먼저 궁예는 905년의 철원 이도에 대하여 어느 정도의 관심을 가지고 어떤 수준에서의 천도를 결심하였던 것일까? 그 준비과정을 살펴 보도록 한다. 다음의 사료가 참고 된다.

F. 七年 弓裔欲移都 到鐵圓斧壤 周覽山水[38]

---

38) 『三國史記』卷12 新羅 本紀12 孝恭王7年

위의 사료는 궁예가 도읍을 옮기기 위하여 새로운 도읍을 선정하는 과정을 말해 준다. 어떤 이유에서 이도를 결심했는지는 알 수 없지만, 궁예는 도읍을 옮기고자 하여 철원 부양 일대의 산수를 두루 살펴 보았다고 한다. 그런데 여기서 의문시되는 것은 왜 궁예가 철원지역으로 이도를 하면서 산수를 다시 둘러보았는가 하는 점이다. 이미 앞에서 사료의 신뢰성에 대한 의문을 제기 하였지만, 『고려사』의 환도라는 개념이라면 철원 일대를 다시 둘러보아야 할 필요가 있었을까?[39]

궁예가 903년에 이도를 목적으로 철원 일대를 다시 둘러보았다고 하는 내용은 철원 일대이긴 하지만, 자신이 전에 본거지로 삼았던 곳과는 다른 지역을 선정하려고 하였기 때문인 것으로 추정할 수 밖에 없다. 다시 말하면 궁예는 언젠가 자신이 봐두었던 철원 일대의 어느 지역을 왕기가 있는 곳으로 판단했기 때문에 다시 철원 일대를 두루 살펴보았던 것이다. 그리고 이 지역은 바로 풍천원으로 이전 궁예가 자신의 본거지로 삼았던 동주산성과는 다른 장소였던 것이다.

궁예는 새로운 도읍 철원을 어떻게 경영하려고 했던 것일까? 『고려사』지리지 동주조에는 '궁예궁전의 옛 터가 주의 북쪽 27리 풍천원에 있다'[40]고 하였다. 여기서 특별히 풍천원을 지적한 것은 기록 당시의 동주의 주치와 궁예의 궁전의 위치가 다르기 때문일 것이다. 왕건은 궁예를 몰락시키고 송악으로 돌아가면서 철원을 동주로 삼았다. 이때의 동주는

---

39) 정선용은 철원에 두 개의 궁예 궁터가 전해오는 사실을 철원에 궁예가 신도시를 개발하려는 이유에서 빚어진 결과라고 한다.(2003「궁예의 도읍선정과 철원」『궁예와 태봉의 역사적 재조명』제3회 태봉학술제.) 그러면서도 철원환도라는 용어를 사용하는 것은 철원이라는 지역에 의미를 두었기 때문이라고 여겨진다.

40) 『高麗史』卷58 地理3 東州

옛 철원성을 말하며, 궁예의 궁궐터는 이와는 다른 곳이었다는 의미를 내포하고 있는 것이다. 즉 왕건은 궁예의 도읍이 있던 철원을 동주로 바꾸면서 주치를 옮겼다는 의미로 봐야 할 것이다.

앞에서도 살펴보았지만 궁예는 905년의 철원정도를 많은 노력을 하였던 것을 알 수 있다. 그 노력 가운데서도 가장 돋보이는 것이 청주인호 1천호 사민과 궁예도성의 건설이다. 『삼국사기』에서 철원을 신경이라고 하였던 것은 새로운 면모를 가진 국가의 도읍을 갖고자 했던 궁예의 포부가 담긴 조처였을 것이다.

먼저 궁예가 철원을 도시로서의 품격을 어떻게 유지하려고 했었던가에 대해 알아보기로 하자. 잘 알다시피 전근대 사회에서는 도시의 격차가 제도상으로 인정되었다. 더욱이 도시의 격에 따라 사람들의 신분도 달라졌다.[41] 따라서 철원이 도시로서의 품격은 궁예의 국가경영 방침과도 관련을 갖는다.

먼저 철원의 도시로서의 품격에 관한 내용을 살펴 보자. 궁예는 철원을 종전과 다른 지역으로 변모시키고자 한 의도가 뚜렷하게 나타난다. 철원을 '경'으로 삼아 다른 지역과는 차별화를 꾀했다는 사실에 대해서는 더 이상 부연 설명을 하지 않겠다.

하지만 904년에 궁예는 청주인호 1천을 철원에 사민 시킨 데에 관해서는 재검토 하여야 할 것이다. 청주인호 사민과 함께 철원을 경으로 하였다는 사실은 단순한 도읍 이전과 관련된 내용으로 읽을 수 있지만, 한편으로는 궁예의 철원 정도 과정에 관한 중요한 단서를 제공하기도 한

---

41) 신라에서는 왕경인과 차별이 심했다. 고려에서도 현에서 소로 강등, 소에서 현으로 승격되는 명학소의 경우도 있다.

다. 이런 의미에서 궁예가 자신의 새 근거지를 '경'이라고 하였다는 사실은 이전의 '도'로 하였다는 의미와는 또 다른 것이다. 궁예가 단행한 905년의 철원 정도는 신라로부터 완벽한 독립을 꾀하고자 하는 새로운 시도로 볼 수 있는 것이다.[42] 궁예는 자신의 본거지를 '경'으로 설정하여 신라와 위상을 같이하는 천자국을 천명한 것으로 볼 수 있다.[43] 한편 이 무렵에는 중국에서도 당말오대의 분열적 현상에서 많은 세력들이 제각기 천자를 자처하였던 사실이 있다. 궁예에게 있어서도 자신의 본거지를 '경'으로 하였던 것은 이러한 일련의 현상과 흡사한 것으로 여겨지는 것이다.[44] 결국 궁예는 '경'을 중부에 설치함으로써 신라의 동경 중심 지역 구도를 철원 중심으로 옮겨 가려는 시도를 하였던 것으로 추정해 볼 수 있다.[45]

---

42) 이 점에서 견훤정권과 차별화가 될 수 있을 것이다. 견훤은 자주적인 독립을 꾀하기보다는 책봉 등 외부로부터의 인정을 더 중시하였던 것 같다. 신라 경애왕을 죽이고 경순왕을 옹립한 것도 신라를 멸하여 새로운 사회를 건설하기보다는 종래의 권위에 대한 신봉이 나타나 보이고 있다.

43) 경과 도의 구분만으로 천자국을 칭하려고 하였다는 점을 부각시키는 것은 다소 견강부회라고 할 수 있을런지도 모른다. 또 경과 도의 구분이 명확하지도 않다는 점도 지적된 수 있다. 경도, 경성, 도성 등의 용어가 혼재되어 사용되는 것을 볼 때 그러하다. 따라서 당시 경과 도를 구분하였다는 것은 다른 기회에 설명되어야 겠지만, 일단 다음의 자료로 일단 근거를 삼고자 한다. 『고려사』에 '王京開城府本高句麗扶蘇岬新羅開松嶽郡太祖二年定都于松嶽之陽僑開州創宮闕'(『고려사』권56 지리1 왕경조)라 한 것으로 보면 왕경의 경과 정도의 도는 구분된 것으로 보인다. 왕경조에 처음 개주를 도읍으로 하였다는 사실은 도읍과 경이 다른 의미로 쓰이고 있었다는 것을 의미하는 것이기 때문이다. 경은 어떠한 조건이 갖추어진 도시의 규모를 의미하며 도읍은 개주와 같은 주도 본거지가 될 수 있다는 간접적 표현이기 때문이다. 고려 태조는 송악을 도읍으로 하였으나, 경으로는 삼지 못하였고, 주(개주)를 도읍으로 하였다. 그러나 궁예는 철원에 궁궐을 수축하고, 경(철원경)으로 삼고 이를 도읍으로 삼았던 것이다. 이 점에서 경과 도의 차이를 살펴 볼 수는 있지 않을까?

44) 신라가 자국을 천자국으로 하였었다는 사실은 여러 연구자에 의해 입증되고 있다. 대표적으로 김창겸의 주장을 참조할 것.(2004「신라국왕의 황제적 지위」『신라사학보』2.)

45) 홍승기는 왕건의 후삼국 통일의 의미 가운데 하나가 '경주에서 개경으로'라고 하였는데(1989「후삼국의 분열과 왕건에 의한 통일」『한국사 시민강좌』제5집, 일조각. 58-81쪽), 그러한 시도는 이미 궁예정권때 실현하였다.

# 4. 맺음말

　궁예정권의 도읍 변천 과정과 그 의미를 살펴보았다. 지금까지 궁예의 도읍선정은 철원-개성-철원으로의 과정을 거쳤던 것으로 알려져 왔다. 이 과정은 『삼국유사』왕력 후고려조에 896년에 철원에 도읍을 하였다는 기록을 근거로 한다. 그러나 궁예가 처음 도읍하였다고 하는 896년은 국가로서의 체계가 정비되어 있지 않았다고 할 것이다. 더욱이 국호도 뚜렷하지 않은 상황이었다. 그러므로 이 해에 철원에 첫 도읍을 했다고 보기에는 어렵다. 정도라고 하기 보다는 본거지 개념으로 생각하고 싶다.

　마찬가지로 『삼국유사』에 이듬해인 897년에 준비하여 898년에 단행한 송악으로의 이도 또한 그 내용도 본거지 이동의 사실로 생각하고 싶다. 국도로서의 이전이라고 보기에는 여전히 국호도 제정되지 않았고, 원대한 국가경영을 추진하기에는 미숙한 상태로 보았다. 그리고 『삼국유사』에는 궁예가 914년에 철원으로 환도하였다고 하였는데, 이는 근거가 없어 신뢰하기어렵다고 판단하였다.

　궁예정권의 도읍 선정과 철원정도에 대해서는 『삼국유사』의 기록보다는 『삼국사기』의 기록이 더 신빙성이 있다고 보았다. 『삼국사기』에는 궁예가 904년에 국호와 연호를 바꾸고 청주인호 일천을 사민하고, 905년에 철원 신경으로 이도하였다고 기록하고 있다. 개성에서 철원으로 옮겨가는 과정을 '移都'라 하였고, 철원을 '新京'이라고 표현하고 있다. 더욱이 철원으로 입경하기 전인 904년에 궁예는 청주인호 1천호를 철원으로 사민하면서 '경'으로 승격시킨다. 여기서의 경은 다른 도읍과도 차별화되는 천자의 도읍지로서의 자격을 갖는 것이었다. 수도 건립과정은 한 국가의 기업 창출이라는 중대한 사안으로서 여러 측면에서의 고찰이 필요하다고 여겨진다.

# 궁예정권의 철원 천도와 전쟁사적 의미

신성재

해군사관학교 軍史戰略學科 교수

## Ⅰ. 머리말

이 글은 한국 역사상 분열기이자 통합의 시대였던 후삼국전쟁기를 배경으로 20여년간 한반도의 중북부 지역을 지배하였던 궁예정권이 철원(鐵圓) 지방으로 천도(遷都)한 사실에 주목하여 전쟁사적인 측면에서는 어떠한 의미를 갖는 것인지 살펴보기 위한 목적에서 작성하였다. 후삼국시대 궁예(弓裔)와 궁예정권을 주제로 다룬 연구는 기존의 부정적인 인식을 상당 부분 극복해 가는 가운데 근래에 이르기까지 다양한 성과물들이 제시되고 있다.[1) 최근 이재범, 조인성, 김용선 등이 내놓은 단행본은 이 분야에 대한 연구가 심화되어 뚜렷한 결실을 맺게 되었음을 단적으로 보여준다.[2) 그럼에도 불구하고 미개척 분야가 있어 아쉬움으로 남는다. 바로 전쟁사적 관점에서 이 시대를 이해하면서 궁예정권의 철원 천도 문제를 깊이있게 고찰해낸 연구가 부족하다는 것이 그것이다. 물론 천도의 인적기반에 해당하는 청주인들이 철원지역으로 사민(徙民)된 이유와 이들 청주세력과 후삼국 건국자간의 관계, 철원 천도 이후 청주인들의 동향과 정치세력화 추이, 고려 건국 이후의 존재 양상과 세력 재편성 과정 등에 대해서는 이른 시기부터 많은 연구자들의 관심을 받아 왔다.[3) 이를 통하여 철원 천도를 추진하는 과정에서 청주인호가 사민의 대상으로 지목되었던 이유와,[4) 궁예정권 및 고려왕조 하에서 청주세력의 정치활동과 역할 등에 대해서는 대체로 그 실상이 규명되기에 이르렀다.

---

1) 궁예와 궁예정권에 대한 연구사 정리는 조법종, 2006,「후백제와 태봉관련 연구동향과 전망」『新羅文化』27, 東國大新羅文化硏究所 ; 2006,「후백제와 태봉」『한국고대사 입문 3 - 신라와 발해』(김정배 편), 신서원 참조.

2) 李在範, 2007,『後三國時代 弓裔政權 硏究』, 혜안 ; 조인성, 2007,『태봉의 궁예정권』푸른역사 ; 김용선 엮음, 2008,『궁예의 나라 태봉 - 그 역사와 문화』, 일조각.

3) 李基白, 1956,「高麗京軍考」『李丙燾博士華甲紀念論叢』, 一潮閣(1968,『高麗兵制史硏究』, 一潮閣) ; 洪承基, 1983,「高麗初期 中央軍의 조직과 역할」『高麗軍制史』, 陸軍本部(2001,『高麗政治史硏究』, 一潮閣) ; 金甲童, 1985,「高麗建國期의 淸州勢力과 王建」『韓國史硏究』48, 韓國史硏究會 ; 朴敬子, 1986,「淸州豪族의 吏族化」『院友論叢』4, 淑明女大大學院(2001,『고려시대 향리연구』, 국학자료원) ; 崔圭成, 1986,「弓裔政權의 支持勢力」『東國史學』19 · 20, 東國史學會(2005,『高麗 太祖 王建硏究』주류성) ; 金周成, 1988,「高麗初 淸州地方의 豪族」『韓國史硏究』61 · 62, 韓國史硏究會 ; 安永根, 1992,「羅末麗初 淸州勢力의 動向」『水邨朴永錫敎授華甲紀念韓國史學論叢(上)』, 探求堂 ; 趙翼來, 1993,「高麗初 淸州豪族勢力의 存在形態」『北岳史論』3, 國民大國史學科 ; 申虎澈,1993,「後三國建國勢力과 淸州 地方勢力」『湖西文化硏究』11, 忠北大學校 湖西文化硏究所(2002,『後三國時代 豪族硏究』개신).

4) 궁예정권의 병력 확충과 지지세력 확보, 군호제 시행을 통한 군사제도의 정비, 자체의 기반을 확충하기 위한 우대사민, 집단 인질적 성격의 강제사민 등이 그 이유인 것으로 밝혀졌다.

하지만 여전히 궁예정권이 왜 철원으로 천도하였는가 하는 천도의 목적
과 그것이 갖는 의미, 천도를 실행할 수 있었던 기반과 조건 등에 대해서
는 충분한 해명이 이루어지지 않고 있다. 전쟁을 수단으로 후삼국을 통
일하고자 하던 시대였다고 생각되는 만큼 전쟁사적인 관점에서의 접근
이 그 의문점을 풀어줌은 물론 후삼국 상호간의 역학 관계와 시대상, 천
도 이후 전쟁의 양상과 변화상 등에 대해서도 인식의 폭을 확대하는데
도움이 되리라 생각한다.

널리 알려진 것처럼 궁예는 896년(진성여왕 10)에 처음으로 철원을
도읍지로 삼았다.[5] 그러나 불과 2년 뒤인 898년에 송악(松嶽)으로 도읍
을 옮겼고, 그로부터 7년이 지난 905년(효공왕 9)에 이르러서는 다시금
철원으로 천도하였다.[6] 이후 철원은 궁예정권이 몰락하는 918년(태조 원
년)에 이르기까지 도읍지로서 그 기능과 역할을 다하였다. 이 글에서 살
피고자 하는 천도는 905년에 실행된 천도를 말한다.

예나 지금이나 도읍을 이전하는 문제는 국가의 안위와 직결되는 중
대한 정책적 사안에 해당한다. 중앙과 지방을 새로이 재구성하는 행위
인 만큼, 배타적인 성격을 지닌 왕도를 옮기는 행위는 고도의 정치적인
성격을 띨 수밖에 없다.[7] 그런 면에서 궁예정권이 추진한 천도 역시 고
도의 정치적인 목적을 내포한 것이었다고 생각된다. 다만 그것이 어떠한
정치적 의도를 반영한 행위였을까 하는 문제는 천도를 단행하던 당시에
궁예정권이 직면하고 있었던 정책적 현안이 무엇이었는지를 통해서 설

---

5) 『三國遺事』 권1, 왕력1 후고려 궁예.

6) 『三國史記』 권50, 열전10 궁예.

7) 金瑛河, 2004, 「古代 遷都의 역사적 의미」 『韓國古代史硏究』 36, 서경문화사, 9쪽.

명이 가능하리라 생각된다. 하지만 천도 당시에 궁예정권의 정책적 사안이 무엇이었는가에 대해서는 직접적인 확인이 쉽지 않다. 따라서 이 문제는 천도를 전후하여 궁예정권이 추진하던 국가정책은 무엇이었는지, 실제 천도를 실시한 이후로 나타나는 정책상의 특징과 군사활동의 변화 등은 무엇이었는지 후삼국 전쟁의 추이와 연계하여 살펴볼 필요가 있다. 궁예정권이 903년에 금성군(錦城郡)을 공략하여 전략거점을 확보한 사실, 천도 시점에 나타나는 청주와 패서지역의 동향, 천도 이후 신라로 통하는 길목이자 후삼국의 접경지대였던 상주 및 구미 일대에서 신라와 후백제를 상대로 벌인 싸움 등은 이를 해결하는 핵심적인 사건으로 주목된다. 충청 중북부 지역의 강자로 등장한 궁예정권이 지향하던 정치군사적 목표와 후삼국간의 싸움으로 전쟁 양상이 확대되어 가던 시대적 분위기에 주목하면서 철원 천도에 대한 전쟁사적인 의미를 부여해보고자 한다.

이를 구현하기 위해 Ⅱ장에서는 궁예정권의 철원 천도와 관련한 기존의 성과를 검토하면서 논의의 출발점을 삼고자 한다. Ⅲ장에서는 철원 천도를 실행할 수 있었던 기반과 조건을 살펴볼 것이다. 철원으로 천도를 실행할 수 있었던 궁예정권의 군사적 영향력과 지방사회의 분위기, 철원 지역의 경제군사적 가치 등이 거론될 것이다. 마지막 Ⅳ장에서는 천도를 전후하여 궁예정권이 추진한 군사활동의 내용을 다루면서 철원 천도의 전략적인 목적과 그 의미를 밝혀볼 것이다. 특히 천도를 추진한 목적에 따라 전쟁은 어떠한 양상으로 전개되었고, 전쟁의 성격 역시 어떠한 방향으로 변화되었는지 주목해볼 것이다.

# Ⅱ. 기존 견해에 대한 비판적 검토

궁예정권이 왜 철원으로 천도하였는가에 대해서는 단편적이나마 몇 가지 견해가 제시되었음에도 불구하고 의문은 여전히 남아 있다. 아주 단순하면서도 너무나 당연한 의문점은 왜 교통지리적으로 여건이 불리한 내륙 지역으로 천도하였는가 하는 점이다. 사실 당시 도읍지였던 송악과 비교하여 철원은 교통 여건이 불리한 곳이었다. 특히 수상 교통망은 더욱 발달하지 않은 곳이었다. 송악이 해로를 통하여 서해 진출이 용이하고, 중부 내륙에 산재한 여러 지역과도 수로를 통해 연결되고 있었음에 비해 철원은 지세가 험하여 선박을 이용한 조운(漕運)이 어려운 지역이었다.[8] 이 같은 제한점은 천도를 결정하는 과정에서 중대한 고려사항이었을 것이다. 국가를 통치하기 위해서는 조세의 운송이 필수적인데 철원은 궁예정권이 확보하던 영역으로부터 생산되는 재원을 운송하는 데 어려움이 발생하던 지역이었다. 훗날의 사례이지만 오랜 논의를 거친 끝에 한양이 조선의 도읍지로 선정될 수 있었던 가장 큰 이유 중의 하나도 조운이 가능하였기 때문이었다.[9] 이 같은 사실에 비추어 보아 궁예정권이 철원으로 천도한 사례는 매우 이례적이며 특기할만한 사건이라고 할 수 있다. 궁예정권이 조세 운송의 어려움에 따른 국가 운영상의 문제점을 인식하고 있었을 것임에도 불구하고 천도를 추진하였던 배경과 목적에 자연스레 관심이 집중되지 않을 수 없는 것이다.

---

8) 『慵齋叢話』(慶山大學校 影印), 2000, 學民文化社, 16쪽, "地危勢阻 而江河漕轉爲難也".

9) 『太祖實錄』권1, 태조 3년 8월 경진. 물론 고려시대 역시 도읍을 선정함에 있어 조운의 조건을 중시하였다. 왜구의 침입이 극심하던 우왕대에 강원도 협계 지역으로 천도를 논의하였으나 조운이 통하지 않아 중단된 사례가 이를 말해준다(『高麗史』권133, 우왕 4년 11월).

궁예정권의 철원 천도 배경과 관련하여 초창기에 제시된 견해에서는 궁예가 단순히 참위설(讖緯說)에 의거하여 천도한 것으로 파악하였다.[10] 천도를 전후하여 국호와 연호를 변경하는 작업이 여러 차례에 걸쳐 이루어졌는데 궁예가 참위를 혹신한 결과로 이해한 것이다.[11] 궁예의 정치의식에 대해 "지방호족들을 포섭할 수 있는 의식 수준이나 정신적 이념 및 수단이 없었다"[12]고 하거나, "파괴주의자이자 폭군이며 과대망상증 환자"[13], "적당(賊黨)의 괴수로서는 인망을 얻을 수 있었으나 일단 왕이 된 이후에도 장군 이상의 경륜을 못가졌다"[14]고 평가하는 분위기 속에서 궁예정권이 추진한 천도는 신비적이며 뚜렷한 목적없이 이루어진 것으로 인식되었던 것이다. 이러한 인식은 60~70년대 학계 전반에 흐르고 있던 보편적인 경향으로 무엇보다도 객관적인 입장에서 평가하기 위한 노력이 부족하였던 점이 아쉬움으로 지적된다. "궁예가 도읍을 옮기고자 철원과 부양(斧壤)에 이르러 산수를 두루 살폈다"[15]고 하는 기록을 보면, 단순히 참위설을 믿고 즉흥적으로 수도를 옮긴 것이 아니라 자신의 세력을 부식시킬 최적지로 철원을 염두해두었음을 짐작케 한다.[16]

궁예와 궁예정권에 대한 부정적인 인식을 극복하면서, 90년대부터는 보다 객관적인 관점에서 이해하고자 하는 노력이 행해졌다. 이재범은

---

10) 李丙燾, 1961, 『韓國史(中世篇)』, 震檀學會, 18~19쪽.

11) 위와 같음.

12) 崔柄憲, 1975, 「羅末麗初 禪宗의 사회적 성격」 『史學研究』 25, 韓國史學會, 23~24쪽.

13) 朴漢卨, 1978, 「後三國의 成立」 『한국사』 3, 국사편찬위원회, 630~631쪽.

14) 金哲俊, 1964, 「後三國時代의 支配勢力의 性格에 대하여」 『李相佰博士回甲紀念論叢』, 乙酉文化社(1990, 「後三國時代의 支配勢力의 性格」 『韓國古代社會研究』, 서울大學校出版部, 363쪽).

15) 『三國史記』 권12, 효공왕 7년, "弓裔欲移都 到鐵圓斧壤 周覽山水".

16) 李貞信, 1984, 「弓裔政權의 成立과 變遷」 『藍史鄭在覺博士古稀紀念東洋學論叢』, 高麗苑, 55쪽.

천도의 필요성에 대해 궁예와 고구려계 호족들간의 세력 갈등의 결과로 이해하였다. 즉 고구려계 내지 고구려를 하나의 이데올로기로 이용하고 자 하는 회귀적 집단과 새로운 사회를 꿈꾸는 궁예의 이상은 대립될 수밖에 없었으며, 또한 기존의 체제를 타파하고자 하는 궁예에게 있어 고구려 회귀주의자들의 본거지라 할 수 있는 송악은 새로운 사회의 이상을 펼쳐 보이기에는 심한 반발을 예상하지 않으면 안되었다고 한다. 그렇기 때문에 궁예에게는 자신의 의지를 실현할 수 있는 근거지가 필요했던 것이고, 그 결과 송악으로 옮기기 이전에 머무르고 있던 철원이 적합한 장소로 선택되어졌다는 것이다.[17] '고려'에서 '마진(摩震)'으로의 국호 변경에 따른 국가 이상의 차이 등을 궁예와 왕건을 중심으로 하는 고구려계 호족과의 갈등 요인으로 설정하고 있다. 하지만 궁예와 왕건의 정치적 갈등이 건국 초기부터 형성되어 결국 천도에까지 영향을 끼쳤을지는 의문이다. 궁예가 천도 이후로도 패서세력의 대표 인물인 왕건을 수군을 총지휘하는 해군대장군(海軍大將軍)에 임명하였는가 하면,[18] 중앙 정계로 불러들여 시중(侍中)으로 높이 중용하였으며, 왕건이 상주(上奏)한 수군운용의 가치를 극찬하였던 사실[19] 등은 천도 이후로도 상당 기간은 대립적이며 배타적인 관계가 아니었음을 반영한다고 보여진다.[20]

---

17) 李在範, 1992,『後三國時代 弓裔政權의 研究』成均館大博士學位論文, 54~56쪽.

18) 『高麗史』권1, 세가1 태조 양 개평 3년 기사.

19) 『高麗史』권1, 세가1 태조 건화 3년 계유.

20) 궁예와 왕건의 관계가 대립적으로 변화된 시점에 대해서는 906년 이후(李在範, 2007, 앞의 책, 92~96쪽)로 보거나, 911년 이후(申虎澈, 1982,「弓裔의 政治的 性格」『韓國學報』29, 一志社, 45~50쪽)로 이해하기도 한다.

한편 철원 천도의 목적을 궁예의 왕권 강화와 밀접하게 연결된 것으로 파악하는 견해도 제시되었다. 이 견해에 의하면 궁예가 898년 철원에서 송악으로 자신의 근거지를 옮긴 것은 왕건가 및 패서호족들과의 연합을 꾀하기 위한 목적이었다고 한다. 그러나 궁예는 점차 이 지역 호족세력들의 견제를 받게 되자 이들의 영향권으로부터 벗어날 필요가 있었다. 그것은 곧 송악으로부터 궁예 자신의 세력 근거지였던 철원으로 돌아옴을 의미한다고 한다. 따라서 905년 궁예정권의 철원 천도는 패서일대 호족세력들과의 호족연합정치(豪族聯合政治)를 포기한 것이며, 송악으로부터 벗어나 자신의 측근세력을 키워 전제왕권(專制王權)을 확립하기 위한 조치였다고 한다.[21] 비슷한 시각에서 궁예가 패서 지역의 구고구려 세력과의 연합을 청산하고 독자적인 정권 수립과 국가 경영을 위해 그에 부합하는 수도를 선정하기 위한 목적에서 천도한 것으로 파악하기도 한다.[22] 또 궁예의 정치적 의도가 철원을 국도로 건설하여 그 지역에 자신의 주요한 세력을 부식시킴으로써 전제왕권을 확립하고자 하였다고 한다.[23]

이러한 몇 가지 유사한 견해는 후삼국시대와 고려 초기 정치체제의 성격을 호족연합정권으로 파악할 것인가 아니면 국왕 중심적 성격으로

---

21) 申虎澈, 1993, 「後三國時代 豪族聯合政治」『韓國史上의 政治形態』, 一潮閣, 159~160쪽 ; 1993, 앞 논문, 77쪽(2002, 앞의 책, 324~325쪽).

22) 崔圭成, 1987, 「弓裔政權의 性格과 國號의 變更」『祥明女大論文集』 19, 祥明女大, 300~301쪽 (2005, 앞의 책, 29~34쪽).

23) 鄭淸柱, 1986, 「弓裔와 豪族勢力」『全北史學』 10, 全北大學校史學會, 21쪽(1996, 『新羅末高麗初 豪族研究』, 一潮閣, 83쪽).

이해할 것인가의 인식을 둘러싸고 논란이 남아있는 것이기는 하지만,[24] 궁예정권이 세력 기반을 확충하고 왕권을 강화하기 위한 목적에서 천도하였음을 밝혀냈다는 점에서 주목되는 성과라고 생각된다. 하지만 이 견해들에는 다음과 같은 점에서 의문점이 없지 않다. 먼저 신라 통일기 정치체제의 성격을 전제왕권론으로 해석해온 인식론을 후삼국시대 궁예정권에 그대로 적용시킬 수 있을 것인가 하는 점이다. 신라 통일기의 정치 형태를 전제정치로 규정하는 견해에 대해서는 비판이 제기되어온 점을 감안해 볼 때[25] 궁예정권이 실행한 천도의 의미를 전제왕권 확립으로 설명하기에는 좀더 신중한 판단이 요망된다.

또 다른 의문으로 전제왕권을 확립하기 위한 목적에서 철원 천도를 추진하였다고 보면서도 패서 일대의 호족세력과는 호족연합정치를 포기한 것으로 서술하고 있는 점이다. 전제왕권이라고 한다면 무엇보다도 지배하고 있는 영역과 인민에 대해 국왕의 권력이 강력하게 행사되어야 한다. 아울러 관료조직을 통하여 절대 권력을 행사할 수 있는 제도적인 장치도 마련되어야 한다.[26] 궁예가 철원을 도읍 삼아 전제왕권을 행사하고자 했다면 천도를 전후하여 지배하고 있던 영역과 중앙의 관료조직에 대해 강력한 수준의 권력 행사가 가능해야 마땅할 것이다. 따라서 전제왕권에 무게를 두는 관점에서의 해석이라고 한다면 패서호족과의 호

---

24) 후삼국시대 및 고려초기 정치체제의 성격에 대한 연구성과 정리는 김갑동, 1995, 「호족의 대두와 집권화 과정」『한국역사입문 ② - 중세편』 풀빛 ; 윤경진, 2002, 「고려초기의 정치체제와 호족연합권」『한국 전근대사의 주요 쟁점』 역사비평사 참조.

25) 배종도, 1995, 「전제왕권과 진골귀족」『한국역사입문 ② - 중세편』 풀빛 ; 하일식, 1998, 「신라 정치체제의 운영원리」『역사와 현실』 20, 역사비평사 ; 2006, 「신라 '전제정치'의 개념에 대하여」『신라 집권 관료제 연구』 혜안 참조.

26) 하일식, 2006, 앞의 책, 321쪽.

족연합정치를 포기하기보다는 이들을 신료조직으로 편입시켜 강력한 왕권을 뒷받침하는 정치관료로 육성하였다고 설명함이 타당하지 않을까 싶다. 건국 과정을 거치면서 확보하였던 패서세력을 배제한 상태에서 철원 지역으로 사민한 청주세력만을 중심으로 하는 형태의 전제왕권 확립은 논리적으로 타당성이 부족하다. 오히려 천도에 즈음하여 패서지역과 평양 일대의 호족세력들이 귀부해오던 분위기로 보아서는[27] 궁예의 철원 천도가 패서호족과 맺었던 연합관계를 청산하기 위한 의도가 아니었음은 물론 측근 세력만을 중심으로 전제정치를 실현하기 위한 목적에서 추진된 것이 아니었음을 반영한다. 지지세력이 확대되는 분위기 속에서 "선종(善宗 : 궁예)이 스스로 강성해진 것에 자긍심을 가졌다"[28]고 하는 기록으로 보아서도 송악을 떠나 철원으로 천도한 그의 의도가 단순히 왕건을 비롯한 패서세력의 견제를 피하려는 것이 아니었음을 말해준다.[29] 따라서 궁예정권의 철원 천도는 패서 일대 호족세력들의 영향권으로부터 벗어나기 위한 조치였다기보다는 오히려 이 지역을 중심으로 형성·강화되고 있던 지지 기반을 적극적으로 활용하여 정치군사적인 목적을 도모하기 위해 추진하였던 천도로 이해함이 타당하지 않을까 싶다.

근래 정선용은 궁예가 신라를 병합하기 위한 목적에서 천도를 추진하였다고 주장하였다. 그 주된 근거로 송악은 신라와의 접경지대에서 멀리 떨어진 해안가에 위치하고 있어 신라를 병합하고자 하던 궁예에게는 전략적인 면에서 도읍하기 적절하지 않았고, 궁예 역시 신라를 공략하

---

27) 『三國史記』 권12, 효공왕 8년 ; 『三國史記』 권50, 열전 궁예.
28) 『三國史記』 권50, 열전 궁예, "善宗以强盛自矜".
29) 丁善溶, 1997, 「弓裔의 勢力形成 過程과 都邑選定」 『韓國史硏究』 97, 韓國史硏究會, 55쪽.

는 과정에서 수로의 이용을 기대할 수 없었기 때문에 송악세력에 대한 의존도가 그만큼 떨어졌다고 한다. 반면에 철원은 내륙에 위치하고 있어 견훤의 공격에 대비하면서 신라를 공략할 수 있었고, 초기 세력기반과 밀접한 관련이 있었던 곳이었기 때문에 유리하였다고 한다. 그리고 천도를 실행한 뒤 궁예가 신라의 변경지대인 죽령(竹嶺) 일대를 공격하고,[30] 상주(尙州) 사화진(沙火鎭) 등지에서 후백제와 전투를 벌인 사례[31] 등을 근거로 신라를 병합하기 위한 목적이었음을 강조하였다.[32] 궁예정권이 신라 병합이라는 목적을 달성하기 위한 방편으로 천도를 추진하였다고 파악한 점은 매우 흥미로우면서도 타당한 견해라고 생각된다. 다만 신라 공략에서 수로를 이용할 수 없었기 때문에 송악세력에 대한 의존도가 떨어졌던 것으로 이해하는 부분에 대해서는 수긍하기 어렵다. 오히려 천도를 실행하기 불과 2년 전인 903년, 수군을 이용한 나주 진출을 계기로 궁예정권이 후백제의 배후를 위협할 수 있는 전략거점을 마련하였던 점에서[33] 보아서는 이들 세력에 대한 의존도는 높아지는 추세였다고 생각된다. 신라 진출이 좌절되자 전쟁의 중심 무대가 나주로 통하는 서남해역으로 이동하고, 이 해역에 대한 해상권 장악을 둘러싸고 후백제와 치열한 쟁탈전을 전개하였던 사실 역시 이를 뒷받침한다.[34] 따라서 궁예

---

30) 『三國史記』 권12, 효공왕 9년 8월.

31) 『高麗史』 권1, 세가1 태조 천우 3년.

32) 丁善溶, 1997, 앞의 논문, 54~56쪽.

33) 신성재, 2010, 「태봉의 수군전략과 수군운용」 『역사와 경계』 75, 부산경남사학회, 218쪽.

34) 나주 진출 이후 서남해역에서 궁예정권과 후백제간의 해상권쟁탈전과 그 전개 양상에 대해서는 姜鳳龍, 2002, 「後百濟 甄萱과 海洋勢力 - 王建과의 海洋爭覇를 중심으로」 『歷史敎育論集』 83, 歷史敎育硏究會, 121~127쪽 ; 姜鳳龍, 2003, 「羅末麗初 王建의 西南海地方 掌握과 그 背景」 『島嶼文化』 21, 木浦大島嶼文化硏究所, 347~355쪽 ; 愼成宰, 2005, 「궁예정권의 나주진출과 수군활동」 『軍史』 57, 국방부 군사편찬연구소, 178~191쪽 참조.

정권이 해상활동 능력을 보유하고 있던 송악세력을 적극적으로 활용하는 가운데 보다 거시적으로 설정하였음직한 국가 목표를 달성하기 위한 천도로 새롭게 해석해볼 여지가 있다. 천도를 추진함과 병행하여 국가 운영조직과 기구를 체계적으로 정비하고,[35] 신라와 후백제를 상대로 한 전쟁을 적극 추진하였던 사실을 눈여겨볼 필요가 있겠다.

최근에 이재범은 901년 이전까지의 도읍은 본거지 개념으로, 905년 철원 정도(定都) 이후부터를 체계적으로 완비된 국가의 모습으로 설정하면서 궁예정권의 천도의 의미를 신라로부터 완벽하게 독립을 꾀하고자 하는 새로운 시도로 파악하였다. 『삼국사기』에 철원이 신경(新京)으로 표현되었던 것은 새로운 면모를 가진 국가의 도읍을 갖고자 하던 궁예의 포부를 담은 것으로, 궁예가 자신의 본거지를 '경'으로 설정한 것은 신라와 위상을 같이 하는 천자국을 천명함으로써 신라 중심의 구도(舊都)를 철원으로 옮기고자 한 시도로 이해하였다. 궁예는 이 같은 원대한 계획을 철원이라는 지리적 공간을 중심으로 수행하고자 하였고, 그 과정에서 많은 반대파를 양산함으로써 몰락을 자초하기도 하였지만 이러한 역사적 경험은 이후 고려로 계승되었다고 한다.[36]

이상에서 검토해본 바와 같이 궁예정권의 철원 천도에 대해서는 기존의 부정적인 평가를 해소해가는 가운데 궁예정권을 주체적인 시각에서 정치군사적인 의미 등이 부여되고 있다. 하지만 앞서 제시한 것처럼 철원 천도의 배경을 궁예와 패서세력과의 대립적인 측면으로 파악하기

---

35) 국호를 摩震으로 고치고 국정을 운영하는 주요 관부를 설치한 것을 말한다.

36) 이재범, 2005, 「弓裔政權의 鐵圓定都 時期와 專制的 國家經營」 『史學硏究』 80, 韓國史學會, 4~29쪽 ; 2006, 「弓裔政權의 鐵圓定都와 '京'·'都'」 『서울문화』 10, 서울문화사학회, 226~241쪽 ; 2007, 앞의 책, 121~133쪽.

에는 설명이 매끄럽지 못한 부분이 있다. 천도 이후로 나타나는 군사활동의 흐름으로 보아서는 신라를 병합하기 위한 의도가 포함된 것이 분명하지만, 신라만이 아닌 후백제와의 전투 역시 필연적으로 수반되고 있음을 볼 때 궁예정권이 양국의 군사활동을 포괄적으로 고려하는 수준에서 전쟁 수행전략을 수립하였을 가능성에 무게를 둘 필요가 있다. 신라와 대등한 위상을 갖는 천자국 건설을 지향한 측면도 있지만, 궁예정권이 반신라정책을 표방하고 군사적 병합 노력을 적극 실행하였던 점에서 상호 대등한 형태의 공존보다는 전쟁을 수단으로 도모하고자 하던 목적에 의미를 부여해볼 수 있으리라 생각된다. 궁예정권이 송악으로부터 철원으로 천도를 추진한 것은 바로 이러한 정치군사적인 목적을 실현하기 위한 출발점이 아니었던가 생각된다.

## Ⅲ. 철원 천도의 기반과 조건

궁예정권이 철원으로 천도를 추진한 것은 후삼국이 대치하던 정국에서 정권 내부적으로 지향하였던 목적을 실현하기 위한 것이었다. 그런데 천도의 목적을 파악하기에 앞서 과연 궁예정권이 천도를 실천할 수 있었던 기반과 조건은 무엇이었는가에 대해 의문이 든다. 우선 생각해 볼 수 있는 것으로 궁예정권이 확보하고 있던 영역에 대해 안정적인 지배권을 행사하고, 복속해온 지방사회의 동향 역시 이에 호의적이며 지지하던 분위기였는가 하는 점이다. 왜냐하면 확보한 영역 중에서 지배력을 행사하기 어려운 지역이 존재하거나, 새로이 복속해온 지역의 분위기가 궁예정권에 호의적이지 않은 입장을 취하는 상황이었다고 한다면 천도와 같은 무리한 계획은 실행되기 어려웠을 것이기 때문이다. 특히 천도를 추진하기 위해 사민의 대상지로 선정하였던 청주와 그 주변 지역의 동향은 궁예정권이 천도를 실행하는데 있어 신중하게 고려되었을 것이다. 궁예정권의 직간접적인 영향력 하에 있었던 지방사회의 동향과 분위기를 통해 철원 천도가 가능할 수 있었던 기반에 대해 살펴보자.

> 天祐 원년(904) 甲子에 나라를 세워 국호를 摩震이라 하고 연호를 武泰라 하였다.…가을 7월에 靑州人戶 1천을 鐵圓城에 들여서 京으로 삼았다. 尙州 등 30여 州縣을 쳐서 취하였다. 公州將軍 弘奇가 항복해 왔다. 천우 2년(905) 을축에 新京에 들어가 궁궐과 누대를 수리하였는데 사치를 다함이 극에 달했다. 무태를 고치어 聖冊 원년으로 삼고 浿西 13鎭을 나누어 정하였다. 平壤城主 장군인 黔用이 항복하였다. 甑城의 赤衣와 黃衣, 賊 明貴 등이 歸服하였다. 善宗은 강성해졌다고 스스로를 믿고 幷呑하고자 하는 뜻을 가졌다. 國人들로 하여금 신라를 滅都로 부르게 하고, 무릇 신라로부터 오는 자는 모두 주살하였다.[37]

위는 궁예가 904년 7월에 청주인호(淸州人戶) 1천[38]을 철원으로 사민

---

37) 『三國史記』 권 50, 열전 궁예, "天祐元年甲子 入國號爲摩震 年號爲武泰…秋七月 移靑州人戶一千 入鐵圓城爲京 伐取尙州等三十餘州縣 公州將軍弘奇來降 天祐二年乙丑 入新京修葺觀闕樓臺窮奢極侈 改武泰爲聖冊元年 分定浿西十三鎭 平壤城主將軍黔用降 甑城赤衣黃衣賊明貴等歸服 善宗以强盛自矜意欲幷呑 令國人呼新羅爲滅都 凡自新羅來者盡誅殺之".

38) 사민된 청주인호 1천의 규모에 대해서는 戶 1천 가구로 보거나(朴敬子, 2001, 앞의 책, 50쪽), 1 호당 10명으로 평균한 1만명(安永根, 1992, 앞의 논문, 401쪽), 단순히 1천명으로 파악하는(申虎澈, 1993, 앞의 논문, 77쪽) 등 견해가 다양하다.

하여 도읍으로 삼고, 그로부터 1년 뒤에 새로운 도읍지로 천도한 사실을 전하는 기록이다. 위 기록에서는 궁예정권이 청주인호를 사민하여 철원을 도읍지로 삼음과 동시에 상주(尙州) 일대를 공격하여 30여 주현(州縣)을 취하였다고 하는 내용이 눈에 띈다. 이는 궁예정권이 철원의 지리적 위치와 경북 북부지역의 군사적 동향을 감안하여 신라 및 후백제와의 접경지대를 가급적 그 남방지역에 형성하고자 하였던 의도로 이해된다. 아울러 보은과 청주지역의 전략적인 가치를 의식하여 이 지역에서의 군사활동을 지원 및 견제할 수 있는 거점을 확보하는 한편 인접한 청주지역의 호족세력과 지역민을 포섭하기 위한 의도도 포함되었던 것으로 보여진다. 이러한 노력이 병행되는 상황 속에서 공주장군(公州將軍) 홍기(弘奇)가 래항(來降)해 왔던 것이다.

공주장군 홍기의 래항은 천도의 기반을 밝힐 수 있는 사례로 주목해볼 부분이다. 앞서 언급한 것처럼 궁예정권이 천도를 실행하기 위해서는 사민의 대상지로 선정한 청주지역의 동향이 중대한 변수였다. 왜냐하면 궁예정권과 후백제의 왕도를 방위하는 경계선이 청주지역을 중심으로 형성되고 있었던 만큼 이 지역에 대한 방위력을 얼마나 안정적인 수준으로 유지할 수 있느냐에 따라 천도의 실행 여부가 결정될 수 있기 때문이다. 특히 양국간의 최전방 전초기지에 해당하는 청주와 매곡(昧谷 : 회인) 사이에서는 대립적인 상황이 오랫동안 지속되었으므로[39] 이 일대에 대한 안정적인 방위력은 반드시 확보해야만 했을 것이다. 공주장군 홍기가 래항해온 기록은 괴양에서 소백산맥의 계립령을 넘어 낙동강 상류의

---

39) 申虎澈, 1999, 「弓裔와 王建과 淸州豪族」『中原文化論叢』 2 · 3, 忠北大中原文化研究所, 73쪽.

여러 주현과 공주를 비롯한 금강 이남의 일부 지역이 궁예의 영향권으로 들어온 것을 의미한다고 한다.[40] 이러한 사실은 공주와 인접하고 있던 지역 또한 궁예정권을 지지하던 분위기가 형성되었을 가능성을 반영하는 것으로, 청주지역에도 자연스럽게 영향을 끼쳤을 것으로 보여진다. 따라서 궁예정권이 철원 천도를 성공적으로 추진할 수 있었던 직접적인 기반은 청주 지역민의 사민으로 발생할 수도 있는 방위력 공백을 안정적으로 뒷받침할 수 있었던 군사적인 역량과 이 지역 호족세력들이 귀부해오면서 지지기반을 강화해 가던 자신감 속에서 비롯하였던 것으로 이해할 수 있겠다.

이와 함께 패서지역에 조성되고 있던 분위기와 이 지역에 대한 방위력 강화 역시 천도에 긍정적인 영향을 미쳤던 것 같다. 궁예가 청주인호를 사민하던 904년의 기록을 보면 "패강도(浿江道)의 10여 주현(州縣)이 궁예에게 항복하였다"[41]고 하는 기사가 전한다. 궁예정권을 지지하는 기반이 충청지역을 중심으로 강고하게 형성되어 가던 분위기에 편승하여 패서지역에서 활동하던 호족들 역시 귀부하는 입장을 표명하였던 것이 아닐까 싶다. 이로부터 1년 뒤인 905년, 궁예는 패서지방에 13개의 진(鎭)을 나누어 설치하는 작업을 추진하였다. 궁예가 이 시기에 설치한 패서 13진의 존재에 대해서는 통일신라시대에 설치 운영하였던 패강진(浿江鎭)의 군사조직인 14군현을 계승하여 유사한 형태로 구획하였던 것으

---

40) 韓禎訓, 2009, 『高麗時代 交通과 租稅運送體系 硏究』, 釜山大學校 博士學位論文, 9쪽. 비슷한 맥락에서 궁예정권이 금강 유역에까지 영향력을 확대시킬 수 있는 계기가 되었던 사건으로 파악한 견해가 있어 참고된다(정요근, 2008, 「後三國時期 高麗의 남방진출로 분석」『韓國文化』 44, 서울대학교 규장각한국학연구원, 10~11쪽).

41) 『三國史記』 권12, 효공왕 8년, "浿江道十餘州縣 降於弓裔".

로 파악하기도 한다.[42] 하지만 궁예정권대에 설치된 13개의 군진이 통일신라시대의 14군현과 등치하는 것인지는 의문이다. 근래 제기된 견해에 따르면, 이 13개의 진은 대체로 황해도 지역의 육로나 해로의 요충지에 설치되었고, 그 중에서 일부는 수도인 철원의 안전을 위하여 철원과 평양을 연결하는 교통로상에 설치되기도 하였다고 한다.[43] 그리고 그 설치 목적은 궁예가 패서지역의 지방세력을 태봉의 국가체제 내로 흡수하여 그 지역을 확고하게 지배 및 통제하고, 북방에 위치한 발해와 여진족 등의 침략에 대비하기 위한 것이었다고 한다.[44] 이 견해를 수용하는 입장에서 보아 궁예정권이 철원 천도를 추진함에 있어 패서지역을 아우르는 해육상의 방위체제 구축이 중요한 기반이 되었음을 짐작해볼 수 있겠다. 즉 수도를 옮기는 과정에서 발생할지도 모르는 황해도 지역의 방위력 공백을 예방하는 한편 송악을 비롯한 패서지역과 철원의 전략적 요충지를 연결하는 진 중심의 방위체제를 구축함으로써 천도를 실행할 수 있는 기반을 공고히 하였던 것이 아니었나 생각된다.[45] 송악과 인접한 정주(貞州)가 수군활동을 실행하는 전략기지로 크게 운용되고 있었던 점을 감안한다면[46] 이 지역을 포괄하는 해육상의 방위체제는 마땅히 구축되어졌을 것으로 추정된다.

---

42) 崔圭成, 1987, 앞의 논문 303쪽 ; 鄭淸柱, 1996, 앞의 책, 49쪽.

43) 전덕재, 2006, 「泰封의 地方制度에 대한 考察」『新羅文化』 27, 東國大新羅文化硏究所, 160~162쪽.

44) 전덕재, 2006, 위의 논문, 168쪽.

45) 패서호족이 궁예정권에 귀부하여 지지기반을 형성하던 분위기와 궁예가 이 지역을 대상으로 패서 13진을 설치한 사실을 통해 보더라도 궁예정권의 철원 천도가 패서세력들과의 대립에서 벗어나 측근세력을 키우기 위한 목적이 아니었음을 유추해 볼 수 있다.

46) 金甲童, 1990, 『羅末麗初 豪族과 社會變動 硏究』 高麗大民族文化硏究所, 104쪽.

궁예정권의 군사적 영향력이 패서지역을 아우르는 지경에 이르자 평양의 성주(城主)이자 장군을 자칭하던 검용(黔用)이 항복해 왔다. 검용의 귀부는 인접한 증성(甑城)에서 활동하던 적의(赤衣)와 황의(黃衣), 명귀(明貴) 등의 귀복(歸服)을 수반하였다. 평양 일대의 호족세력들이 연이어 귀부해오고, 지배력의 범위가 더욱 확대됨에 따라 궁예는 꽤나 자부심을 가졌던 것 같다. 궁예가 강성해졌다고 스스로를 믿고 신라를 병탄(幷呑)하고자 하는 뜻을 품었다고 하거나, 국인(國人)들로 하여금 신라를 멸도(滅都)로 부르도록 하고 신라로부터 들어오는 자들을 모두 주살하였다고 하는 내용이 이를 암시한다. 비록 신라에 대해 강한 적대의식을 담고 있는 표현이기는 하지만, 이 시기 궁예정권의 군사적 영향력과 그 수준을 살펴보기에 부족함이 없다. 특히 강성해진 군사적 위상은 궁예정권이 같은 해에 철원으로 천도를 실행할 수 있었던 기반을 설명하는데 더할나위없이 유용하다. 후백제와 접경지대가 형성된 청주지역에 강력한 지지기반을 마련하고, 패서지역에는 13개의 군진을 중심으로 하는 방어체제를 구축하는 한편 북방의 평양지역에까지 영향력을 확대해가던 군사적 역량에 기반하여 궁예정권의 철원 천도는 추진될 수 있었던 것이다.

그렇다면 궁예정권이 철원으로 천도를 실행할 수 있었던 조건은 무엇이었을까. 여러 조건이 고려되었을 것이나 철원을 도읍지로 삼았을 경우에 획득할 수 있는 전략적 가치가 우선적으로 주목되었을 것이다. 특히 철원 지역이 지닌 군사 및 경제적인 측면에서의 가치는 매우 중시되었을 것이다. 아래 기록을 보자.

京城이 바닷가에 있어 왜구를 예측할 수 없으므로 내지로 遷都하고자 耆老

尹桓 등을 모아놓고 動과 止 두 글자를 써놓고 가부를 의논하였다. 여러 사람들이 비록 마음으로는 인정하지 않으나 후에 變禍가 있으면 장차 자신에게 화가 미칠 것을 두려워하여 모두 동자에 서명하였는데 오직 崔瑩이 불가하다 하였다. 慶復興과 최영 등이 태조의 眞殿에 나아가 점을 치니 불가하다는 글자를 얻었다. 禑王이 말하기를, '倭賊이 곁에까지 침입했는데 가히 점괘를 좇을 수 있겠는가?' 하였다. 政堂文學 權仲和를 鐵原에 보내어 집자리를 살펴보게 하였다. 최영이 이것을 간하였으므로 일이 마침내 잠잠해졌다.[47]

위 기록은 우왕 3년(1377) 5월에 대두되었던 철원 천도론을 반영하는 기록이다. 우왕이 천도론을 제기하였던 배경에는 수도인 개경이 바닷가와 인접하여 왜구의 침탈에 취약하였기 때문이었다. 당시 왜구의 위협은 개경의 지배층은 물론 백성들까지 위기의식을 느낄 정도로 심각한 수준이었다. 천도가 제기되기 두 달 전인 3월의 기록을 보면 왜구가 강화도에까지 침략해와 개경의 백성들이 불안에 떨 정도였다고 한다. 고려 정부는 왜구의 침입에 대처하기 위해 최영(崔瑩)을 6도도통사(六道都統使)로 임명하는 한편 전함 건조에 소요되는 승려를 모집하는 등 대비책을 마련하였다. 하지만 거국적인 대비책을 마련하였음에도 불구하고 왜구의 침략은 끊이지 않았고, 마침내 4월에는 서강에까지 들어와 노략질하

---

47) 『高麗史』 권133, 우왕 3년 5월, "以京城濱海 倭寇不測 欲遷都內地 會耆老尹桓等 書動止二字 議可否 衆雖心不肯 恐後有變禍將及己 皆占動字書名 唯崔瑩否 慶復興瑩等 詣太祖眞殿卜之 得止字 禑曰 倭寇密邇可從卜耶 遣政堂文學權仲和 相宅于鐵原 瑩諫之 事遂寢".

는 상황에까지 이르게 되었다.[48] 왜구의 침입이 왕도를 위협하는 상황에 이르자 우왕은 그 대응책으로 천도론을 제기한 것이었다. 그리고 천도의 대상 지역으로 철원을 지목하였다.

우왕이 철원으로 천도하고자 하였던 이유는 왜구가 서강에까지 침입하여 수도인 개경을 위협하는 지경에 이르렀기 때문이었다. 그렇기 때문에 우왕은 해안으로부터 가급적 멀리 떨어져 있던 철원을 지목하였던 것 같다. 하지만 단순히 왜구의 위협이 미치지 못할 정도로 해안지방으로부터 멀리 떨어져 있던 지리적인 이유 때문만은 아니었을 것이다. 전술적인 측면에서 보다 중시되었을 것으로 생각되는 점은 철원이 외부세력의 공격으로부터 방어하기에 유리한 천연의 요새지였기 때문이었을 것이다.[49] 철원은 북쪽으로는 고암산(高岩山)이 위치하고, 서쪽으로는 추가령지구대(楸哥嶺地溝帶), 동북쪽으로는 백암산(白岩山), 동남쪽으로는 광주산맥(廣州山脈)이 둘러싸고 있어 자연스럽게 방어벽을 형성해준다. 따라서 외부로부터 침입해오는 적을 방어하기에 용이한 곳이었다. 뿐만 아니라 철원은 궁예정권 및 후백제의 수도인 개경과 전주를 연결하는 최단 공격로상에서 동북 방면으로 상당히 먼 거리에 위치하고 있어 왕도 위협에 대비하는 대응력과 방어력을 구축하기에도 용이하다.

반면에 보기병을 운용하여 내륙의 교통로를 거쳐 신라 진출을 시도하고자 하는 공격적인 입장에서보자면 유리한 입지적 조건을 갖춘 곳이었다. 궁예가 신라를 병탄하고자 하는 뜻을 가졌다고 하거나 국인들로

---

48) 『高麗史』 권133, 우왕 3년 3·4월. 우왕대에 집중적으로 제기된 천도론의 의미와 정치세력의 동향은 李亨雨, 2003, 「고려 禑王代의 遷都論과 정치세력」 『韓國學報』 29, 一志社 참조.
49) 李貞信, 1984, 앞의 논문, 55쪽.

하여금 멸도로 부르게 하였던 사실을 통해 알 수 있듯이, 천도를 전후하여 나타나는 궁예정권의 신라에 대한 인식은 매우 적대적이며 부정적이었다. 신라를 부정하고 병탄의 대상으로 설정한 상황에서 궁예정권의 신라에 대한 군사활동은 자연스러운 추세였다. 그리고 그 전투의 공간은 궁예정권이 천도를 추진하던 과정에서 공략하였던 상주 일대와 신라로 통하는 관문이자 최전방 국경지대였던 죽령 일대에 형성될 가능성이 높았다. 당시 강원도 내륙지역에 위치하던 철원은 궁예정권이 외부세력으로부터의 위협에 효과적으로 대응하는 가운데 이 방면으로의 군사력 운용에 적합한 곳이었다.[50] 외부로부터 침입해 오는 적에 대응하여 방어전을 수행하기에 유리하고, 신라 방면에 대한 공세적인 군사활동을 전개함에 있어 보기병력을 운용하기에 용이하였던 점은 궁예정권이 철원지역을 도읍지로 선정하는 과정에서 주목되었을 것이다.

한편 궁예정권이 철원을 도읍지로 선정하는 과정에서는 경제적인 조건 역시 중시되었을 것이다.[51] 수로를 이용한 조운이 제한되던 현실에서 국정 운영에 소요되는 재원을 생산하는 드넓은 농경지의 보유 여부는 당연히 고려의 대상이었을 것이다. 이와 관련하여 865년(景文王 5) 철원에 소재한 도피안사(到彼岸寺)에서 철로 비로자나불(毘盧遮那佛)을 조성하던 과정에서 1500명의 향도(香徒)가 동원된 사례가 있어 흥미롭다.[52] 이들의 존재에 대해서는 당시 철원지역에서 사회경제적으로 여유를 가

---

50) 丁善溶, 1997, 앞의 논문, 56쪽.

51) 朴敬子, 2000, 「高麗時代 漣川遷都設에 대하여」 『河炫綱敎授定年紀念論叢』, 혜안, 263쪽.

52) 韓國古代社會硏究所, 1992, 「到彼岸寺 毘盧遮那佛 造像記」 『譯註韓國古代金石文』 III, 駕洛國史蹟開發硏究所, 314~315쪽.

지고 있던 자영농(自營農)이었다는 견해가 제시된 바 있다.[53] 이 견해는
신라 말기 지방사회의 경제적 상황이 피폐해 가던 사정과 비교시 철원
지역의 농업 경제적인 여건이 양호하였던 사정을 반영한다는 점에서 주
목된다. 불사를 조성하는 작업이 인구와 물산이 뒷받침되지 않고서는 이
룩하기 힘든 역사(役事)였음을[54] 감안해본다면 이들 향도는 이를 감당할
정도의 경제적인 능력을 보유하고 있었음을 말해준다. 물론 이들 향도가
철불을 조성하던 시기는 궁예가 철원으로 천도하던 시기보다 대략 30년
이나 앞선다. 따라서 천도 당시의 실상과 꼭 부합한다고 보기는 어렵다.
하지만 그렇다 하더라도 신라말기의 시대 상황에서 철원 지방의 경제력
에 커다란 변동이 발생하였다고는 생각되지 않는다. 궁예가 철원 지역의
경제적 조건과 이곳 지역세력의 협조를 기대하며 철원에 도읍하였을 가
능성은 높다고 생각된다.[55]

　　사실 철원은 넓은 평야지대를 보유한 지역이었다. 『擇里志』에 따르
면, "(철원은) 비록 땅이 메마르지만 넓은 들과 낮은 산을 가지고 있어 두
메 속에 하나의 都會를 이룬다"[56]고 기록될 정도로 주변에 산재한 다른
지방에 비해 농경지가 잘 발달된 지역이었다. 백암산을 비롯한 1천여 미
터에 달하는 산들이 동쪽에 위치하고 있지만, 이들을 제외한 대부분의
산들은 낮은 언덕을 이루고 있다. 철원의 중앙부에는 한탄강이 북동-남

---

53) 趙仁成, 1993, 「弓裔의 勢力形成과 建國」『震檀學報』75, 震檀學會, 21쪽.
54) 辛鍾遠, 1995, 「鐵圓郡의 歷史」『鐵圓郡의 歷史와 文化遺蹟』, 江原大學校博物館, 13쪽.
55) 丁善溶, 1997, 앞의 논문, 38쪽.
56) 『擇里志』八道總論, 江原道, "壤土雖脊 大野房山 平闊明朗 在二江內 亦峽中一都會也".

서 방향으로 흘러가며, 그 주변으로는 넓은 충적평야가 발달하였다.[57] 철원은 이 같은 자연지리적인 특성으로 인해 골이 좁고 산이 높은 강원도에서 가장 넓고 시원하게 트인 철원평야가 형성되어 내륙의 중심지가 될 만한 여건을 가지고 있었다.[58] 다만 단점이 있다고 한다면 지세가 막혀 있어 조운이 쉽지 않았다고 하는 점이다. 철원의 중심부를 한탄강이 관류하지만 개화기 이전까지만 해도 한강처럼 문물 교환이 가능할 만큼 수상 교통이 발달하지는 못하였다고 한다.[59]

수상교통의 불리함으로부터 발생하는 국가재정 운영상의 제한점은 철원의 평야지대로부터 생산되는 곡물과 궁예정권이 확보하고 있던 전략거점을 통해 운송되어진 재원을 활용함으로써 해결되어졌을 것으로 추정된다. 군사활동을 수행하는 전략적 요충지를 중심으로 인근지역에서 생산되는 곡물이 집산되는 루트를 형성하고, 이러한 전략거점들을 연결하는 해육상의 운송체계를 구축하는 노력을 꾸준히 기울였을 것을 생각해본다면 전쟁기라고 하는 시대적 상황에서 철원과 같은 자급자족 능력을 갖춘 지역은 수도로 선정되기에 용이하였을 것이다.[60] 더구나 외부로부터의 공격을 방어하기에 유리하고, 신라병합으로 표방된 국가적 목표를 달성하는데 있어 보기병을 효과적으로 운용할 수 있었던 전략적

---

57) 이재, 2008, 「철원 지역 성곽의 성격」『궁예의 나라 태봉 - 그 역사와 문화』(김용선 엮음), 일조각, 133쪽.

58) 李貞信, 1984, 앞의 논문, 55쪽.

59) 鐵圓郡, 1992, 『鐵圓郡誌(上)』, 147쪽.

60) 궁예가 철원을 항구적인 도읍지로 삼고자 하였는가에 대해서는 의문의 여지가 있다. 후삼국간의 상쟁 구도에서 전략적으로 유리한 정국을 조성하고, 당면한 정치군사적인 목적을 달성한 뒤에는 국가를 운영하기에 적합한 지역으로 다시금 천도를 추진할 수도 있기 때문이다. 기록상 그와 같은 흔적을 확인할 수 없어 아쉽지만, 이 시기 도읍지의 선정은 정치 군사 상황과 연계하여 가변적인 성격을 띠었을 것으로 추정된다.

가치 등은 천도의 실질적인 조건으로 인정되었을 것이다.

## Ⅳ. 철원 천도의 목적과 전쟁사적 의미

궁예정권이 철원으로 천도할 수 있었던 기반은 확보한 영역에 대해 안정적으로 지배할 수 있었던 군사적 역량에서 비롯하였다. 또한 철원지역이 전술적으로 공방전을 전개하기에 유리하면서 수도 경영에 필요한 물자를 충당할 정도로 사회경제적 여건이 양호하였던 것도 천도를 실행하는데 중대한 조건으로 작용하였다. 그렇다면 궁예정권은 왜 철원으로 천도를 추진하였던 것일까. 어떠한 배경과 목적하에서 천도가 이루어졌던 것일까. 사실 천도의 기반과 조건은 도읍을 옮기는 실질적인 원동력에 해당한다. 하지만 기반과 조건을 만족한다고 해서 천도가 추진되는 것은 아니다. 보다 중요한 것은 천도를 통해 추구하고자 하였던 궁극적인 목적이 있었고, 그것을 실현하기에 적합한 장소로 철원이 지목되었기 때문일 것이다. 궁예정권이 철원으로 천도한 목적을 시원스럽게 제시해 주는 직접적인 기록은 부재하다. 다만 분명한 사실은 후삼국의 주역으로 등장한 궁예정권이 905년 천도를 실행하기까지 충청지역과 패서지역, 경북 중북부 지역을 대상으로 정벌활동을 적극적으로 전개하면서 지배영역을 확장해 가고 있었다는 사실이다. 따라서 궁예정권이 천도를 실행하기까지 추진한 군사활동의 방향과 내용, 그리고 그 과정에서 수립되는 군사력 운용 전략 등은 무엇이었는지를 중심으로 천도의 배경과 목적을 추정해볼 필요가 있겠다.

주지하듯이 궁예정권은 896년(진성여왕 10)에 철원성(鐵圓城)을 근거지로 독자적인 정권을 수립하였다. 『삼국사기』기록에 따르면 패서지역으로 세력을 확장한 궁예가 자신을 따르는 무리가 많아지자 나라를 세워 임금을 칭할 수 있다고 생각하여 내외의 관직을 설치하였고 전한다.[61] 이후 궁예는 패서지방의 해상세력가인 왕건 가문의 귀부(歸附)를 받아들이면서 수군활동을 수행할 수 있는 기반을 마련하였다. 898년(효공왕 2) 7월 궁예는 패서도(浿西道)와 한산주(漢山州) 관내의 30여 성에 대한 정복활동을 일단락지으면서 송악에 도읍하였다.[62] 궁예가 송악에 도읍한 것은 이 지역이 해상활동을 수행하기에 유리한 지역이자 이 지역을 기반으로 충청지역에 대한 정벌활동을 전개하기에 용이하였기 때문이었다. 송악을 수군활동을 수행하는 전략거점으로 활용한다면 한산주 일대는 물론 한강 유역을 장악하면서 그 지배력의 범위를 남방지역으로 확장할 수 있었고, 충청지역에까지 영향력을 확대할 수 있었다. 나아가 서해안 지방으로의 해상진출이 가능하였으므로 후백제의 배후와 측면을 공략하는 해상원정을 감행할 수도 있었다.[63]

송악에 도읍한 뒤 궁예는 남진공략에 주력하였다. 무진주(武珍州 : 광주)에 도읍하던 견훤이 전주(全州)로 천도하였으므로[64] 가급적 남진공략을 적극 실천하여 후백제의 북상을 억제할 필요가 있었다. 이에 따라 궁예정권은 광주(廣州 : 경기도 하남)와 충주(忠州), 당성(唐城 : 경기도 남양),

---

61) 『三國史記』권50, 열전10 궁예.
62) 『三國史記』권12, 효공왕 2년.
63) 신성재, 2010, 앞의 논문, 209~219쪽.
64) 『三國史記』권50, 열전10 견훤.

청주(淸州), 괴양(槐壤 : 충청도 괴산) 등지를 집중적으로 공략하였다.[65] 이로 말미암아 궁예정권과 후백제가 대치하던 접경지대는 자연스럽게 충청 중북부 지역을 중심으로 형성되었다. 양국간의 전선이 충청지역에서 고착되던 상황 속에서 백제를 멸망시킨 신라에 대해 복수를 표방한 후백제는 신라로 통하는 길목에 위치한 대야성(大耶城)과 전주의 배후에 위치한 금성군(錦城郡) 일대에 대한 공략을 감행하였다.[66] 후백제의 금성군 일대에 대한 공략은 지역 호족세력들의 강력한 반발과 저항에 부딪혀 실패하였다.[67] 그런데 이 사건은 후백제의 군사적 움직임과 금성군 일대의 동향을 주시하고 있던 궁예정권으로 하여금 군사적 진출을 모색케 하는 계기가 되었던 것 같다. 903년 3월 궁예정권이 수군을 동원하여 해상원정을 감행함으로써 후백제의 배후에 위치한 나주를 공취한 사실이 이를 말해준다.

天복 3년(903) 계해 3월에 (왕건이) 舟師를 거느리고 서해로부터 光州 경계에 이르러 錦城郡을 공격하여 빼앗고, 10여 郡縣을 공격하여 이를 취하였다. 이에 금성을 羅州로 고치고 군사를 나누어 지키게 하고 귀환하였다. 이 해에 良州의 帥 金忍訓이 급히 고하자, 궁예는 태조에게 명하여 가서 구하게 하였다. 돌아오자 궁예가 변경에 대한 일에 대하여 물었다. 태조가 安

---

65) 『高麗史』 권1, 세가1 태조 광화 3년.
66) 『三國史記』 권12, 효공왕 5년.
67) 鄭淸柱, 1991, 「新羅末‧高麗初의 羅州豪族」 『全北史學』 14, 全北大學校史學會, 8~9쪽.

邊拓境策을 말하자 좌우 모두 주목하였다.[68]

　위는 궁예정권이 903년에 실행한 나주 공취 사실을 전하는 기록으로, 철원 천도의 배경과 관련하여 다음과 같은 점이 주목된다. 먼저 궁예정권이 천도하기에 앞서 904년 7월에 청주인호 1천을 철원으로 사민하였는데, 이와 비교하여 그 1년여 전인 903년 3월에 후백제의 배후에 위치한 나주 일대를 수군을 이용하여 공취하였다고 하는 사실이다. 수군을 이용한 이 원정작전이 천도 문제까지를 염두해두면서 벌인 군사활동이 었는지 위 기록만으로는 분명치 않다. 하지만 나주 공취가 실행되던 동일한 해에 나오는 또 다른 기록을 보면, "궁예가 도읍을 옮기고자 하여 철원(鐵圓)과 부양(斧壤)에 이르러 산수를 두루 살펴보았다"[69]고 하는 사실이 전한다. 이는 궁예가 전략적인 측면에서 철원의 지형과 지세를 살핀 것을 의미하는 것으로,[70] 나주를 공취하던 수군활동이 천도를 추진하던 문제와 어떤 연관을 갖고 있었음을 반영한다고 생각된다.

　나주 공취가 궁예정권의 천도에 영향을 미치고 있었을 가능성은 궁예가 수군활동을 마치고 귀환한 왕건에게 변경 지역에 대한 사안을 묻자 안변척경책(安邊拓境策)을 상주한 사실을 통해 확인된다. 안변척경책은 글자 그대로 변경지역을 안정시키고 영역을 확장시키는 방안과 관련

---

68) 『高麗史』 권1, 세가1 태조 천복 3년 계해, "三月 率舟師自西海抵光州界 攻錦城郡拔之 擊取十餘郡縣 仍改錦城爲羅州 分軍戍之而還 是歲 良州帥金忍訓告急 裔令太祖往救 及還裔問邊事 太祖陳安邊拓境之策 左右皆屬目".

69) 주 15와 같음.

70) 趙仁成, 1989, 「弓裔의 出生과 成長」 『東亞硏究』 17, 西江大東亞硏究所, 80~81쪽.

된 방책을 말한다.[71] 왕건이 제시한 이 방책에 대해서는 최근에 이르기까지 다양한 견해가 제시되었다.[72] 그런데 제시된 견해 중에서 흥미로운 사실은 이 방책의 하나에 수군을 적극적으로 운용하여 후삼국통일을 이룩하자는 내용이 포함되었을 것으로 파악한 견해가 그것이다. 즉 궁예왕이 신료들과 모인 자리에서 수립한 이 방책 속에는 나주를 공취하는 과정에서 수군활동의 효용성과 전략적 가치를 경험하였던 만큼 향후 전쟁을 수행함에 있어서는 수군을 적극적으로 운용하면서 정권이 지향하는 군사적인 목표를 달성하자는 내용이 반영되었다고 한다. 이른바 궁예정권이 수군전략을 수립하였음을 의미하는 것으로, 그 구체적인 전략의 내용은 나주를 후백제의 배후를 강력하게 위협하는 수군활동의 전략거점으로 구축하는 한편 이 지역을 기반으로 서남해상에 대한 해상권을 장악함으로써 후삼국 통일의 경제군사적 기반을 마련하자는 내용이 포함되었다는 것이다.[73]

이 견해를 수용하는 입장에서 보아 궁예정권이 철원으로 천도한 목적은 전략적 활용 가치가 높았던 수군을 보기병과 효과적으로 운용하여 후삼국 통일전쟁을 적극적으로 추진하기 위한 것이 아니었나 추정된다. 그 이유는 무엇보다도 궁예정권이 수군활동을 전개하여 후백제의 배후를 위협 및 견제할 수 있는 전략거점으로 나주지역을 확보하였던 것에서 찾을 수 있다. 이 시기 궁예정권의 나주 공취는 궁예가 송악으로 천도

---

71) 李基白, 1990, 「太祖 王建과 그의 豪族聯合政治」 『高麗貴族社會의 形成』 一潮閣, 17쪽.

72) 왕건이 건의한 안변척경책의 의미에 대한 기왕의 견해는 丁善溶, 2009, 「高麗 太祖의 對新羅政策 樹立과 그 性格 - 신라 景明王과의 교섭 배경을 중심으로」 『한국중세사연구』 27, 한국중세사학회, 129~135쪽 ; 신성재, 2010, 앞의 논문, 214~216쪽 참조.

73) 신성재, 2010, 위의 논문, 216~217쪽.

한 직후에 후삼국 통일에 대한 전망을 모색해보고,[74] 또한 건국에 이르러서는 반신라정책을 표방하였으며,[75] 실제 천도를 실행하는 시점에서는 신라를 멸망시켜야 할 도읍으로 지칭하며 병탄(倂呑)의 대상으로 설정하였던 점에서 중대한 의미를 갖는다. 박한설은 천도 즈음에 나타나는, 궁예가 신라를 병탄하고자 하였다고 하는 기록에[76] 대해 모든 세력을 정복하여 통합을 이룬다는 후삼국통일을 의미하는 것으로 이해하였는데,[77] 타당한 견해라고 생각된다.

궁예정권이 신라를 통합의 대상으로 인식하고, 강력한 군사활동을 표방하던 상황에서 군사력 운용의 직접적인 방향은 마땅히 신라로 진출하는 교통상의 요충지인 경북 북부지역을 중심으로 전개될 것이었다. 그런데 궁예정권이 이 지역에서 신라를 상대로 원활한 전투를 수행하기 위해서는 후백제의 군사적 개입을 최대한 억제해야만 한다. 후백제 역시 정권을 수립하던 시점에서부터 당나라과 연합하여 백제를 멸망시킨 신라에 대해 강한 정복 의지를 표방하던 상황이었으므로[78] 신라 방면으로 진출을 시도하던 궁예정권과 충돌할 가능성이 높았다. 이러한 형국에서 나주는 후백제의 신라 방면에서의 군사활동을 견제할 수 있는 전략거점이었다. 따라서 궁예정권의 입장에서는 전략거점으로 확보한 나주를 거점으로 수군활동을 전개하여 후백제의 배후를 해상으로부터 지속적으

---

74) 궁예의 후삼국 통일의식과 지향은 조법종, 2006, 앞의 논문, 2쪽 ; 신성재, 2010, 앞의 논문, 210~211쪽.

75) 『三國史記』 권50, 열전 궁예.

76) 주 37 참조.

77) 林漢㒷, 2002, 「弓裔의 渤海 收復意識」 『高句麗研究』 13, 高句麗研究會, 188쪽.

78) 『三國史記』 권50, 열전10 견훤.

로 위협하는 한편 내륙의 보기병력을 운용하여 신라 방면에 대한 진출을 적극적으로 도모하고자 하였을 것이다. 이러한 사실은 수군은 후백제의 배후를 견제하고 보기병은 신라 정벌을 추진한다는 점에서, 궁예정권이 철원 천도를 추진한 목적이 수군과 보기병을 효과적으로 활용하여 '후삼국 통일전쟁'을 실천하고자 하였음을 의미한다고 하겠다.

궁예정권이 후삼국 통일전쟁을 추진하기 위한 목적에서 천도하였음은 이후로 전개되는 전쟁의 양상을 통해서도 확인이 가능하다. 천도 직후인 905년 8월, 궁예는 군사를 남쪽으로 이동시켜 변방의 접경지대를 약탈한 다음 죽령(竹嶺) 동북쪽으로 진출하면서 신라를 위협하였다. 궁예정권의 공격에 대응 능력을 갖추지 못했던 신라는 강역이 날로 줄어드는 것을 근심하였으나 능히 막아낼 역량이 부족하였으므로 성에 의지하여 방어전을 벌이는 수세적인 태세로 일관하였다.[79] 궁예정권이 접경지대를 잠식하면서 남진해 오던 상황에서 직접적인 대응 능력을 갖추고 있지 못했던 신라로서는 방어전에 의지하면서 저항할 수밖에 없었다. 신라가 방어전 중심으로 궁예정권의 남진을 저지하던 상황에서 후백제의 개입은 전쟁의 구도를 후삼국간의 전쟁으로 확대시키는 계기가 되었다. 906년(天祐 3) 왕건이 정기장군(精騎將軍) 금식(黔式)을 비롯한 3천의 병력을 인솔하여 상주 사화진(沙火鎭)에서 견훤과 수 차례에 걸쳐 싸워 이겼다고 하는 기록은[80] 궁예정권이 신라에 대한 공략을 감행하자 위기의식을 느낀 후백제가 개입하면서 전쟁의 양상이 후삼국 전쟁으로 변화되었던 사정을 반영한다.

---

79) 『三國史記』 권12, 효공왕 9년 8월.
80) 『高麗史』 권1, 세가1 태조 천우 3년.

궁예정권과 신라간의 싸움에서 후백제가 개입하면서 후삼국전쟁으로 전쟁 양상이 변화되었음은 이 시기 전쟁의 흐름을 이해함에 있어 주목해볼 부분이다. 사실 그동안에 치러진 전쟁은 신라의 분열을 틈타 성장한 호족들간에 향촌사회에 대한 주도권을 둘러싼 싸움이 주류를 이루었다. 이러한 양상은 궁예정권과 후백제가 건국한 이후로도 나타나던 현상이었다.[81] 그러나 궁예정권과 후백제가 지배영역을 확장하면서 접경지대를 형성하고, 전략적 요충지를 중심으로 대립적인 구도가 가시화되면서부터는 전쟁의 양상에 변화가 불가피하였다. 군소호족들을 중심으로 치러지던 지방사회 주도권쟁탈전이나, 이러한 호족세력을 복속하기 위한 전쟁의 수준을 넘어 궁예정권과 후백제, 신라가 존립과 통일을 둘러싸고 치열한 공방전을 벌이는 후삼국 전쟁의 시대가 도래하게 된 것이었다.

전쟁의 양상이 후삼국을 중심으로 하는 구도를 형성하면서 전쟁의 성격에서도 변화가 불가피하였다. 최약체국인 신라를 둘러싸고 궁예정권과 후백제가 상호 공존을 모색하기보다는 대결의식이 심화되고, 신라를 우선적으로 병합하고자 경쟁적으로 전쟁을 벌여 나아가던 상황이 도래하였기 때문이다. 이제 전쟁은 하나의 국가가 나머지 양국을 상대로 통일을 도모해 나아가는 '후삼국 통일전쟁'으로 새로운 변화를 맞이하게 되었다. 그런 점에서 궁예정권이 철원으로 천도한 사실에 대해서는 전쟁기라는 시대적 상황 속에서 수군과 육군의 전략적인 가치를 효과적으로 활용하는 가운데 후삼국 통일전쟁을 주도적으로 수행하기 위한 목

---

81) 호족들간의 지방사회 내 주도권쟁탈전 사례는 이종봉, 2003, 「羅末麗初 梁州의 動向과 金忍訓」 『지역과 역사』 13, 부경역사연구소 참조.

적에서 추진하였던 천도로 그 의미를 부여해 볼 수 있겠다. 아울러 궁예 정권이 철원으로 천도한 시점을 후삼국 통일전쟁의 시발점으로 설정해 볼 수 있지 않을까 생각된다.


## V. 맺음말

철원 천도를 기점으로 궁예정권은 상주와 죽령 일대를 중심으로 신라와 후백제를 상대로 후삼국 통일전쟁을 적극적으로 전개하였다. 치열한 공방전이 전개되는 전황 속에서 궁예정권은 상주 이남 지역으로 진출하는데 성공하였다. 하지만 거듭된 노력에도 불구하고 궁예정권은 이 지역에서 우세권을 확보하지는 못하였다. 결국 907년에 후백제가 일선군(一善郡 : 선산) 이남의 10여 성을 모두 차지하는 상황에 이르자,[82] 죽령 지역을 통한 궁예정권의 신라 진출은 더 이상 지속하기 어려운 상황에 봉착하게 되었다. 접경 지대에서의 간헐적인 전투로 신라 영역에 대한 얼마간의 침탈은 가능하였지만, 일선군을 경계로 가로막힌 후백제의 방위벽을 넘어서기에는 역부족이었다. 이러한 결과는 당시 수군을 이용하여 후백제의 배후를 충분히 견제할 정도로 나주지역에 대해 강력한 지배력을 형성하지 못한 것이 하나의 원인이었을 것이다.[83] 뿐만 아니라

---

82) 『三國史記』 권12, 효공왕 11년.

83) 궁예정권이 903년에 나주를 공취하였지만 실질적으로 지배하던 상황은 아니었다. 뿐만 아니라 나주지역의 호족들은 이후로도 상당 기간 동안 정치적으로 유보적인 입장을 취하고 있었다. 나주지역의 호족세력과 지역민들이 궁예정권에 실질적으로 귀부하면서 정치적 향배를 결정한 것은 912년 후백제와의 덕진포해전에서 승리한 이후부터였다. 이에 대해서는 신성재, 2010, 「궁예와 왕건과 나주」 『한국사연구』 151, 한국사연구회, 17~25쪽 참조.

후백제 보기병의 신속하면서도 강력한 개입과 신라 역시 아직은 무너질 정도로 약체화된 상황이 아니었기 때문일 것이다. 이는 후백제에 대한 배후 위협력을 강화하여 내륙쪽으로의 군사활동을 억제하지 못하는 이상 신라 진출이 실효성을 거두기 어려웠음을 반영하는 동시에 신라에 대한 군사적 병합 역시 아직은 시기 상조였으므로 새로운 대응 전략의 필요성을 의미하는 것이었다.

이러한 상황에서 궁예정권은 후백제의 배후 지역에 대한 군사활동에 주력하였던 것 같다. 내륙을 경유한 보기병 활동이 효과를 보지 못하던 상황이었으므로 후백제의 배후에 대한 견제력을 강화함으로써 군사활동의 관심을 이 방면으로 유도하고자 한 것이었다. 일선군에서의 전투를 끝으로 약 2년여 기간의 전투 공백기간을 거친 뒤인 909년부터 궁예정권이 서남해역에 대한 해상권을 장악하기 위해 수군활동을 대대적으로 전개하였던 것은 그러한 방향으로 변화된 대응전략의 실상을 말해준다. 신라 방면으로 진출을 도모하기 위해서는 서남해역에 대한 해상권 장악과 나주지역을 중심으로 한 배후 견제력이 효과적인 전략이었던 만큼 이 해역에 대한 해상권 확보 노력을 집중적으로 전개하였던 것이다. 909년부터 914년까지 서남해역에서 지속적으로 전개된 왕건의 수군활동과 견훤과의 치열한 해상전은 이 해역에 대한 해상권 장악이 후삼국 통일전쟁의 주도권 확보에 있어 중대한 위치를 점하고 있음을 말해준다.

서남해역에서 궁예정권의 수군활동이 더욱 중시되고 해상권 장악의 범위가 확대됨에 따라 수군을 지휘하던 장수로 활약한 왕건의 성장도 가시화되었다. 더구나 912년 덕진포해전에서 승리하여 궁예정권이 후삼국이 대치하던 정국에서 절반 이상의 영역을 차지하는데 기여하고,[84] 그 뒤로도 수 차례에 걸쳐 나주지역이 위급한 상황에 빠지자 수군을 동원하여 이 지역을 성공적으로 구원한[85] 뒤로는 그 정치적인 위상은 더욱 높아지게 되었다. 특히 수군 운용의 전략적 가치가 지속적으로 중시되던 분위기 속에서 왕건에 대한 기대와 명성은 더욱 높아지는 추세를 띠어 갔던 것으로 보여진다. 이러한 현상은 곧 왕건을 추종하는 세력의 결집을 가져오면서 실질적인 정치적 성장이라는 결과를 낳게 하였다고 생각된다.[86] 결국 이러한 정국에서 철원지역으로 사민되어 궁예정권하에서 정치운영의 일익을 담당하고 있던 청주세력과 정치 및 정책적인 사안을 둘러싸고 대립과 갈등이 빚어지면서 궁예정권이 몰락하게 된 것이 아닌가 한다. 철원지역으로의 천도 목적이 후삼국 통일전쟁을 적극적으로 추진하기 위한 것이었지만 신라 병합이 불가능한 지경에 이르고, 장기적으로 지속된 서남해역에서의 수군활동을 배경으로 왕건세력이 성장해오던 현실 속에서 서서히 궁예정권의 몰락이 진행되고 있었던 것이 아니었나 추정된다.

한편 궁예정권의 철원 천도와 경영은 이후 고려가 수도인 개경 이외에 서경(西京)을 개척하는 과정에도 어떤 영향을 미친 것이 아닌가 추정된다. 일반적으로 고려의 서경 개척에 대해서는 고구려의 고토 회복과 북방개척, 북진정책을 중심으로 이해되고 있다. 왕건이 918년 건국과 동시에 황폐화된 평양을 개척하는 것을 북방 개척의 이유로 제시한 기록

---

84) 『高麗史』 권1, 세가1 태조 양 개평 3년.
85) 『高麗史』 권1, 세가1 태조 건화 4년 갑술.
86) 愼成宰, 2005, 앞 논문, 191쪽.

을[87] 통해 볼 때 이러한 역사 해석과 인식은 온당한 이해 방식일 것이다. 하지만 왕건이 그와 같은 작업을 추진한 근본적인 배경과 이유에 대해서는 그 자신 스스로 궁예정권하에서 전쟁을 계획하고 철원 천도를 추진하는 과정에서 중심적인 역할을 담당하였을 가능성을 염두해 볼 때 보다 근원적인 설명도 가능하지 않을까 싶다. 후백제가 남부지방에서 강국으로 존재하던 상황에서 후삼국을 통일하기 위해서는 남방지역에 대한 군사적 관심을 기울이는 것이 마땅하다고 여겨지는데, 왕건은 건국 직후부터 서경 일대에 대한 개척을 적극적으로 추진하였다. 아마도 그것은 궁예정권하에서 추진하였던 철원 천도에 따라 나주를 거점으로 후백제의 배후를 공략하던 수군활동과 전쟁 경험이 직간접적인 영향을 미쳤던 것이 아니었나 생각된다. 후백제와 대치하던 정국에서 수도인 송악의 방위는 실로 중대한 것이었고, 그 배후에 위치한 서경에 대한 안정적인 방위는 송악의 안위는 물론 고려의 존속을 보장하는 것이었다. 나주지역을 공취하여 후백제의 배후를 위협하고, 도읍지인 철원을 후삼국 통일전쟁을 추진하는 전략거점으로 활용하였던 사정에 비추어 보아 집권 이후 왕건이 송악의 배후에 위치한 서경의 방위력을 강화하는 노력은 마땅히 모색되지 않았을까 추정된다.

---

87) 『高麗史』 권1, 세가1 태조 원년 9월 병신.

# 참고문헌

## 1. 사료

『三國史記』　　　　『三國遺事』　　　　『高麗史』

『高麗史節要』　　　『擇里志』　　　　『慵齋叢話』

韓國古代社會研究所 編, 1992, 『譯註韓國古代金石文』Ⅲ, 駕洛國史蹟開發研究所

## 2. 단행본

慶山大學校 影印, 2000, 『慵齋叢話』, 學民文化社

金甲童, 1990, 『羅末麗初 豪族과 社會變動 硏究』, 高麗大民族文化研究所

김용선 엮음, 2008, 『궁예의 나라 태봉 - 그 역사와 문화』, 일조각

김정배 편, 2006, 『한국고대사 입문 3 - 신라와 발해』, 신서원

金哲俊, 1990, 『韓國古代社會研究』, 서울大學校出版部

朴敬子, 2001, 『고려시대 향리연구』, 국학자료원

申虎澈, 1993, 「後三國時代 豪族聯合政治」 『韓國史上의 政治形態』, 一潮閣

申虎澈, 2002, 『後三國時代 豪族研究』, 개신

李基白, 1968, 『高麗兵制史研究』, 一潮閣

李基白, 1990, 『高麗貴族社會의 形成』, 一潮閣

李丙燾, 1961, 『韓國史(中世篇)』, 震檀學會

李在範, 2007, 『後三國時代 弓裔政權 研究』, 혜안

鄭淸柱, 1996, 『新羅末高麗初 豪族研究』, 一潮閣

조인성, 2007, 『태봉의 궁예정권』, 푸른역사

鐵圓郡, 1992, 『鐵圓郡誌(上)』

최규성, 2005, 『高麗 太祖 王建 研究』, 주류성

하일식, 2006, 『신라 집권 관료제 연구』, 혜안

洪承基, 2001, 『高麗政治史研究』, 一潮閣

## 3. 연구 논문

姜鳳龍, 2002, 「後百濟 甄萱과 海洋勢力 - 王建과의 海洋爭覇를 중심으로」 『歷史教育論集』 83, 歷史教育研究會

姜鳳龍, 2003, 「羅末麗初 王建의 西南海地方 掌握과 그 背景」 『島嶼文化』 21, 木浦大島嶼文化研究所

金甲童, 1985, 「高麗建國期의 淸州勢力과 王建」 『韓國史研究』 48, 韓國史研究會

김갑동, 1995, 「호족의 대두와 집권화 과정」 『한국역사입문 ② - 중세편』, 풀빛

金瑛河, 2004, 「古代 遷都의 역사적 의미」 『韓國古代史研究』 36, 서경문화사

金周成, 1988, 「高麗初 淸州地方의 豪族」 『韓國史研究』 61·62, 韓國史研究會

金哲俊, 1964, 「後三國時代의 支配勢力의 性格에 대하여」 『李相佰博士回甲紀念論叢』, 乙酉文化社

金哲俊, 1990, 「後三國時代의 支配勢力의 性格」 『韓國古代社會研究』, 서울大學校出版部

朴敬子, 1986, 「淸州豪族의 吏族化」 『院友論叢』 4, 淑明女大大學院

朴敬子, 2000, 「高麗時代 漣川遷都設에 대하여」 『河炫綱教授定年紀念論叢』, 혜안

朴漢卨, 2002, 「弓裔의 渤海 收復意識」 『高句麗研究』 13, 高句麗研究會

배종도, 1995, 「전제왕권과 진골귀족」 『한국역사입문 ② - 중세편』, 풀빛

愼成宰, 2005, 「궁예정권의 나주진출과 수군활동」 『軍史』 57, 국방부 군사편찬연구소

신성재, 2010, 「태봉의 수군전략과 수군운용」 『역사와 경계』 75, 부산경남사학회

신성재, 2010, 「궁예와 왕건과 나주」『한국사연구』 151, 한국사연구회

辛鍾遠, 1995, 「鐵圓郡의 歷史」『鐵圓郡의 歷史와 文化遺蹟』, 江原大學校博物館

申虎澈, 1982, 「弓裔의 政治的 性格」『韓國學報』 29, 一志社

申虎澈, 1993, 「後三國 建國勢力과 淸州 地方勢力」『湖西文化硏究』 11, 忠北大學校 湖西文化硏究所

申虎澈, 1999, 「弓裔와 王建과 淸州豪族」『中原文化論叢』 2·3, 忠北大中原文化硏究所

安永根, 1992, 「羅末麗初 淸州勢力의 動向」『水邨朴永錫敎授華甲紀念韓國史學論叢(上)』, 探求堂

윤경진, 2002, 「고려초기의 정치체제와 호족연합정권」『한국 전근대사의 주요 쟁점』, 역사비평사

李基白, 1956, 「高麗京軍考」『李丙燾博士華甲紀念論叢』, 一潮閣

李基白, 1990, 「太祖 王建과 그의 豪族聯合政治」『高麗貴族社會의 形成』, 一潮閣

李貞信, 1984, 「弓裔政權의 成立과 變遷」『藍史鄭在覺博士古稀紀念東洋學論叢』, 高麗苑

이종봉, 2003, 「羅末麗初 梁州의 動向과 金忍訓」『지역과 역사』 13, 부경역사연구소

李在範, 1992, 『後三國時代 弓裔政權의 硏究』, 成均館大博士學位論文李在範

이재범, 2005, 「弓裔政權의 鐵圓定都 時期와 專制的 國家經營」『史學硏究』 80, 韓國史學會

이재범, 2006, 「弓裔政權의 鐵圓定都와 '京'·'都'」『서울문화』 10, 서울문화사학회

李亨雨, 2003, 「고려 禑王代의 遷都論과 정치세력」『韓國學報』 29, 一志社

전덕재, 2006, 「泰封의 地方制度에 대한 考察」『新羅文化』 27, 東國大新羅文化硏

究所

丁善溶, 1997, 「弓裔의 勢力形成 過程과 都邑選定」『韓國史研究』97, 韓國史研究會

丁善溶, 2009, 「高麗 太祖의 對新羅政策 樹立과 그 性格 - 신라 景明王과의 교섭배경을 중심으로」『한국중세사연구』 27, 한국중세사학회

정요근, 2008, 「後三國時期 高麗의 남방진출로 분석」『韓國文化』 44, 서울대학교 규장각한국학연구원

鄭淸柱, 1986, 「弓裔와 豪族勢力」『全北史學』 10, 全北大學校史學會

鄭淸柱, 1991, 「新羅末·高麗初의 羅州豪族」『全北史學』 14, 全北大學校史學會

조법종, 2006, 「후백제와 태봉관련 연구동향과 전망」『新羅文化』 27, 東國大新羅文化研究所

조법종, 2006, 「후백제와 태봉」『한국고대사 입문 3-신라와 발해』, 신서원

趙仁成, 1989, 「弓裔의 出生과 成長」『東亞研究』 17, 西江大東亞研究所

趙仁成, 1993, 「弓裔의 勢力形成과 建國」『震檀學報』 75, 震檀學會

趙翼來, 1993, 「高麗初 淸州豪族勢力의 存在形態」『北岳史論』 3, 國民大國史學科

崔圭成, 1986, 「弓裔政權의 支持勢力」『東國史學』 19·20, 東國史學會

崔圭成, 1987, 「弓裔政權의 性格과 國號의 變更」『祥明女大論文集』 19, 祥明女大

崔柄憲, 1975, 「羅末麗初 禪宗의 사회적 성격」『史學研究』 25, 韓國史學會

하일식, 1998, 「신라 정치체제의 운영원리」『역사와 현실』 20, 역사비평사

하일식, 2006, 「신라 '전제정치'의 개념에 대하여」『신라 집권 관료제 연구』, 혜안

韓禎訓, 2009, 『高麗時代 交通과 租稅運送體系 研究』, 釜山大學校 博士學位論文

洪承基, 1983, 「高麗初期 中央軍의 조직과 역할」『高麗軍制史』, 陸軍本部

# 궁예의 국도 선정과 국호·연호 제정의 성격

서금석

(재)한국학호남진흥원 책임연구위원

**목차**

## I. 머리말

고려를 개창한 왕건은 즉위(918) 즉시 개국 연호를 '天授'로 개원하였으며[改元天授],[1] 광종도 즉위하고 원년(950)에 '光德'을 연호로 삼았다[建元光德].[2] 당연히 왕건이 建元하고 광종이 改元했을 법하지만, 왕건은 建元하지 않았다. 따라서 왕건의 改元은 고려 건국이 어디에 기반하고 있었는지를 말해주며, 이는 역설적으로 궁예 정권 성격을 설명하는 유용한 단서가 될 수 있다. 일찍이 唐 고조 이연은 隋로부터 선양의 형식

---

1) 『高麗史』卷1 世家1, 太祖 元年(918) 여름 6월. "丙辰 卽位于布政殿, 國號高麗, 改元天授".

2) 『高麗史』卷2 世家1, 光宗 元年(950) 봄 정월. "建元光德".

을 빌어 황제로 등극하고 연호를 武德으로 改元하였다.[3] 또 宋을 건국한 조광윤(태조)도 後周로부터 선양을 받아 乾隆으로 改元하였다.[4] 따라서 이와 같은 맥락에서 왕건의 改元을 통해 그의 건국이 태봉을 승습했음을 이해할 수 있을 것이다.

통일기 신라의 하대는 삼국의 형상이 재현되었으며, 한국 역사상 가장 격동의 분권시대이기도 하였다. 이들 단위 주체 중의 한 명이었던 궁예가 901년 건국한 때는 신라의 폐색이 짙은 때였으며, 918년 그의 퇴출은 왕건의 건국으로 이어져 있다. 신라 말과 후삼국 그리고 고려로 연결되는 이 길지 않은 시기에 궁예는 삼국 중 가장 넓은 지역을 아우르며 국가의 틀을 갖추어 시대의 한 축을 형성하였고 또 치세하였다. 그러나 궁예에 대한 평가는 고려에서 조선을 관통하는 기간 내내, "단지 태조(왕건)를 위해 백성을 몰아다준 것일 뿐"이라고 보았던 『삼국사기』 편찬자의 시각[5]에서 크게 벗어나 있지 않았다. 곧 사료의 입장에서 궁예의 등장과 역할은 왕건의 고려 개국으로 이어주는 가교 역할 그 이상의 것을 기대할 수 없었다.

그렇지만 궁예는 건국하여 국호를 정하고 관부 및 품직을 설치하는 등 국가의 틀을 마련하였다. 그리고 그는 高麗·摩震·泰封으로 이어지는 국호를 정하였으며, 통치기간 중에 武泰·聖冊·水德萬歲·政開 등 4개의

---

3) 『舊唐書』卷1 本紀1 高祖 李淵 武德 元年. "遣使持節 兼太保 刑部尚書 光祿大夫 梁郡公蕭造 兼太尉 司農少卿裴之隱奉皇帝璽綬于高祖. 高祖辭讓 百僚上表勸進 至于再三 乃從之. 隋帝遜于舊邸. 改大興殿為太極殿. 甲子 高祖即皇帝位於太極殿 命刑部尚書蕭造兼太尉 告於南郊 大赦天下 改隋義寧二年為唐武德元年"
4) 『宋史』卷1 本紀 第1 太祖 趙匡胤1. 乾隆元年. "建隆元年春正月乙巳 大赦 改元. 定有天下之號曰宋".
5) 『三國史記』卷50 列傳10, 弓裔. "論曰".

연호를 제정하였다. 국호와 연호의 변경은 급변했던 국내·외 정세를 대변했다고 할 것이다. 특히 궁예의 연호 채택이 신라를 대신하는 국가임을 대내외적으로 천명하거나 궁예가 표방하는 나라의 이상과 포부가 담겨있다고 봐도 과언은 아닐 것이다.[6]

국호 제정은 당연히 건국자의 의지를 수반한다. 또한 紀年하기 위해서는 王曆으로도 충분함에도 불구하고, 연호를 제정한 것은 다중의 정치적 의미를 깔고 있었다고 하겠다. 필자는 10세기 동아시아적 국제 질서 하에서 각 諸國의 연호 제정이 당사자들의 '자주성' 혹은 '편의성'에 기초되었다고 보았던 기존의 인식과 함께 더 나아가 이는 '보편성'이 용인되어 만들어낸 시대적 산물이었다고 생각한다.[7]

10세기 한반도 중부 이남은 후삼국 일통의 염원을 담은 각 단위 세력들에 의해 피나는 전투가 숨 가쁘게 전개되고 있었다. 이러한 배경에서 필자는 철원시대를 열었던 궁예가 나라 이름을 摩震과 泰封으로 정하고, 또 연호를 武泰·聖冊·水德萬歲·政開로 삼았던 점에서 이것들의

---

6) 조인성, 『태봉의 궁예정권』, 푸른역사, 2007, 197쪽; 김용선 엮음, 『궁예의 나라 태봉』, 일조각, 2008, 13쪽; 신호철, 『후삼국사』, 도서출판 개신, 2008, 104쪽; 이재범, 『슬픈궁예』, 역사인, 2011, 162~167쪽; 홍창우, 「『삼국유사』의 후고구려 인식」, 전남대학교 석사 학위논문, 2014, 18~19쪽.

7) '보편성'에 대한 사전적 의미는 '모든 것에 두루 통하는 성질'이라고 한다. 필자는 10세기 동아시아 諸國의 연호는 보편적으로 제정될 수 있는 시대적 환경이었으며, 또한 연호 제정에 대한 인식이 보편화되었다고 보았다. 물론 漢·唐·元과 같은 일원적 제국 체제의 등장과 같은 상황에서는 각국의 연호 제정은 당연히 제한되었다. 그렇지만 열국이 할거하였던 시기에는 연호 제정이 일반적이었음을 확인한다면, 연호 제정이 보편적 인식에 기초하였음을 엿보게 한다. 특히 이와 같은 인식은 『高麗史』「曆志」서문을 통해서도 짐작할 수 있다. "나라마다 제각기 曆法을 만들어 사용하였다. 5季의 작은 나라인 蜀과 唐(후당-필자 주)같은 나라들에 이르러서도 비록 건국하여 힘로를 겪던 환경이었음에도 각기 필요로 하는 역법을 자체로 만들어 사용하지 않음이 없었다"(『高麗史』卷50, 志권4, 曆1)고 하였다. 위와 같은 내용은 『史記』卷26, 曆書4에서도 확인할 수 있다. 연호는 역법과 구별되지만 제왕에 의한 시간의 통치기제로서의 기능을 지녔다는 점에서 공통점이 있다. 그래서 필자는 10세기 궁예의 연호 제정의 성격의 일단을 '보편성'에 두었다.

의미 해석을 확장하여 다루어볼 필요성을 제기한다. 그리고 국호와 연호 제정이 갖는 궁극적인 의도는 제정자의 大一統 이념에 있었음을 염두에 둔다.

그간의 연구는 궁예의 국호와 연호에 대한 성격 규명에 대해 충분히 접근해 들어가지 않았다. 摩震과 泰封에 대해 오래전에 이병도와 박한설의 견해가 있을 뿐 더 이상의 보충이 없었다.[8] 본고는 궁예가 제정한 국호와 연호의 성격을 철원으로의 국도 선정과 연관하여 보다 적극적으로 검토하고자 한다. 이를 통해 궁예 정권에 대한 이해의 층위를 보충하는 데 기여하기를 바란다. 사실 필자의 추론은 어디까지나 선학들의 연구가 있었기에 출발할 수 있었다.

# Ⅱ. 철원 천도와 국호 제정

국호의 계통인 '高麗·朝鮮·韓'과 대비하여 摩震과 泰封은 대단히 이질적이다. 궁예가 鐵圓으로 도읍한 시기에 대해서는, 『삼국유사』(914), 『삼국사기』 「열전」(904)·「신라본기」와 「연표」(905) 그리고 『고려사』(905)의 기록이 다소 차이를 보이고 있다. 궁예는 효공왕 7년(903)에 도읍을 옮기고자 미리 鐵圓과 斧壤의 산수를 둘러보았다.[9] 그는 이듬해

---

8) 李丙燾, 『韓國史』(中世篇), 乙酉文化社, 단기4294, 19쪽; 「震檀辯」 『震檀學報』 1; 『三國史記』 下, 乙酉文化社, 2005, 488~489쪽; 朴漢卨, 「弓裔의 渤海 收復意識」 『高句麗研究』 13, 191~193쪽.
9) 『三國史記』 卷12 新羅本紀 12 孝恭王 7年. "弓裔欲移都 到鐵圓斧壤 周覽山水".

(904) 국호를 摩震이라고 하고 연호를 武泰로 정했다.[10] 또 같은 해(904) 가을 7월에는 청주의 민호 1천을 옮겨 철원성에 입주시키고, 이곳을 수도로 삼았다.[11] 그리고 궁예는 다음 해(905)에 새 수도로 들어가 연호를 바꾸어 聖冊 원년으로 정했다.[12] 본 장의 목적은 궁예가 국호를 마진으로 정하고, 철원을 도읍으로, 연호를 武泰와 聖冊으로 제정하는 일련의 과정 속에서 궁예가 표방하고자 한 세계관을 살펴보고, 이로써 궁예 정권의 성격을 이해하고자 하는 데 있다.

궁예가 애초에 정했던 국호 '高麗'는 그가 스스로 왕을 일컫고, "지난날 신라가 당에 군사를 요청해 고구려를 깨뜨렸던 까닭에 평양의 도읍이 피폐해 풀만 무성하게 되었으니, 내가 반드시 그 원수를 갚으리라"[13]라는 정치적 선언과 궤를 같이 한다. 그의 국호 '고려'는 고구려의 기상을 계승하고자 하였던 것에서 비롯되었다. 그러나 불과 3년 만에 그는 松嶽에서 鐵圓으로 도읍을 옮겼으며, 국호를 摩震으로 바꾸었다. 鐵圓은 字意 오행으로 金의 땅이다. 唐에서 철원에 와 있던 왕창근은 저잣거리에서 누군가로부터 거울 하나를 얻었는데 햇빛이 거울 면을 비추자 가느다랗게 쓴 글자가 나타났는데, 대략 "상제께서 아들을 辰馬에 내리시어 먼저 닭을 잡고 뒤에 오리를 치리라. 巳년 중에 두 마리 용이 나타나니 한 마리는 푸른 나무(靑木) 가운데 몸을 숨기고, 한 마리는 검은 쇠(黑

---

10) 『三國史記』卷12 新羅本紀 12 孝恭王 8年; 『三國史記』卷50 列傳10 弓

11) 『三國史記』卷50 列傳10 弓裔. "秋七月 移靑州人戶一千 入鐵圓城爲京".

12) 『三國史記』卷50 列傳10 弓裔. "改武泰爲聖冊元年".

13) 『三國史記』卷50 列傳10 弓裔.

金) 동쪽에 모습을 드러낸다"라는 내용이었다.[14] 이에 왕창근은 그 내용이 범상치 않다고 여겨 궁예에게 갔다 보였고, 왕은 이를 기이하다 하여 문인 송함홍·백탁·허원 등에게 명해 그 뜻을 풀이하게 하였다. 이에 그들은 비록 비밀로 붙였지만 '靑木'을 '松嶽' 그리고 '黑金'을 '鐵圓'으로 해석하였다.

그 진위 여부를 떠나, '왕창근 거울 사건'은 궁예의 도읍지 철원이 '金德'을 표징하고 있음을 짐작하게 하는 대목이다. 참고로 신뢰성이 떨어지기는 하지만 『제왕운기』의 저자 이승휴는 궁예의 金城(지금의 철원군 김화읍) 도읍을 흥미롭게 전한 바도 있다.[15] 또 왕건 부자가 궁예에게 귀부하자 궁예가 '크게 기뻐하며' 왕건의 父 왕륭을 철원 지역의 金城 태수로 삼았던 점[16]도 금성의 비중을 엿보게 한다.

궁예가 새로운 도읍지 선택을 위해 鐵圓과 斧壤의 산수를 둘러보았던 점에서 이 두 곳 모두가 字意 오행상 '金'에 해당하는 지역으로 분류된다는 점도 주목해 둘 필요가 있다. 철원 도읍이 金德을 지향하는 바라면, 궁예의 도읍지 건설로 대표되는 오행적 역사관은 五行相勝(剋)의 견지에서 신라의 金德을 극복하거나 혹은 신라를 승습하려는 五行相生의 입장과도 또 다른 의미에서 바라봐야 하지 않을까 싶다.

---

14) 『三國史記』卷50 列傳10 弓裔. "上帝 降子於辰馬 先操鷄後搏鴨 於巳年中二龍見 一則蔵身青木中 一則顯形黑金東". 이와 같은 내용은 『高麗史』「태조총서」에도 기록되어 있다. 왕찬근의 거울에서 松嶽은 푸른 나무[靑木]를 상징하며, 鐵圓은 黑金을 대표하였다. 이를 볼 때 『삼국사기』나 『고려사』는 한결같이 鐵圓을 오행 金과 연관하여 바라보았음을 알 수 있다.

15) 『帝王韻紀』下「東國郡王開國年代」,「本朝郡王世系年代」. 궁예의 金城 도읍에 대한 설명과 견해는 조인성(앞의 책, 185~186쪽)과 홍창우(앞의 논문, 15쪽)을 참조.

16) 『高麗史』卷1 世家1 태조총서. "世祖時爲松嶽郡沙粲, 乾寧三年丙辰, 以郡歸于裔, 裔大喜, 以爲金城太守".

五行終始說에 근간한 오행적 역사관의 배경은 전국시대 말 鄒衍에서 비롯되었다.[17] 이는 열국을 통일한 진시황제에게 계승되었다. 그리고 周의 火德을 이기는 水德이 秦의 상징이 되었으며, 秦의 정통성을 형성하는데 동원되었다. 秦이 2대에 끝나고 楚·漢 통일 전쟁은 결국 유방의 승리로 끝났다. 漢은 처음엔 張蒼의 주장에 따라 秦의 水德을 그대로 따랐다.[18] 비록 秦의 水德을 극복하고자 土德의 제창이 꾸준히 전개되었지만 받아들여지지 않다가 드디어 漢 武帝에 이르러 改曆과 함께 土德 숭상으로 바뀌었다.[19] 그러다가 前漢 말 劉向 父子에 의해 새로운 오행사상이 대두되었다.

"劉向父子以爲帝出於震 故包羲氏始受木德 其後以母傳子 終而復始 自神農
黃帝下歷唐虞三代而漢得火焉. 故高祖始起 神母夜號 著赤帝之符 旗章遂赤
自得天統矣. 昔共工氏以水德間於木火 與秦同運 非其次序 故皆不永"(『漢
書』卷25下「郊祀志」5下)[20]


물론 일찍이 武帝 때에 董仲舒도 오행의 相生·相剋(勝) 개념은 언급

---

17) 『淮南子』「齊俗訓篇」高誘, 注引『鄒子』. "五德之次 從所不勝 故虞土 夏木 殷金 周火".

18) 『史記』卷96 張丞相列傳 第36. "蒼爲計相時 緖正律歷. 以高祖十月始至霸上 故因秦時本十月爲
歲首 弗革. 推五德之運 以爲漢當水德之時 尙黑如故".

19) 『漢書』卷6 武帝紀6. "夏五月 正曆 以正月爲歲首. 色上黃 數用五 定官名 協音律".

20) 이와 관련한 『漢紀』「高祖皇帝紀」의 내용은 다음과 같다. "及至劉向父子 乃推五行之運 以子承母
始自伏羲 以迄於漢, 宜爲火德. 其序之也 以易稱帝出乎震 故太皡始出於震 爲木德 號曰伏羲氏".

한 바 있다.[21] 그러다가 위와 같이 줄곧 견지되어온 五行終始說과는 다른 맥락에서 劉向 부자는 오행설을 설파하였다.[22] 그들의 '以母傳子'론은 五行의 相生 관계를 의미한다. 劉向 부자의 오행상생론이 새로울 것은 없었지만 이것은 王莽 정권에서 禪讓 이론의 바탕이 되어 왕조의 정통성을 부여하는 새로운 이념체계로 발전하였다는 데에 의의가 있었다.[23] 정작 오행상생론에 입각한 堯後火德說은 왕망의 新을 무너트린 後漢의 광무제에게 훨씬 유용하게 쓰였다.

위 『漢書』의 내용에서 보이는 "帝出於震"은 『易經』「說卦」편의 구절이기도 하다.[24] 위 사료에서 '帝出於震 故包義氏始受木德'이라고 하였으므로, 黃帝의 土德을 시작으로 하였던 五行相勝論과는 달리 五行相生論은 木德인 伏犧氏로부터 시작되었다. 이로써 '震'은 '새로움[始]'을 지시

---

21) 『春秋繁露義證』卷13「五行相生」第58. "天地之氣合而爲一 分爲陰陽 判爲四時 列爲五行 行者行也 其行不同 故謂之五行 五行者五官也 比相生而間相勝也 故爲治 逆之則亂 順之則治. 東方者木 農之本 (중략) 故曰木生火. 南方者火也 本朝 (중략) 故曰火生土. 中央者土 君官也 (중략) 故曰土生金. 西方者金 大理司徒也 (중략) 故曰金生水. 北方者水 執法司冦也 (중략) 故曰水生木"; 「五行相勝」第59. "木者 司農也 (중략) 故曰金勝木. 火者 司馬也 (중략) 故曰水勝火. 土者 君之官也 (중략) 故曰木勝土. 金者 司徒也 (중략) 故曰火勝金. 水者 司冦也 (중략) 故曰土勝水". 『春秋繁露』는 前漢의 董仲舒가 저술한 것으로 알려져 있으나 그 책명이 『隋書』「經籍志」에 처음 기록된 것으로 보아 위작으로 보는 학자들도 많다.

22) 필자는 본고에서 오행설을 참고하여 궁예의 도읍과 국호 그리고 연호를 살펴보고자 한 관계로 漢代의 오행사상의 추이에 대해 더 이상 깊게 접근하지 않았다. 따라서 五行終始說과 五行相生說에 대한 검토는, 이문규, 『고대 중국인이 바라본 하늘의 세계』, 문학과지성사, 2000, 229~241쪽; 김일권의 책(『동양 천문사상 인간의 역사』, 예문서원, 2007, 141~155쪽)과 양양의 학위논문(『漢代 堯後火德說의 성립과 활용』, 전남대학교 사학과 석사학위논문, 2015)이 참고 된다. 특히 양양의 논문은 漢의 五德 추이(水德→土德→火德) 中, 火德 사상에 대해 '漢代火德說'·'漢爲堯後說'·'堯後火德說' 등으로 나누어 꼼꼼히 분석하여 참신하다.

23) 王莽의 선양과 정통성에 대해서는 이성구의 논문(「王莽의 禪讓革命과 正統性」『고대중국의 이해』3, 지식산업사, 1997)을 참고 바란다.

24) 『易經』「說卦」. "帝出乎震 齊乎巽 相見乎離 致役乎坤 說言乎兌 戰乎乾 勞乎坎 成言乎艮. 萬物出乎震 震東方也. 齊乎巽 巽東南也 齊也者 言萬物之絜齊也. 離也者 明也 萬物皆相見 南方之卦也 聖人南面而聽天下 向明而治 蓋取諸此也.

하며 '帝'의 출현을 예시하고 있다. 또한 그 시작을 '震 木德'과 관련지은 이면에는 曆法의 歲首 조정과도 연관한다. 寅月을 歲首로 하였던 漢 무제의 改曆은 한 해의 출발을 四時 중에서 봄[寅月]으로 설정하였다. 따라서 봄의 精氣인 木이 五德의 시작점 된 것이다. 즉 '帝出於震' 이하 문장의 의도는 木의 방향인 동쪽인 것에서만 머물러 있지 않았다.

그렇다면 국호 '摩震'의 건국이념은 오행상생론의 준거가 되었던 '帝出於震'의 인식과의 상관성을 배제할 수 없다. 궁예가 나라를 세우고 국호를 '摩震'이라고 하였으며, 연호를 '武泰'라고 하였던 시점도 甲子年(904)에 맞추어져 있다. 바로 이 새로움의 시작 점, 甲子년에 궁예는 철원을 수도로 삼았던 것이다. 이처럼 그의 새로운 이상은 60甲의 기년인 甲子년에 국호 마진과 도읍지 철원 그리고 연호 무태 제정에서 염원되고 있었다.

일찍이 이병도는 국호 摩震 건국에 대해 "궁예가 讖緯惑信者이기 때문에 讖緯家에서 역시 神秘視하는 甲子年을 擇하여 國號를 改稱하고 年號를 세웠다"고 하였다. 그리고 그는 국호 摩震을 '摩訶震旦'의 略稱으로 해석하였다. 그에 의하면 梵語로 摩訶는 '大'을 뜻한다. 또 震旦은 Cinitana의 音譯으로 秦人의 住地란 뜻이며, 본래 印度人이 中國을 指稱한 名詞인데, 그 이름이 擴大되어 東方全體를 意味하는 말로 化하여졌다고 하였다. 즉 이병도는 국호 摩震을 '摩訶震旦'의 약칭으로 보고 이를 大東方國의 뜻으로 이해하였다.[25]

이병도가 궁예의 건국이 甲子年에 맞춰진 것에 대해 왜 讖緯와 관련

---

25) 李丙燾, 『韓國史』(中世篇), 乙酉文化社, 단기4294, 19쪽; 「震檀辯」『震檀學報』1; 『三國史記』下, 乙酉文化社, 2005, 488~489쪽, 각주 1671).

지었는지는 알 수 없지만, 시간의 주재자인 제왕이 역법을 제정할 때, 曆元으로써 甲子년을 기점으로 출발하였던 점을 주지한다면 궁예의 甲子년 건국과 연호 제정을 가볍다고만 볼 수 없다. 국왕의 維新 반포를 甲子년이나 甲子월 혹은 甲子일에 맞추었던 점을 상기해 볼 때, 궁예의 甲子年 건국은 오히려 天時를 내세워 왕조의 정통성을 확보하고 이를 계기로 시간 질서를 통합하려는 의지가 반영된 것으로도 볼 수 있다. 고려 인종도 10년 11월 甲子 冬至일을 기해 유신개혁을 단행하였고 동시에 이때를 계기로 서경의 大華闕을 창건하도록 하였다.[26]

대체로 연구자들은 摩震에서 '摩'字가 梵語인 '摩訶'로 본 이병도의 견해를 따른다. 뜻은 '大'로써 '위대한' 혹은 '큰'을 의미한다. 필자도 이에 대해서 큰 이견이 없다. 그렇지만 震이 다중의 의미를 품고 있다고 본다면, 이병도의 주장과 같이 震이 다만 '震旦'의 줄임으로만 볼 수 있는지에 대해서는 좀 더 음미해 볼 필요가 있을 듯하다. 『易經』과 『漢書』 등에서 인식한 '帝出於震'의 '震'字와 이병도가 말한 '震旦'은 성격이 반드시 같다고 볼 수 없기 때문이다.

당연히 팔괘에서의 '震'의 방향은 '東'이다[萬物出乎震 震東方也].[27] 따라서 '震'을 방향에 두고 '震旦'의 약칭으로 보았던 이병도의 견해는

---

26) 『高麗史』 卷16 世家16 仁宗10年 壬子(1132) 11月 己卯日. 인종의 甲子夜半 冬至일 維新 개혁 조치에 대해, 역법의 정치학적 의미에서 바라보는 견해도 있다(김일권, 「고려 역법의 이해, 『국역 고려사 역지』 역주」 『石堂論叢』 54, 2012, 136~137쪽).

27) 『三國史記』 문무왕 12년 9월 기사에 "혜성이 일곱 번이나 북방에 출현하였다"를 보면 왕경내 방위를 지시하는 것이 문무왕 12년 9월까지는 동서남북으로 표현되었음을 확인할 수 있으며, 同王 21년 6월 기사에서 "天狗星이 서남방에 떨어졌다"라고 하였으므로 이때에는 팔괘의 방위로 대체 표현되었다. 이에 대해서는 이동주의 논문(「기와로 본 신라왕경의 공간변화」 『역사와 현실』 68호, 서울, 한국역사연구회, 2008, 141~142쪽)을 참고하였다. 이를 볼 때, 팔괘의 방위 인식은 삼국시대에 이미 자리 잡혔음을 짐작할 수 있다.

충분히 일리가 있지만 이것은 '震'의 의미 부여를 방향에만 맞춘데 한해서 그렇다. 만약 오행의 상생론에 근거하여 木德을 시초로 하여 오행 운행이 순환되었음을 강조한다면 '始'의 비중도 간과해서는 안 될 듯하다 [以爲帝出於震 故包義氏始受木德 其後以母傳子 終而復始].[28]

'震旦'의 사전적 의미도 "Ⓢ산스크리트어로 cīna-sthāna의 음사. cīna는 秦, 곧 중국을 가리키고, sthāna는 지역·지방의 뜻으로, 고대 인도인들이 중국과 그 주변 지역을 일컬은 말"이라고 정의하고 있다. 같은 표현으로 '震旦'·'眞丹'·'眞旦'·'振旦' 등을 썼다.[29] 다시 말하면 애초에 '震旦'은 인도를 비롯한 서역에서 바라본 '동쪽 해 뜨는 곳'인 '중국 지역'을 말하였다. 즉 '震(cīna)=秦=중국'과 '旦(sthāna)=지역'의 글자 조합이다. 이 때문에 '震旦'이 중국과 그 주변 지역을 통틀어 설명하는 이유가 되었다. 또 『梁書』「諸夷」'干陁利國' 편에서는 '震旦'을 '如來'와 대구를 이루어 설명하고 있으며,[30] '盤盤國' 편에서도 중국(남송)의 황제를 '揚州閻浮提震旦天子'라고 하였다.[31] 일찍부터 西域의 시각에서 '震旦'은 東域의 '중국'으로 인식되었음을 알 수 있다.

그러나 震旦이 반드시 중국을 의미하지는 않았다. 고려 성종 4년 5월

---

28) 鄒衍의 五行相勝論은 黃帝의 土德을 시작으로 하며, 劉向 父子의 五行相生論은 伏犧 木德을 시초로 하였다.

29) 곽철환, 『시공 불교사전』, 시공사, 2003, 663쪽.

30) 『梁書』 卷54 列傳48. 「諸夷」 干陁利國. "(天監) 十七年 遣長史毗員跋摩奉表曰 常勝天子陛下 諸佛世尊 常樂安樂 六通三達 爲世間尊 是名如來. 應供正覺 遺形舍利 造諸塔像 莊嚴國土 如須彌山. 邑居聚落 次第羅滿 城郭館宇 如忉利天宮. (중략) 具足四兵 能伏怨敵. 國土安樂 無諸患難 人民和善 受化正法 慶無不通. 猶處雷山 流注雪水 八味淸淨 百川洋溢 周回屈曲 順趨大海 一切衆生 咸得受用. 於諸國土 殊勝第一 是名震旦".

31) 『梁書』 卷54 列傳48. 「諸夷」 盤盤國. "宋文帝元嘉 孝武孝建 大明中 並遣使貢獻. 大通元年 其王使使奉表曰 揚州閻浮提震旦天子 (하략)".

과 문종 19년 4월 등의 기록에서 震域은 중원이나 거란의 시각에서 고려로 지칭되기도 하였다.[32] 또 震旦은 『高麗史』嬖幸傳 백승현 열전에서도 확인이 된다.[33] 이처럼 震旦의 의미는 지역에 따라 상대적이었다. 즉 서역(인도 계통)에서의 震旦은 중국이며, 동아시아에 와서는 震旦은 중국 동쪽의 나라를 가리키는 의미로도 쓰였다.[34] 震旦의 의미도 지역적으로 전이되고 있는 느낌이다.

震을 방향에만 염두에 둘 때, 진단은 중국일 수도 있고, 중국의 동쪽 나라를 가리킬 수도 있다. 이는 다분히 震이 방향을 뜻할 때에 설명될 수 있는 부분이다. 다만 필자는 "震은 동방이다"라는 오래된 관념이 결국 마진의 '震'을 '震旦'으로만 해석하게 되고, 더 나아가 摩震을 '대동방국' 이외의 해석을 불허하는 국가로 만들었다고 보았기 때문에 '震'에 대해 또 다른 이념도 내재되었음을 살펴야 한다고 본다.

이병도도 '震旦'을 ① 中國을 指稱한 名詞에서 ② 이를 확대하여 東方全體를 意味하는 말로 보았다. 그리고 연구자들은 이에 동의하여 왔다. 그렇다면 궁예가 摩震으로 국호를 제정할 때, 대동방국을 염두에 두었는지가 궁금하지 않을 수 없다. 필자의 결론은 여기에는 그 이상의 의미와 포부가 담겨져 있다고 여겨진다. 물론 이를 남겨진 사료에 의해 증명하는 것은 대단히 곤란하지만 추측할 수 있는 주변 자료들을 활용하

---

32) 『高麗史』卷3 世家3, 成宗 4年 5月; 『高麗史』卷8 世家8, 文宗 19年 4月.

33) 『高麗史』卷123 列傳 嬖幸 白勝賢. "勝賢又因金俊 奏曰, 若於摩利山塹城 親醮 又於三郎城神泥洞 造假闕 親設大佛頂五星道場 則未八月 必有應 而可寢親朝. 三韓變爲震旦 大國來朝矣". 王信之.

34) 이 점은 필자가 미리 살피지 못했다. 심사 과정에서 震旦이 중국뿐만 아니라 중국의 동쪽 나라(우리 역사상의 국가들 포함)를 가리킨다고 지적함에 따라 이를 확인함으로써 애초 필자의 투고문을 본문과 같이 보완하였다.

여 간접적으로 접근할 수밖에 없다.

摩震에 대해 朴漢卨은 발해의 국호 震國과 연결하여 궁예의 발해 수복의지로까지 확장하여 설명하였다.[35] 그도 '震'을 '東方'으로 보고, 이를 渤海國의 원래의 國號인 '震國'에서 궁예가 수식어 '大'의 의미인 '摩' 자를 부쳐서 과시하기 위한 칭호로 썼다고 하였다. 박한설은 국호를 摩震으로 바꾼 904년이 渤海가 멸망한 926년보다 22년이나 앞서기 때문에 摩震을 발해 수복 의지로 볼 것인가에 대해는 어려움이 있다고 고백하면서도 "마진이 궁예의 渤海 收復意識"이며, "마진은 우리말로도 '동쪽의 큰 나라' 곧 '大東' 또는 '大東方'이다"라는 점을 재차 강조하였다. 결국 그의 견해도 이병도의 주장과 같으며, 좀 더 다른 점은 그것의 성격을 '渤海 收復意識'으로 규정하는 것에 있었다.

궁예의 첫 번째 국호 '고려'는 고구려의 기상을 계승하고자 하였던 궁예의 의지에서 비롯되었다. 그러나 궁예는 불과 3년 만에 국호를 고려에서 마진으로 바꾸고, 송악에서 철원으로 도읍을 정하였다. 박한설의 주장에는 궁예가 국호를 마진으로 선택한 것에 대해 고구려의 기상을 버리고 발해의 수복으로 해석해야 하는 어색함이 있다. 망하지 않은 발해를 수복하겠다고 본 것도 납득하기 쉽지 않지만 궁예가 발해와 거란과의 국제 관계에서 어디에 공을 들였는가를 살펴보아도 국호 마진은 '발해 수복'을 염두에 두지 않았다고 보는 것이 좀 더 설득력이 있다. 혹여 동방국을 대표하기 위해 발해의 震國을 궁예가 대신 자처하겠다는 견해일 수도 있겠지만, 이것은 건재한 이웃 국가의 이름을 딴 것 자체가

---

35) 朴漢卨, 앞의 논문, 2002.

논리적 설명으로써는 한계가 있다.

이를 정리하면 궁예의 염원은 '震旦'에만 국한되어 머물러 있었다고 보기에는 어렵다. 그 이상을 넘어 그의 시선은 『易經』의 '帝出於震'에까지 닿아 있다고 생각한다. 여기에서 震은 방향만을 의미하지 않았다. '始'에 주목하다 보면 오행상생설에 입각하여 木德이 시초가 된다는 원리가 앞선다. 즉 '震'은 '始'의 의미가 강하다. 만물은 '震'에서 나왔다[萬物出乎震]는 관념과도 공명한다. 劉向 부자가 이 구절을 인용한 것은 '동방'에 비중을 두지 않았으며, 바로 木德에서 시작하여 漢 왕조의 火德으로 이어지는 오행의 상생론을 설파하고자 하였던 것이 그 이유였다. 그 시작의 木德이 다만 五方 중에서 東方에 비정될 뿐이었다. 이들은 이와 같은 이론을 선전함으로써 왕조의 정통성을 확보하고자 하였던 것이다. 따라서 劉向 부자는 始祖를 복희에서 찾을 수 있었고, 五德 사상의 시초도 한 해의 시작이며 만물 생동의 계절인 봄, 곧 木德에 착안하였던 것이다. 이렇게 『易經』의 '帝出於震'은 유향 부자에 의해 오행의 상생론과 함께 왕조의 정통성을 부각하는 방향으로 진화할 수 있었다.

바로 摩震은 이 점에서 유의미하다.[36] 마진에서의 '震'는 梵語式 표현[震旦]과 그것의 시선[東]을 넘어, 『역경』의 震에서 담아낸 궁예의 염원이 품어져 있었다고 본다. 이로써 궁예는 60甲子에 맞추고 철원으로 도읍을 정하여 새로운 세상을 펴고자 하였던 것이다. 그는 '새로움'의 명

---

36) 摩震은 梵語式 발음과 漢字語의 조합일 가능성도 배제할 수 없다. 참고로 梵語式 발음과 漢字語로 조합된 용어로 盂蘭盆齋(盂蘭+盆)가 있다. 盂蘭盆齋는 고려 예종 원년 7월에 숙종의 명복을 빌기 위해 열렸다. '盂蘭'은 梵語로 'Ullambana' 또는 'Ullumpana'라 하는데, '救倒懸'의 뜻이며, '盆'은 食器를 뜻한다. 이는 食器(盆)로서 먹을 것을 死者의 靈에 바쳐 거꾸로 매달려진 고통을 구한다는 뜻이다(곽철환, 앞의 책, 525~526쪽 참조).

분과 표상을 '震'으로 대표하였을 것이다. 이로써 국호 마진은 새 왕조의 정통성을 상징한 장치였으며, 궁예는 이 '震'字를 통해 '帝王으로의 출현[帝出於震]'을 다짐하였을 것이다.

궁예에게 있어서 신라를 계승한다는 것은 별 의미가 없었다. 그의 나라는 이미 신라의 것과 또 다른 金德으로써 병존하고 있었다. 궁예는 마진 건국 후 6년에 나라 이름을 泰封으로 바꾸고 연호를 水德萬歲 원년으로 하였다. 이로써 마진과 태봉의 건국은 곧바로 金德에서 水德으로 자연스럽게 선양되었다. 결국 궁예 자신이 자기에게 선양한 셈이기는 하나 태봉은 金德을 水德으로 이은 또 다른 나라였던 것이다.

## Ⅲ. 연호 제정에 대한 이해

통치 기제로서의 年號는 曆法 및 時令 등과 함께 제왕의 국가 운영을 합리화시켰던 통합의 장치였다. 우리 역사에 있어서 연호 제정과 관련하여 초창기 연구자들은 '자주성'에 초점을 맞추었다.[37] 이에 따르면 결국 연호 제정 여부에 따라 자주와 사대의 관점이 드러날 수밖에 없었다. 이러한 이분법적 시각이 요구되었던 시기는 일제 식민시기였다는 점에 유념할 필요가 있다.

이와 같은 시각의 연장선에서 특히 고려 초기 광종의 연호 채택을

---

37) 今西龍, 「朝鮮半島國の年號 附 事大主義一斑」 『東洋時報』 143, 1910; 「高麗の 年號, 光宗年代-高麗史紀年錯誤ぁるの疑」 『考古學雜誌』 3-1, 1912; 「光德年代考補」 『考古學雜誌』 3-3, 1912; 「朝鮮に於ける國王在位の稱元法」 『東洋學報』 2-3, 1912. 申采浩, 「朝鮮歷史上一千年來 第一大事件」 『朝鮮史研究草』, 1929(『韓國史研究草』, 을유문화사, 1974).

'자주독립정신'으로 설명하였던 것이 가능하였다.[38] '자주'라는 용어가 국제사회(국가 간)에서 사용될 경우 '대외'를 염두에 둔 단어임은 분명하다. 이것의 사전적 의미는 "남의 보호나 간섭을 받지 않고 독립하여 행함. 즉 자기에 관한 일은 자기 힘으로 다스림, 혹은 "자주권을 가지는 일"이라고 정의하고 있다. 만약 광종의 연호 제정과 그것의 1년 남짓한 사용이 곧 '자주독립정신'으로 평가받아야 한다면, 이는 한편으로 자체 연호를 만들지 않았던 나머지 모든 시기를 자주독립정신이 결여된 시기로 보아야한다는 역설적 오류를 지니고 만다.

이에 70년대 후반에 들어와 연호 사용이 '자주독립사상'과는 아무런 관계가 없는 '편의주의'에서 나왔다는 주장으로 반박되기도 하였다.[39] 그렇다고 하여 사정에 따라 자체 연호 사용과 혹은 중원의 연호를 따른 것과 관련하여, 그것을 '편의주의'적 결정으로만 따진다면 국내 단위 주체 세력들의 연호 제정의 의지를 소홀히 평가할 수밖에 없다. 이러한 시각도 연호 제정이 갖는 정치·사회적 성격을 이해하는데 제한하는 측면이 없지 않다고 본다. 만약 그렇다면 후삼국 쟁탈전에서 궁예가 제정한 연호에 대하여 제대로 평가를 내릴 수 없는 한계에 봉착하고야 말 것이다.

궁예는 치세 중에 4개의 연호를 제정하였다. 901년 나라 이름을 '高麗로 칭한 지'[稱高麗][40] 3년 후의 일이다. 궁예는 신라 효공왕 8년(904)

---

38) 李丙燾, 「한국사(중세편)」 『震檀學會』 19, 1948, 101쪽. 이후 이와 관련된 연구는 다음이 참고가 된다. 柳洪烈, 『朝鮮獨立思想史攷』 正音社, 1948; 서주성, 「연호로 통해 본 우리 민족의 주체의식」 『부산교육』 170, 1973; 김동정, 「五代十國의 韓半島 諸國과의 관계와 그 인식」 『中央史論』 12·13합집, 2003; 山內弘一, 『朝鮮からみた華夷思想』 山川出版社, 2003.

39) 朴星來, 「高麗初의 曆과 年號」 『韓國學報』 10, 1978, 155쪽.

40) 『三國遺事』 卷1 王曆 後高句麗弓裔. "辛酉(901) 稱高麗".

에 국호를 마진으로 하고, 연호는 무태 원년으로 하였다[國號摩震年號武泰元年].[41] 『삼국유사』는 이를 의미심장한 표현으로 확인시켜 주고 있다[改國號摩震置元虎泰].[42] 궁예가 '改國號摩震'라고 하여 '改'字를 쓴 것은 궁예의 첫 번째 국호 '고려'(901)를 염두에 둔 것이다. '改'자는 마진이 고려를 잇고 있음을 보여 주고 있다. 즉 그는 '稱高麗'(建國號)에서 '改摩震'(改國號)하였던 것이다.

또 연호 '武泰'는 신라의 연호를 改元한 것이 아니라 궁예 스스로 새롭게 설치한 연호였다[置元]. 여기에서 보이는 '置元'는 신라 왕조와는 무관한 궁예의 建元임을 예감할 수 있다. 이후 궁예가 제정한 모든 연호는 '建元'이 아니라 '改元'되었다. 짧은 연호의 수명이었음에도 불구하고 궁예는 자신의 연호를 이름만 바꾸어갔다[改]. '武泰'는 '聖冊'으로 개원되었으며[改武泰爲聖冊元季], 다시 '성책'은 '수덕만세'[改國號泰封年號水德萬歲]로, 또 '수덕만세'는 '政開'로 고쳐졌다[改水德萬歲爲政開元年]. 여기에서 연호를 바꾸었다고 표현된 '改'字의 시점은 연속선상의 와중에서 변화된 의미 있는 지점을 뜻한다고 본다. 이에 반해 '建'(=置)은 계승의 의미가 아닌 오히려 새로운 왕조 중심의 시간 질서를 제시한 출발점임을 알리는 의사 표시였다. 따라서 '置元武泰'는 각별하다. 대개 한

---

41) 『三國史記』卷12 新羅本紀 第12, 孝恭王 8年 ; 『三國史記』卷50 列傳 第10 弓裔.

42) 『三國遺事』卷1 王曆 後高句麗弓裔. "甲子 改國號摩震 置元虎泰". '虎'字는 '武'字를 피휘한 것이다. 武帝 혹은 光武帝 그리고 혜종의 이름 '武'字를 避諱한 것이다(一然 著, 李民樹 譯, 『三國遺事』乙酉文化社, 1983, 40쪽. 註3 참조.

왕조에서 建元은 한 번, 改元은 여러 번 가능하였던 것이다.[43]

『삼국사기』에 보이는 신라의 연호는 총 7개이다.[44] 신라는 법흥왕 23년(536)에 처음으로 연호를 일컬어 '建元' 원년이라고 하였다[始稱年號云建元元年]. 이후 신라가 여러 왕대에 이르기까지 연호를 개정할 때에 모두 '改元'하였으므로 이는 법흥왕의 자체 연호 제정 정신[신라의 왕통]을 계승하였음을 의미한다.

'建元'과 '改元'은 紀年의 시작점이라는 공통점이 있지만 '改元'은 '建元'과 달리 왕조 안에서 혹은 왕조와 왕조 간에 연속성을 담보하였던 의미가 강하다. 즉 '改元'은 기존의 부호(연호의 명칭)를 바꾸어 기존 질서를 계승하는 선에서 시대 변화를 꾀하였다. 따라서 '建元' 이후 신라가 자체적으로 제정한 모든 연호에 '改元'이라고 표현함으로써 선대왕의 연호를 잇고 있었던 것이다. 진덕왕 4년(650)에 드디어 신라는 자체 연호 '태화'를 버리고 당의 연호 '영휘'를 쓰기 시작하였다[是歲始行中國永徽年號].[45] 이때에는 당연히 '改元'이나 혹은 '建元'이라고 하지 않고 다만 '始行'으로 표현함으로써 신라 자체 연호에 대한 계승이 아님을 보여준 것이다.

---

43) 고려를 개창한 왕건은 즉위(918) 즉시 개국 연호를 '天授'로 改元하였으며[改元天授], 광종도 즉위하고 원년(950)에 '光德'으로 建元하였다[建元光德]. 또 인종대 서경에서 반란을 주도하였던 묘청도 '天開'로 建元하였다[建元天開]. 따라서 이때의 改元과 建元의 성격은 달리 바라봐야 한다고 생각한다. 즉 왕건은 建元하지 않고 改元하였다. 이를 통해 태조의 건국이 지닌 역사적 성격은 궁예 정권과 맞닿아 있다.

44) 신라의 연호 관련 연구는 다음과 같다. 李鍾恒, 「新羅 法興王代의 建元의 背景에 대하여」 『한국학논총』 1, 1978; 鄭孝雲, 「新羅 中古時代의 王權과 改元에 관한 硏究」 『고고역사학지』 2, 1986. 특히 최근에 정효운은 「古代 韓·日의 年号 使用에 관한 硏究」(『일어일문학』 51, 2011)를 통해 동아시아 고대 세계에 있어서 각국의 연호 사용의 의미를 찾고자 하였다.

45) 『三國史記』 卷5 新羅本紀5 眞德王 4年.

신라뿐만 아니라 궁예의 4개 연호 제정에 대한 어떠한 설명도 사료
는 배려하지 않았다. 泰封의 語義를 가지고 이를 추정한 논자로 이병도
와 박한설이 있다.[46) 이병도는 '泰封'의 '泰'를 주역의 '泰卦'에서 '封'을
'封土·封疆'로 설명하였다. 이재범도 이병도의 이와 같은 의견을 받아들
이면서 태봉을 "평화로운 통일 천하"로 설명하였다. 그는 태봉이 궁예가
염원한 또 다른 세계관이라고 하면서 태봉이라는 국호에서 궁예 자신이
추구하는 통일의 방향, 곧 삼국 중 어느 한 쪽에 치우친 통일이 아니라
조화를 이루는 이상적인 낙원을 건설하겠다는 의지로 보고자 하였다.[47)

박한설은 '泰封'을 중국 제왕의 '泰山封禪'에서 찾고자 하였다. 그러
나 이 견해는 제대로 지지를 받고 있지는 않은 것 같다. 필자는 연호 武
泰와 함께 여기에 보충한다. 즉 궁예의 첫 번째 개국 연호가 '武泰'인 것
을 중원에서 최초의 연호를 제정한 漢 武帝와 연결 짓고자 한다. 좀 더
자세히 말하면, 연호 武泰와 국호 泰封에 대한 상징성을 漢 武帝의 泰山
封禪까지 거슬러 올라가 찾고자 하는 것이 필자의 주장이다. 국호와 연
호 제정자인 궁예가 제왕으로서의 의지를 표방하고, 일통 삼한을 염원하
였다면, 그가 최초의 연호 제정자 漢 武帝의 통치의 기제였던 泰山封禪
을 염두에 두지 않을 수 없었을 것이다.

武泰 연호는 남북조 시기 北魏의 孝莊帝의 연호(528)가 되기도 하였
다. 이재범은 궁예의 연호 중, 政開를 제외하면 모두 국내외의 어느 왕
조에서도 사용한 사례가 없다고 하면서 궁예의 연호를 중국의 것을 차

---

46) 李丙燾, 『三國史記』下, 乙酉文化社, 2005, 488~489쪽; 林漢喬, 「弓裔의 渤海 收復意識」 『高句
麗硏究』 13, 2002.
47) 이재범, 앞의 책, 162~163쪽.

용하지 않고 독자적으로 사용하였다고 하였다.[48] 그렇지만 이는 잘못된 이해이며, 연호에서 '자주성'과 '독자성'을 찾으려는 데에서 오는 오류로 보인다. 字意를 품은 연호의 제정 의지는 중국의 것과 궤를 같이 한다고 봐야 한다. 연호 제정권자들은 중국뿐만 아니라 주변국들까지 반복적으로 앞 시대의 字意을 가져다 섰다.

漢 武帝의 治水 성공은 그가 封禪의 효험을 믿었기 때문이다. 또 서방원정과 封禪을 모두 治水와 不死를 위한 준비단계로 추진한 漢 武帝의 발상과 신념의 이면에는 특히 성왕모와 禹의 신화가 크게 작용하였다. 중요한 것은 이 신화적 신념이 제국의 운영을 지도한 중요한 명분으로 이용되었다. 전제 군주의 허황한 불사추구로만 평가되던 무제의 봉선을 제국운영의 방략 차원에서 이해할 수 있다.[49] 한 무제가 泰山에서 封禪을 시작함으로써 개원[始封泰山 故改年]하였는데 연호를 '元封'이라고 한 것은 충분히 주목을 끈다. 따라서 연호 무태와 국호 태봉은 순차적으로 한나라 武帝의 泰山封禪과 연이 닿아 있다고 보는 것이 비약만은 아닐 것이다. 다만 박한설이 국호 '泰封'에 대해 "궁예의 망상적 사고의 일단" 혹은 "너무나 허황된 내용"이라고 본 견해[50]는 제왕적 통합의 기제 차원에서 제정한 연호와 국호의 염원을 제대로 간파하지 못한 지나친 폄하에 가깝다.

이미 법흥왕도 漢 武帝의 연호 '建元'을 따랐던 경험이 있다. 또한

---

48) 이재범, 앞의 책 164쪽.
49) 이성규, 「漢武帝의 西域遠征·封禪·黃河治水와 禹·西王母神話」『동양사학연구』72, 2000, 47~48쪽.
50) 박한설, 앞의 논문, 191~193쪽.

진흥왕의 연호 大昌[51]은 바로 앞선 시기였던 남북조의 北魏 出帝의 연호[太昌, 532]였다. 그리고 진덕왕이 제정한 '太和'는 삼국시기 曹魏 明帝의 첫 번째 연호(227~233)였다. 이후 後趙의 石勒(328~329)·成漢의 李勢(344~345)·東晉의 廢除(366~371)·北魏의 孝文帝(477~499)·唐의 文宗(827~835)의 연호도 太和였으며, 五代十國 중의 하나였던 吳 楊溥의 연호(929~934)이기도 하였다. 따라서 법흥왕과 진흥왕 그리고 진덕왕이 이들 국가의 연호가 지닌 함의에 관심을 두지 않을 수 없었을 것이다. 따지고 보면 고구려 安藏王(519~531)의 이름 興安은 북위 문선제의 첫 번째 연호(452~453)였으며, 신라 聖德王(702~737)의 이름 興光은 북위 문선제의 두 번째 연호(454)이기도 하였다. 더불어 영류왕(618~642)의 이름 建武는 後漢 광무제의 첫 번째 연호(25~55)이면서도 西晉의 元帝(317~318)·後趙의 石虎(335~348)·西燕의 慕容忠(386)·南濟의 明帝(494~498)의 연호가 되었다.

이처럼 중국의 연호 字意를 차용한 것은 일반적이었다. 예를 들어 고려 태조 때부터 국왕이 팔관회를 관람하고 혹은 신하들의 하례를 받거나 대사면령을 내리는 곳이었던 儀鳳樓도 그 용어 자체로 봉황(황제)을 뜻하지만 이미 晉代의 궁성 안에 있었던 누각의 이름이었다.[52] 여기에서 儀鳳은 당 고종의 일곱 번째 연호(676~679)이기도 하였다. 이 뿐만 아니라 고려 국왕의 각종 生日節日 명칭 중 일부는 중국의 연호를 차용하

---

51) 진흥왕대에 改元한 연호 '大昌'이 같은 해 세워진 「마운령진흥왕순수비」에서 '太昌'으로 표기된 것을 참고하기 바란다.
52) 이동주, 「新羅 '儀鳳四年皆土'명 기와와 納音五行」 역사학보 220, 2013, 9쪽(『初學記』卷24 居處部 引 『晋宮閣名』 재인용).

였다.[53] 이와 같은 용어 차용을 부정적 시각에서 바라볼 필요는 없다. 오히려 이를 통해 字意 선택에 있어서 다수의 보편적인 인식이 공유되었음을 짐작하게 한다.

한 무제가 '建元'을 一元으로 삼는 이래 建元'이라는 이름의 연호는 신라의 법흥왕대 뿐만 아니라, 前趙·東晉·前秦·南濟에서도 사용되었다.[54] 최초의 연호 '建元'뿐만 아니라 많은 연호는 여러 왕조를 거치면서 허다하게 조합되고, 중복하여 작호되었다.[55] 이와 같이 반복적으로 차용된 연호는 중원에서만도 무려 90여 종에 이른다.

후대이기는 하지만 고려 태조의 연호 天授도 이미 측천무후가 제정(690~691)한 연호였으며,[56] 시기적으로 왕건보다 나중 인물이었던 西夏의 景宗 이원호도 자신이 직접 썼던 연호 廣運과 大慶에 이어 '天授禮法延祚'(1038~1048)로 개원한 사례가 있었다. 고려를 건국한 태조 왕건과 서하를 일으킨 景宗이 '天授' 연호를 사용하면서 측천무후의 연호 '天授'를 모르지는 않았을 것이다. 연호 '天授'는 물론 측천무후가 선도하였으며, 마찬가지로 고려의 개국 연호 天授 또한 서하의 개국 연호를 이끈 셈

---

53) 고려 덕종의 생일절일 仁壽節의 '仁壽'은 隋 文帝의 연호(601~604)였으며, 應天節의 '應天'은 후대인 西夏 襄宗의 연호(1206~1209)이기도 하였다. 이후 순종의 생일절 長興節에서 '長興'은 後唐 明宗의 연호(930~933)였으며, 예종은 원년 봄 정월 戊戌일에 본인(왕)의 생일을 咸寧節이라고 하였는데 咸寧節에서 '咸寧'은 西晉 武帝의 연호(275~279)이자 後梁 呂纂의 연호(398~400)였다. 그리고 의종의 생일절 河淸節에서 '河淸'은 北齊 武成帝의 연호(562~565)였고, 명종의 생일절 乾興節에서 '乾興'은 北宋의 인종의 연호(1022)였다. 또한 강종의 생일절 光天節에서 '光天'은 前蜀 왕건의 연호(918)였으며, 南漢 劉玢의 연호(942)였다.

54) 연호 '建元'을 사용한 국가와 제왕(사용 시기)은 다음과 같다.

55) 신승하, 『중국사』(상), 대한교과서주식회사, 부록 「중국 역대 연호 일람」, 2008(개정판 2쇄), 364~389쪽.

56) 『新唐書』 卷4 本紀第4 則天順聖武皇后 武曌. "天授元年正月庚辰 大赦 改元日載初 以十一月 為正月 十二月為臘月 來歲正月為 一月".

이다.

그래서 궁예가 제정한 연호 '武泰'는 허황한 내용이 숨어있었다고 보기 보다는 오히려 그의 이상과 포부라고 해도 지나치지 않을 것이다. 그것은 천하를 제패하고 시간의 통일을 일군 漢 武帝의 의지와 공명하며, 일통 삼한을 꿈꾸었던 궁예가 연호 제정을 통해 그의 천하관을 응축시켜 표출하고자 하였다고 보는 것은 과연 비약만은 아닐 듯하다.

다양한 연호에는 다양한 字意의 이해가 요구되었다.『漢書』의 주석에서는 무제의 연호 사용에 대해 보다 더 구체적인 설명을 덧붙이고 있다.

<표 1>『漢書』에서 보이는 漢 武帝의 年號(B.C.)와 註解

| 연호 | 사용 시기 | 주해 |
|------|-----------|------|
| 建元 | 140~135 | 『史記』[正義] 孝景以前即位 以一二數至其終. 武帝即位 初有年號 改元以建元為始.『漢書』. 師古曰 自古帝王未有年號 始起於此. |
| 元光 | 134~129 | 『史記』[集解] 徐廣曰 案諸紀元光後有元朔.『漢書』. 臣瓚曰 以長星見 故為元光. |
| 元朔 | 128~123 | 『漢書』. 應劭曰 朔 蘇也. 孟軻曰 后來其蘇. 蘇 息也 言萬民品物大繁息也. 師古曰 朔猶始也 言更為初始也 蘇息之息 非息生義 應說失之. |
| 元狩 | 122~117 | 『史記』[集解] 徐廣曰 元朔後得元狩.<br>『漢書』. 應劭曰 獲白麟 因改元曰元狩也. 師古曰 麟 麕身 牛尾 馬足 黃色 圓蹄 一角 角端有肉. |
| 元鼎 | 116~111 | 『漢書』. 應劭曰 得寶鼎故 因是改元. |
| 元封 | 110~105 | 『漢書』. 應劭曰 始封泰山 故改年. |
| 太初 | 104~101 | 『漢書』. 應劭曰 初用夏正 以正月為歲首 故改年為太初也. |
| 天漢 | 100~97 | 『漢書』. 應劭曰 時頻年苦旱 故改元為天漢 以祈甘雨. 師古曰 大雅有雲漢之詩 周大夫仍叔所作也. 以美宣王遇旱災修德勤政而能致雨 故依以為年號也. |
| 太始 | 96~93 | 『漢書』. 應劭曰 言盪滌天下 與民更始 故以冠元. |
| 征和 | 92~~98 | 『漢書』. 應劭曰 言征伐四夷而天下和平. |
| 後元 | 88~87 | |

<표 2> '建元' 연호 사용 사례

| 구분 | 漢 武帝 | 前趙 昭武帝 | 東晉 康皇帝 | 前秦 宣昭帝 | 南濟 高皇帝 | 신라 法興王 |
|------|---------|-------------|-------------|-------------|-------------|-------------|
| 왕대 | 7대 | 3대 | 4대 | 3대 | 1대 | 23대 |
| 시기 | BC140~135 | AD315~316 | AD343~344 | AD365~385 | AD479~482 | AD536~550 |
| 재위中 | 첫 번째 연호 | 세 번째 연호 | 첫 번째 연호 | 세 번째 연호 | 첫 번째 연호 | 첫 번째 연호 |

이와 같이 무제의 개원 사례를 통해 확인할 수 있듯이 연호는 동일 왕의 재위 연간에 수시로 바뀔 수 있었으며, 그 경우 개원의 사유는 天文·瑞獸·瑞物 등 祥瑞의 징조이거나 祭儀·改曆·災異 및 당시 상황에 따른 기원의 의미에서 행해지는 것임을 알 수 있다.[57] 무제 이전에는 年數를 '왕력인 1·2·3…년'과 같이 숫자로 기록하였으나, 무제는 처음으로 '建元'이라는 이름의 연호를 사용함으로써 연수를 재기 시작하였다. 이로써 武帝의 연호 '建元'은 '첫 번째 기원[一元]'이 될 수 있었다.[58] 무제의 연호 방식은 '一元·二元·三元…'과 같이 순차가 있다. 이러한 선례는 이후 황제들에게도 적용되어 순차적인 '元'의 제정이 가능했던 것이며, 이 명분은 향후 '一王 多年號'의 전통에서 선례가 되었다. 요컨대 다양한 연호의 제정은 時의 적절히 통치자의 의지가 반복적으로 반영된 정치적 소산이었다.

주지하다시피 王曆의 시작점과 종착점은 즉위한 제왕의 재위 기간의 길이와 같다. 그렇지만 재위 중에 잦은 改元으로인해 '시작된 년(元年)'은 자주 바뀔 수밖에 없었다. 무제가 '建元'으로 '改元'하였다 함은 紀

---

57) 정운용, 「金石文에 보이는 高句麗의 年號」 『한국사학보』 5, 1998, 53쪽.
58) 『史記』 卷12. 孝武本紀第12. "一元曰建元 二元以長星曰元光 三元以郊得一角獸曰元狩云".

年하는 방법을 이전의 시간 단위 체계였던 단순 王曆에서, 연호 '建元'을 기점으로 기년하고자 하였음을 의미한다. 이로써 '建元'은 "최초의 연호"[=始]라는 상징성을 담고 있을 뿐만 아니라 "연호를 제정한다"는 의미까지 확장하여 해석되어 왔다. 무제는 이후로도 元光·元朔·元狩·元鼎·元封·太初·天漢·太始·征和·後元 등 10개의 연호를 더 만들었다. 무제의 재위 기간이 54년임을 감안할 때 연호의 평균 수명은 5년 정도에 그친다. 이후 황제들의 재위 기간과 개원의 수는 대체로 비례하였다. 당고종은 재위 35년간에 무려 14개의 연호를 사용하였으며, 북송의 인종도 9개의 연호를 사용하였다. 一代 다수의 연호 전통은 원나라까지 이어졌으며, 一王一年號의 역사는 明代에 와서야 비로소 자리 잡힘으로써 왕력을 대신하였다.

그렇다면 제왕들이 재임 중에 이처럼 다량의 연호를 제정하였던 의도가 궁금하다. 이는 武帝의 경우를 소급하여 확인함으로써 이해할 수 있을 것이다. 『史記』는 "紀元은 마땅히 하늘이 내린 상서로운 命[天瑞命]으로써 이름을 지어야 한다"고 하였다. 이를 통해 紀年은 왕력에 따른 숫자의 행렬보다 차원 높은 格上이 요구되었음을 알 수 있다. 당연히 그것은 '天瑞命'에서 알 수 있듯이 '하늘이 내린 상서로운 명령', 즉 '天時'라는 하늘의 지침을 권위적으로 제시하여 황제의 시간에 대한 주재권과 연결 짓고자 하였던 것이다. 시간 질서는 '하늘의 상서로운 명'을 받은 황제만의 것으로써 특별한 의미가 있으며 이를 구체적으로 드러내기 위해서는 명명된 紀年 표기를 상황에 따라 달리 선택하여야할 필요성이 수시로 제기되었을 것이다. 바로 '天瑞命'이 갖는 의미가 곧 연호가 갖는 성격이다. 시의 적절한 때에 개원된 연호의 작명은 字意가 부여됨으로써 새로운 기년을 도모하고자 하였던 제왕의 의지와 맞물려 있었다.

武泰는 궁예의 첫 번째 연호이자 摩震의 첫 번째 연호였다. 중원의 반복적인 연호 제정을 염두에 둘 때, 연호 武泰와 국호 泰封은 단어적으로 상관성이 크다고 보며, 궁예는 이 둘을 통해 漢 武帝의 泰山封禪 염원을 담아내고자 하였다고 생각한다.

궁예의 두 번째 연호는 聖冊이다. 武泰를 사용한 지 채 1년 만에 궁예는 연호를 聖冊으로 바꾸었다. 첫 번째 연호 武泰는 摩震의 개국과 함께 시작하였으며, 두 번째 연호 聖冊은 당연히 철원 시대와 관련이 깊다. 즉 聖冊은 마진의 수도 철원성 입성과 철원 시대 개막을 의미한다. 이로써 武泰 선포는 마진의 改國 연호로써 궁예 왕조의 국정 조직이 완비되었음을 공식적으로 알리는 절차였던 셈이며[국호·연호의 완성], 철원 입성 이후 새로운 연호 聖冊의 반포는 국호와 국도 선정 그리고 연호 제정이라는 시·공간 질서의 통합을 마무리하고자 하였던 궁예의 다짐으로 파악할 수 있겠다. 이처럼 궁예는 그의 권위를 '聖'字로 상징화시킨 聖冊의 제정과 함께 철원시대를 열었던 것이다.[59]

王號와는 달리 국호와 연호 제정은 당대 제왕의 작품이며 권한이자 의지 표명이다. 그것들의 字意를 품고자 하였던 作者의 인식은 작호에 서로 투영되고 있다고 봐야할 것이다. 궁예가 철원시대를 개막하면서 冊命을 의미하는 '冊'字를 써서 聖冊이라는 연호를 제정한 점에서도 자신

---

59) 『三國史記』卷50 列傳10 弓裔.

의 나라와 자신이 聖域이고자 <sup>60)</sup>하였음을 의도하였다고 본다. 그리고 그의 꿈은 '萬歲'토록 지켜지기를 기원하였을 것이다.

그것은 연호 '水德萬歲'로 발현되었다. <sup>61)</sup> 궁예가 개원한 '수덕만세'는 국호를 泰封으로 바꾸면서 가능하였다. 여기에는 金의 땅[鐵圓]에서 木을 상징화하는 震을 택하여 나라 이름[摩震]을 삼음으로써 일어난 오행의 충돌[金克木]까지 염두에 두었다면, 연호 水德萬歲의 제정은 오행 간의 시·공간을 相生시키려는 제왕의 의도까지 품어진 셈이다[金生水, 水生木].

이로써 필자는 궁예가 도읍지와 국호 그리고 연호를 선택함에 있어서 오행의 상생 관계를 충분히 고려해 두었다고 예감한다. 金德을 지향한 철원의 마진은 水德인 태봉으로 이어졌다. 즉 태봉은 궁예가 선양받은 새로운 건국이었다.


## Ⅳ. 맺음말

궁예는 건국하여 국호를 정하고 관부 및 품직을 설치하는 등 국가의

---

60) 필자는 애초 투고문을 통해, 연호 聖冊과 연관하여 신라의 聖骨, 신라의 聖帝帶, 또 측천무후의 '聖'자 관련 연호 그리고 거란 태조의 聖林과 冊聖까지 연결하여 궁예의 성역화 작업을 엿보고자 하였다. 물론 고려 태조와 태조비의 존호에 붙은 聖자도 같은 맥락에서 바라보았다. 그러나 여기에 대해 심사의견은, '국가의 국호나 연호는 왕의 존호와 다른 차원에서 정해지는 것' 혹은 '오히려 이 같은 자료 해석은 비슷한 글자의 의미가 있다 하여 끌어다 해석하는 우를 범할 수 있다'라고 지적하였다. 이와 같은 심사의견에 대해 신중히 수렴하며, 이에 대해 '聖'자와 관련 필자의 설명 중 일부를 본 논문에서 제외시켰다.

61) 태봉(궁예)의 水德과 고려(왕건)의 水德 승습에 대해서는, 서금석·김병인, 「역사적 추이를 통해 본 고려시대 '臘日'에 대한 검토」『韓國史學報』56, 2014; 서금석·박미선, 「조선시대 '臘日'과 그 기능」『震檀學會』122, 2014를 참조.

틀을 마련하였다. 그리고 그는 고려·마진·태봉으로 이어지는 국호를 정하였으며, 통치기간 중에 武泰·聖冊·水德萬歲·政開 등 4개의 연호를 제정하였다. 궁예의 연호 채택이 신라를 대신하는 국가임을 대내외적으로 천명하거나 궁예가 표방하는 나라의 이상과 포부가 담겨있다고 해도 과언은 아닐 것이다. 그럼에도 불구하고 그간의 연구는 그 성격을 밝히는 데 충분하지 않았다. 그러므로 궁예의 국호와 연호 제정이 갖은 의의에 대해 적극적인 검토가 요구된다.

국호 摩震과 泰封에 대해서는 오래전에 이병도와 박한설의 견해가 있을 뿐 더 이상의 보충이 없었다. 摩震에서 '震'字에 대해 이병도는 '震旦'의 약칭으로 보고, 東方全體를 意味한다고 하였다. 朴漢卨도 이 견해를 따르고 있으면서도, 摩震의 '震'字를 발해의 국호 震國과 연결하여 궁예의 발해 수복의지로까지 확장하여 설명하였다.

그러나 마진의 건국에서의 궁예의 염원은 대동방국만을 품었다고 보기 보다는 『漢書』와 『易經』에서의 '帝出於震'에까지 닿아 있었다고 보인다. 여기에서 '始'에 주목하다 보면 오행상생설에 입각하여 木德이 시초가 된다는 원리가 먼저이다. 즉 '震'은 '始'의 의미가 강하다. 만물은 '震'에서 나왔다[萬物出乎震]는 관념과도 공명한다.

궁예는 철원을 도읍으로 정하고, 새로운 60甲子년(904)에 '새로움과 시작'의 표상을 '摩震'에 담아 건국을 하였다. 국호 摩震은 궁예 왕조의 정통성을 상징한 장치였던 것이며, 그는 이 '震'字를 통해 '帝王으로 출현[帝出於震]'을 다짐하였을 것이다.

철원은 궁예에게 있어서 金德의 땅이다. 그의 금덕은 신라의 것과는 또 다른 金德으로써 병존하고 있었다. 궁예는 마진 건국 후 6년에, 나라 이름을 태봉으로 바꾸고 연호를 水德萬歲 원년으로 하였다. 이로써 궁예의 마진과 태봉의 건국은 곧바로 金德에서 水德으로 자연스럽게 선양되었다. 결국 궁예 자신이 자기에게 선양한 셈이기는 하나 태봉은 金德을 水德으로 이은 또 다른 나라였던 것이다.

궁예의 첫 번째 연호는 武泰였다. 필자는 개국 연호가 武泰인 것을 중원에서 최초의 연호를 제정한 漢 武帝와 연결 지어서 바라보았다. 연호 武泰 제정은 국호 泰封과 맥락이 같다. 漢 武帝는 泰山封禪을 통해 제국의 통합과 안녕을 기원하였다. 궁예의 염원도 일통 삼한의 꿈을 실현시키고자 함으로써 한 무제의 인식과 공명하고자 하였을 것이다. 곧 武泰와 泰封은 제왕으로서의 궁예의 천하관이 응축되어 표출된 字意로 볼 수 있다.

聖冊은 철원 시대의 첫 번째 연호이다. 궁예의 권위는 '聖'字에 상징화되어 있다. 王號와는 달리 국호와 연호 제정은 당대 제왕의 작품이며 권한이자 의지 표명이다. 그것들의 字意를 품고자 하였던 作者의 인식은 작호에 서로 투영되고 있다고 본다면, 궁예가 철원시대의 개막과 함께 冊命을 의미하는 '冊'字를 써서 聖冊이라는 연호를 제정한 점은 자신의 나라와 자신이 聖域이고자 하였음을 의도하였다고 본다. 그의 꿈은 '萬歲'토록 지켜지기를 기원하였을 것이다. 그리고 그것은 연호 '水德萬歲'로 발현되었다.

왕조국가에서의 오행적 역사관은 왕조의 정통성을 부각시켰던 명분이 되어 왔다. 궁예가 철원으로 천도하고, 이후 마진에서 태봉으로 국호를 바꾼 이면에는 이상과 같은 선양론이 결합되고 五德 순행론에 입각한 受命改制의 사상이 반영되었다고 보여 진다. 그의 建元과 改元의 성격도 위와 같은 선상에서 바라볼 필요가 있을 듯하다.

## 참고문헌

### 1. 資料引用

『三國史記』,『三國遺事』,『高麗史』,『高麗史節要』,『高麗圖經』,『東文選』,『朝鮮王
朝實錄』

『史記』,『漢書』,『後漢書』,『梁書』,『北史』,『舊唐書』,『新唐書』,『宋史』,『左傳』,『春
秋公羊傳』,『春秋公羊傳注疏』,『尙書』,『周禮』,『淮南子』,『春秋繁露』,『易
經』,『翻譯名義集』

### 2. 단행본

김용선 엮음,『궁예의 나라 태봉』, 일조각, 2008.

김일권,『동양 천문사상, 인간의 역사』, 예문서원, 2010.

김일권,『동양 천문사상, 하늘의 역사』, 예문서원, 2012.

곽철환,『시공 불교사전』, 시공사, 2003.

신승하,『중국사』(상), 대한교과서주식회사, 부록「중국 역대 연호 일람」, 2008(개
정판 2쇄).

申虎澈,『後百濟 甄萱政權硏究』, 一潮閣, 1993,

신호철,『후삼국사』, 도서출판 개신, 2008.

이강래,『삼국사기』 I , 한길사, 2011(1판 제8쇄).

李丙燾,『한국사(중세편)』, 震檀學會, 을유문화사, 檀紀 4294(西紀 1961).

李丙燾,『삼국사기』 下, 을유문화사, 2005.

이재범,『슬픈궁예』, 역사인, 2011,

柳洪烈,『朝鮮獨立思想史攷』, 正音社, 1948

정구복 외,『역주 삼국사기』 3 주석편(상), 한국정신문화연구원, 2012.

조인성, 『태봉의 궁예정권』, 푸른역사, 2007.

한국사전연구사, 『종교학대사전』, 1998.

山內弘一, 『朝鮮からみた華夷思想』, 山川出版社, 2003.

藪內淸 著, 兪景老 譯編, 『中國의 天文學』, 電波科學社, 1985.


## 3. 논문

김일권, 「고려 역법의 이해, 『국역 고려사 역지』 역주」 『石堂論叢』 54, 2012.

金包光, 「片雲塔 後百濟의 年號」 『佛敎』 四十九號, 1928.

김택균, 「七支刀 銘文에 대한 一考」 『江原史學』 13, 1998.

盧泰敦, 「5세기 金石文에 보이는 高句麗人의 天下觀」 『韓國史論』 19, 1988.

盧明鎬, 「東明王篇과 李奎報의 多元的 天下觀」 『震檀學報』 83, 1997.

盧明鎬, 「高麗時代의 多元的 天下觀과 海東天子」 『韓國史研究』 105, 1999.

박경안, 「고려전기 다원적 국제 관계와 국가. 문화 귀속감」 『東方學志』 129, 2005.

朴漢卨, 「궁예의 발해 수복의식」 『고구려연구』 13, 2002.

裵宰勳, 「片雲和尙浮圖를 통해 본 實相山門과 甄萱政權」 『百濟研究』 50, 2008,

서금석·김병인, 「역사적 추이를 통해 본 고려시대 '臘日'에 대한 검토」 『韓國史學報』 56, 2014.

서금석·박미선, 「조선시대 '臘日'과 그 기능」 『震檀學會』 122, 2014.

서주성, 「연호로 통해 본 우리 민족의 주체의식」 『부산교육』 170, 1973

申采浩, 「朝鮮歷史上一千年來 第一大事件」 『朝鮮史研究草』, 1929(『韓國史研究草』, 을유문화사, 1974).

신호철, 「후백제의 역사적 성격」 『후백제 왕도 전주의 재조명』 제135회 한국고대사학회 정기발표회, 2013,

신호철, 「후백제의 역사적 성격」『韓國古代史硏究』74, 2014.

이강래, 「『삼국사기』의 성격」『정신문화연구』제24권 제1호(통권82호), 2001.

이강래, 「후백제의 당대 인식」『韓國古代史硏究』35, 2004,

이강래, 「12세기 고려와 송의 지적 교류-『삼국사기』의 편찬과 관련하여」『지역과
　　　교류 그리고 문화』, 다른세상, 2009.

李丙燾, 「한국사(중세편)」『震檀學會』19, 1948.

李丙燾, 「百濟七支刀考」『韓國古代史硏究』傳英社, 1976.

이도학, 「百濟 七支刀 銘文의 再解釋」『한국학보』16, 일지사, 1990.

이동주, 「기와로 본 신라왕경의 공간변화」『역사와 현실』68, 2008.

-----, 「新羅 '儀鳳四年皆土'명 기와와 納音五行」, 『역사학보』220, 2013.

李成九, 「王莽의 禪讓革命과 正統性」『고대중국의 이해』3, 지식산업사, 1997

李成珪, 「司馬遷의 時間觀念과『史記』의 敍述」『동방학지』70, 1991.

李成珪, 「漢武帝의 西域遠征·封禪·黃河治水와 禹·西王母神話」『동양사학연구』
　　　72, 2000

李鍾恒, 「新羅 法興王代의 建元의 背景에 대하여」『한국학논총』1, 1978.

이주열, 「百濟 七支刀 銘文의 年號와 제작연대」동국대학교 교육대학원 석사학위
　　　논문, 2014.

임영애, 「고구려 고분벽화와 고대중국의 서왕모신앙 -씨름그림에서 나타난 '서역
　　　인'을 중심으로-」『강좌미술사』10, 1998.

유강하, 「西王母의 神格에 대하여 -漢代 文獻과 文物을 통한 西王母의 神格 탐
　　　색-」『중국어문학지』25, 2007.

柳洪烈, 『朝鮮獨立思想史攷』『正音社』, 1948.

정선용, 「고려 태조의 改元政策과 그 성격」『동국사학』52집, 2012.

전용훈, 「고려시대의 曆法과 曆書」『한국중세사연구』 39, 2014.

정운용, 「金石文에 보이는 高句麗의 年號」『한국사학보』 5, 1998.

鄭孝雲, 「新羅 中古時代의 王權과 改元에 관한 硏究」『고고역사학지』 2, 1986.

鄭孝雲, 「古代 韓·日의 年号 使用에 관한 硏究」『일어일문학』 51, 2011.

조경철, 「광개토왕대 永樂 연호와 불교」『동북아역사논총』 20, 2008.

조범환, 「高麗 太祖 王建의 對新羅政策」『고문화』 55, 2000.

조범환, 「新羅 下代 聖住寺와 地方勢力」『白山學報』 55, 2000.

주보돈, 「百濟 七支刀의 의미」『한국고대사연구』 62, 2011.

崔炳憲, 「高麗時代의 五行的 歷史觀」『韓國學報』 13, 1978.

한정수, 「고려 전기 冊曆 및 曆法의 이용과 의미」『史學硏究』 제100호, 2010.

한정수, 「고려초의 국제관계와 年號紀年에 대한 재검토」『歷史學報』 第208輯,
        2010,

洪性和, 「石上神宮 七支刀에 대한 一考察」 한일관계사연구 34, 2009.

홍창우, 「『삼국유사』의 후고구려 인식」, 전남대학교대학원 사학과 석사학위논문,
        2014.

今西龍, 「朝鮮半島國の年號 附 事大主義一斑」『東洋時報』 143, 1910.

今西龍, 「高麗の年號, 光宗年代-高麗史紀年錯誤ぁるの疑」『考古學雜誌』 3-1,
        1912.

今西龍, 「光德年代考補」『考古學雜誌』 3-3, 1912.

今西龍, 「朝鮮に於ける國王在位の稱元法」『東洋學報』 2-3, 1912.

양  양, 「漢代 堯後火德說의 성립과 활용」, 전남대학교 사학과 석사학위논문,
        2015.

태봉학회 총서 1

# 태봉
# 철원도성
# 연구

CHEORWON
DOSEONG :
THE CAPITAL CITY
OF TAEBONG
KINGDOM

泰封國 鐵圓都城

# 제2부

# 고고

# 궁예도성과 견훤도성

**유병하 · 나병호**
한양대학교 박물관교육학과 겸임교수 · 군산시 학예연구사

## 목차

## I. 머리말

궁예도성과 견훤도성은 10세기 전반 후삼국시대를 열었던 태봉과 (후)백제의 국도였다. 한 시대를 풍미했던 국도였기 때문에 도성으로서의 면모가 제법 웅장했을 것으로 추정되고 있다. 하지만 두 도성의 전모를 밝히기란 대단히 어려운 과제이다. 왜냐하면 궁예도성은 북서쪽의 일부범위를 제외하고는 대부분이 DMZ에 포함되어 있어 오랫동안 도성으로의 접근 자체가 불가능하였기 때문이다. 그 결과 현재까지 궁예도성에 대한 이해는 전체 평면플랜과 성벽, 문지, 도성 내외의 사찰 정도로 제한되어 있다.

견훤도성의 경우는 보다 심각한 상태이다. 60,70년대 이래로 전주의 도시화가 급속도로 진행됨으로써 대부분의 도성 흔적이 파괴되었기 때문이다. 겨우 동고산성 일대에 대한 발굴조사를 통해서 후백제 도성의 단면을 살펴보고자 하였지만 산성이라는 제한 때문에 전반적인 논의 자체가 어려웠다. 그래서 도성에 대한 연구범위가 매우 좁혀진 상태였다. 최근 일부 연구자에 의해 궁성의 위치에 대한 논의가 다시 시작되었으나 결정적인 자료의 제시가 미비해서 여전히 논의가 원점으로 돌아가는 양상을 보이고 있다.[1)]

이러한 상황에서 궁예도성과 함께 견훤도성의 실체에 대해서 다시 한 번 접근해보고자 한다. 특히 도성으로서의 특성이 어느 정도 드러난 궁예도성과 함께 견훤도성을 비교 검토해보는 것도 의미가 있다고 생각한다. 왜냐하면 900년을 전후한 시기의 축성기술 수준이 비슷했을 것이기 때문이다. 그리고 한반도 중·남부라는 비교적 좁은 공간 속에서 치열한 군사적인 경쟁을 지속하면서도, 다른 한편으로 도성의 건설에서도 상호 경쟁이 있었을 것으로 생각한다. 그 과정에서 상호 영향을 주고받았을 수 있기 때문이다.

따라서 이 글에서는 궁예도성을 먼저 살펴보고자 한다. 그 주된 이유는 궁예도성이 도성으로서의 기본성격이 밝혀졌을뿐만 아니라 대부분의 연구자들이 그 결과에 대해서 별다른 이론을 제기하지 않고 있기 때문이다. 그런 연후에 견훤도성의 실체를 규명하고자 한다. 하지만 견훤도성에 대해서는 앞서 언급한대로 연구자들마다 견해가 다르고, 실체를

---

1) 동고산성설(전영래 1992), 물왕멀설(전주시·전주부사국역편찬위원회 2009), 전주부성설(김주성 2013), 문화촌설(곽장근 2013) 등으로 여전히 연구자에 따라 견해가 나뉘어져 있다.

규명하는 과정에서 다시 한 번 재론을 해야 할 필요가 있기 때문에 사전에 여러 견해를 재검토해볼 예정이다.

이상의 검토 과정에서 새로운 자료를 대거 발굴하여 분석해보고자 한다. 즉 DMZ 설정 및 급속한 도시화로 인한 연구상의 한계를 일제강점기의 각종 자료와 40~60년대에 촬영된 항공·위성사진을 집중 분석함으로써 극복해보고자 한다[2]. 일제강점기의 자료로는 5만분의1 지형도와 도시계획도, 지적도, 성읍지, 조선고적조사위원회에서 작성한 고적대장과 관련도면 등을 분석해보고자 한다. 그 외에 지금까지 고고학조사를 통해서 새롭게 드러난 학술정보와 답사자료도 보조적으로 활용하여 이미 분석된 결과를 확인하거나 보완할 예정이다.

특히 성읍지와 항공사진, 지적도를 중심으로 논지를 전개할 예정이다. 일제강점기의 성읍지는 도시화가 안된 상태에서 도성을 직접적으로 관찰할 수 있었던 사람들의 기록이라는 점에서 새삼 주목해야 할 필요가 있다. 대표적인 사례가 <전주부사>이다[3]. 40~60년대의 항공·위성사진도 역시 같은 맥락에서 도성의 면모를 실증적으로 보여줄 수 있기 때문에 중요하게 다루어질 예정이다[4]. 한편 지적도는 도성 혹은 그 주변 지형의 형태와 이용도를 구체적으로 보여줌으로써 평면적인 항공사진

---

2) 해방 이후 미군정과 초기 대한민국 정부에 의해 항공사진에 대한 기본적인 수요가 있었고, 한국전쟁 기간에도 군사적인 수요가 많았다. 따라서 미군과 우리나라에 의해서 많은 항공사진이 촬영되었다. 이러한 사진들은 대부분 국방부에 보관되어 오다가 최근에 국립기록원으로 이관된 상태이다.
3) <전주부사>에는 견훤도성과 관련하여 성의 평면도와 성벽의 관찰기록, 출토유물의 사진 등이 풍부하게 실려 있다(전주시·전주부사국역편찬위원회, 2009). 그래서 <전주부사>는 오랫동안 견훤도성을 연구하는 모든 연구자에게 기초자료로 널리 사용되었다.
4) 그 성과는 이미 궁예도성의 전모를 밝히는 것으로 나타났다(국립중앙박물관 2009).

의 단점을 보완해주는 수단으로써 매우 중요하다고 하겠다[5].

## Ⅱ. 궁예도성에 대한 검토

궁예도성은 철원·평강분지의 한 가운데 위치하고 있다. 이곳은 오래
전에 용암이 흘러내리면서 해발 370m의 평강에서부터 220m의 철원까
지 저평한 지대를 형성하고 있다. 그리고 오랜 기간에 걸쳐 침식과 퇴적
이 반복되면서 소하천과 낮은 구릉이 폭넓게 발달되어 있다. 그중에서
도 궁예도성은 해발 400~600m 내외의 산으로 가깝게 둘러싸여 있어서
철원·평강분지 내에서도 마치 호리병처럼 목이 좁아진 지점에 입지하고
있다(도1,2).

도성은 장방형이고 남북으로 길게 위치하며 주축이 동쪽으로 약간
틀어진 상태이다. 궁성과 내성, 외성으로 구성된 3중의 도성체계를 이루
며, 궁성의 둘레가 1.8km, 내성의 둘레가 7.7km, 외성의 둘레가 12.5km
에 이른다(도2,3). 전체 면적은 25㎢ 정도이다(육군사관학교박물관 1996).
외성의 둘레와 면적을 기준으로 하였을 때 발해의 上京龍泉府(756~784
년, 795~926년)와 거의 유사하다(김진광 2011). 특이한 점은 외성의 남서쪽

---

5) 40~50년대의 항공사진만으로 도성의 모습을 찾아낸다는 것은 매우 어려운 작업이다. 왜냐하면
항공사진은 흑백의 명암만으로 지상의 형상과 고저를 나타내므로 입체물의 판단에서 치명적인 오류
를 범할 수 있기 때문이다. 대표적인 사례가 일제강점기에 축조된 제방이나 농수로, 철도의 선로인
데, 길게 이어진 도성의 성벽과 구별해내기가 쉽지 않다. 따라서 문헌기록이나 도시계획도, 지형도,
지적도 등과 같은 자료를 통해서 교차 분석하는 것이 필수적이다. 그 중에서 도성의 연구와 관련하
여 20세기 초반에 작성된 지적도가 가장 유용하다. 왜냐하면 오랜 시간이 경과한 상태의 성벽은 지
적도 위에 연속된 긴 선으로 나타날 수 있기 때문이다.

모서리가 약간 안쪽으로 들어간 상태인데, 이는 지적도 및 항공사진을 가지고 판단하건대 성의 모서리부분이 소하천을 경계로 별도 분리되는 현상을 피했기 때문이다(도4).

그리고 궁예도성을 唐에서부터 遼까지 축성된 도성자료와 폭넓게 비교해 살펴보면(신창수 2007, 王禹浪·薛志强·王宏北·王文軼 2004, 王禹浪·王宏北, 2007), 도성플랜에서 주변국으로부터 일정한 영향을 받았음을 알 수 있다(도5). 특히 거란, 발해의 그것과 유사한 모습을 많이 보이고 있다(김진광, 2011, 董新林, 2011). 대표적인 사례가 遼의 中京城과 祖州城, 발해의 西古城을 들 수 있는데(도5-⑤⑥⑦), 그 배경에는 태봉의 북방 교류와 관련이 있을 것으로 생각한다.[6]

궁성은 내성의 북단에 치우쳐 있으며, 성벽의 둘레가 1,800m 가량이 된다. 평면 형태는 내·외성이 장방형인데 비하여 사다리꼴이어서 비정상적인 양상을 보이고 있다. 그 이유는 소하천을 경계로 성벽을 쌓을 수 밖에 없었기 때문이다(도3,4). 그리고 궁성과 도성 내부를 연결해주는 문지가 존재했을 것으로 보이나 현재로서는 판단하기가 어려운 상태이다. 다만 지형도와 항공사진을 통해 볼 때, 궁성 내부의 마을과 외부를 연결하였던 통로가 남·북·서쪽으로 열려 있고 동쪽으로는 소하천으로 막혀 있기 때문에(도3,4) 남문과 북문, 서문이 설치되었을 가능성은 있다.

궁성 아래에도 규모가 작은 또 하나의 성이 판별된다. 이 성이 궁성처럼 궁예시대에 일정 기능을 담당했던 별개의 성이 아니라면, 원래부터

---

6) 궁예의 외교정책은 전체적으로 전쟁의 혼돈기에 소극적이었던 것으로 평가된다. 그러나 <遼史>에 거란과의 공식적인 외교관계가 기록되어 있고, 발해와도 직접적인 기록은 없지만 당시 신라와 흑수말갈과의 교류관계를 감안하면 거란의 존재를 충분히 알 수 있었을 뿐만 아니라 어떤 형태로든 교류가 있었을 것으로 추정된다(신호철 2006).

자리잡고 있던 토성이었을 가능성도 있다. 일찍이 철원·평강분지에는 다수의 토성이 존재하고 있었다(도6,7). 그 중에서도 성모루토성과 토성리토성에서는 초기철기시대나 그 이후의 硬質無文土器 및 打捺文土器가 출토된 바 있고(강원문화재연구소 2005), 토성의 둘레는 500m 정도이며 평면은 거의 방형에 가깝다. 이러한 양상은 토성리·신성리 토성과 매우 유사하다[7](도7-③④). 따라서 궁예도성을 축조할 당시에 그 자리에 이미 입지하고 있던 토성이 도성 내로 편입된 것일지도 모르겠다.

성 내의 방리구획은 현재의 자료에서는 정연한 패턴을 찾을 수 없기 때문에 존재여부를 확인하기가 어렵다. 내성과 외성의 중심부에서 일부 패턴이 확인되지만 그것을 방리구획으로 보아야 할지 여전히 의심스럽다. 그 이유는 도성의 중앙부에서 남북으로 길게 뻗은 두 개의 소하천과 그 하천을 끼고 길게 형성된 구릉의 제약 때문에 방리구획의 설계에 근본적인 한계가 있을 수밖에 없기 때문이다(도2~4). 다만 지형에 맞추어 일정 범위에 방리구획에 준하는 구획을 한 것 같기는 하다. 그리고 그 구획의 중심에 내성과 궁성을 연결해주는 일종의 주작대로라고 불릴만한 대형의 도로가 설치되었으며, 다시 외성 바깥으로는 2개 이상의 雉城이 설치되었던 것으로 보인다(도3,4).

대부분의 성벽은 토축이며, 현재 남아있는 성벽의 높이는 외성이 3.6m, 내성이 2.1m이고 기저부의 넓이는 외성이 10.9m, 내성이 3.6m 정도이다(육군사관학교박물관 1996, 철원문화원 2006). 외성의 동벽 단면을 직접 관찰한 바에 의하면[8], 성벽의 기저부에 현무암의 성돌을 여러 단

---

7) 토성리 토성의 성벽 둘레는 450m, 신성리 토성의 경우는 650m 내외이다.
8) 2008.11월에 국립춘천박물관 직원들과 함께 조사하였다.

쌓고, 내부와 상부를 회색점질토와 갈색사질점토, 명갈색사질토와 흑갈색사질점토로 여러 겹을 쌓아올린 것이다. 판축의 흔적은 보이지만 그다지 정연한 양상을 보이지는 않는다(도8-①②). 그런데 일제강점기에 촬영된 사진을 보면, 내성과 외성 남벽의 석축이 보다 정연한 형태로 높게 쌓여져 있다(도8-③④⑤⑥)(국립중앙박물관 2009). 따라서 성의 구역에 따라 축성의 방법을 달리 했을 가능성이 높다.

문지로는 중강리의 남대문지가 일찍부터 알려져 왔다(도2~4). 그리고 궁예도성이 남북으로 개방된 지형이기 때문에 최소한 외성의 북문은 궁성의 북쪽으로 1~2개 더 설치되었을 것으로 보인다. 동문지와 서문지에 대해서는 이렇다할만한 판단자료가 없지만 대문이 설치되었다고 하더라도 동서로는 산으로 폐쇄된 지형이기 때문에 남북의 대문보다 적게 설치되었을 가능성이 높다. 그 외에 치성과 대형도로, 내성을 서로 연결해주는 남문지가 하나 더 있었을 것으로 추정된다(도3,4).

한편 성 내외에서 寺址도 두 곳 확인되었다. 남문지 바깥과 궁성 내부인데, 石塔뿐만 아니라 화려한 石燈도 2기나 확인되었다(도9). 그리고 도성 바깥에서 건물지와 왕건의 저택으로 추정되는 유적과 胎峰, 무덤도 확인된 바가 있다(도6)(조선총독부 1916). 이러한 사실을 통해서 도성의 고고학적 경관을 간략히 복원해 보면 다음과 같다. 도성 내부에는 왕과 왕족이 사는 궁성이 있었고, 그 안에는 왕실에서 운영되는 사찰도 있었다. 또한 궁성 밖의 내·외성을 연결해주는 대형의 도로 주위로 관사, 저택, 시장이 있었으며, 도성밖에도 귀족의 저택과 사찰이 민가나 경작지와 함께 섞여 있었다. 한편 사람이 태어나거나 죽을 경우에는 도성을 둘러싼 가까운 산에다 胎를 안치하거나 무덤을 만들었다.

마지막으로 궁예도성의 방어체계를 살펴보면, 도성 방어를 위해서 도성과 산성이라는 이중의 방어망을 구축하였음을 알 수 있다(도6). 먼저 궁성을 기준으로 3중의 방어벽을 평지에 쌓았으며, 도성 주위의 산이나 산사면에도 石城과 土城을 추가로 축조하였다. 비록 정식 조사된 것은 현재의 철원군지역에 국한되어 있지만, 평강군내의 산성들도 궁예시대에 쌓은 것이거나 아니면 이전 시기의 성을 재활용한 것이 다수 포함되어 있을 것이다(조선총독부 1916). 이렇게 주변에 산성을 많이 쌓을 수밖에 없는 근본적인 이유는 궁예도성이 광활한 평야에 홀로 우뚝선 형세를 하고 있어서 적대세력의 직접적인 침입에 매우 취약했기 때문이다.

## Ⅲ. 견훤도성에 대한 제 견해의 검토

도시화 이전의 전주 시내[9]를 조사하였던 <전주부사>의 집필자는 견훤도성을 평지의 토성과 함께 동고산성과 남고산성을 상호 연계된 복합적인 도성체계로 파악하였다(도10). 그중에서도 평지였던 당시 동정리 일대(현재 중노송동의 속칭 물왕멀 일대)를 궁성지로 파악하였다. 그 증거로는 궁성에 쓰였던 석재와 각종 기와·자기편을 제시하였다(전주시·전주부사국역편찬위원회 2009). 형무소 인근의 고토성도 견훤도성과 관련된 것으로 여겼으며, 형무소 인근에서 서쪽으로 뻗은 두 갈래의 성벽도 역시 견훤도성의 일부로 간주하였다(도10). 그리고 위의 두 성벽이 현재의 전

---

9) 일제는 1938년에 이미 전주의 도시계획을 수립한 적이 있다. 그러나 중일전쟁과 태평양전쟁을 치르면서 실제로 도시화가 진행된 내용은 거의 없었다(김현숙 2004).

주천까지 다다르지 못했던 이유를, 오목대 부근에서 시내를 가로지르면서 덕진 방향으로 직진하던 전주천이 西遷했기 때문이라고 하였다. 이때 제기된 '전주천의 西遷' 문제는 이후 견훤 궁성의 위치와 관련하여 자주 논의하게 되는 계기가 되었다.

그리고 동고산성의 발굴성과가 드러나면서 전영래는 기존의 <전주부사>와는 다른 도성플랜을 제시하여 많은 연구자에게 영향을 주었다(전영래 1992). 즉 남고산성을 별개로 분리시키고, 동고산성과 동정리 일대의 평지성을 연계하여 각각 상성과 내성, 중성, 외성으로 파악하였다(도11). 특히 중성과 내성에는 원래 성벽이 설치되어 있었으나 英祖代에 全州府城을 수축하면서 성돌이 없어진 것으로 파악하였다. 이상의 내용을 <전주부사>에서 제시한 도성플랜과 비교한다면, 고토성의 범위가 확장되고 중성의 성벽을 새롭게 인정하였을 뿐 거의 일치하고 있다. 그러나 대형건물지가 확인된 동고산성을 궁성지로 추정하였다는 점에서 근본적인 차이가 있으며, 이후 발굴성과가 축적되면서 직접적인 비판의 대상이 되기도 하였다(곽장근·강원종 2006, 강원종 2014).

비슷한 시기에 장명수도 견훤도성에 관심을 갖고 견해를 발표하였으나 전영래의 도성플랜을 거의 그대로 받아들였다(장명수 1994). 특히 견훤도성을 '이전 시기 삶의 터전을 재활용'한 것으로 보았고, 도성체계를 '도성 속에 산성을 양립'시킨 것으로 이해하였다. 그러나 궁성의 위치에 대해서는 다시 <전주부사>의 기록으로 돌아가 외성의 동정리일대로 보았다.

한편 성정용도 견훤도성의 실체에 도달하려고 접근하였으나 지나친 도시화로 도성을 이해할 수 있는 실마리를 찾는데 많은 어려움을 겪었다. 대신 산지 답사를 통해서 전영래의 중성과 내성은 성돌이 없어진 것이 아니라 축성 흔적 자체가 없다고 그 존재를 부정함으로써 결국 새로운 도성체계를 제시하였다(성정용 2000). 즉 전영래가 제시한 고토성의 범주를 그대로 인정하여 내성이면서 동시에 궁성으로 삼았고, 동고산성을 협소하고 주거흔적이 없다는 이유로 방어성이라고 주장하였다. 그리고 두 성 사이의 넓은 공간에 주요 건물과 취락이 입지한 것으로 파악하면서 외성으로 인정할 여지를 남겼다(도12). 그 외에도 동고산성을 포함하여 서고산성(황방산성), 구억리산성, 남고산성을 연결하는 이중의 방어체계를 처음으로 제시하였다.

이렇게 도시화가 급격하게 진행되면서 평지에서 도성의 실체를 찾는데 어려움을 겪게 되자, 조법종도 후백제의 도성과 왕궁이 앞선 연구자들과 같은 공간적 범위에 있다고 막연하게 제시할 수밖에 없었다(조법종 2003). 다만 문헌기록에 나오는 대로 '도성'과 '왕궁'이 분리되어 파악해야 할 존재임을 주장함으로써 이후 연구자들이 견훤의 궁성을 찾는 데 몰입하는 하나의 계기를 마련해준 것이 아닌가 한다.

한편 이경찬도 전영래가 제시한 플랜대로 견훤도성이 존재하였다고 주장하였다. 그런데 후백제가 도성을 축조하기 이전의 상황에 대하여 상세하게 검토함으로써 신라의 완산주가 설치(685년)된 이후에 이미 현 전주천변의 평탄지대에 정연하게 구획된 시가지가 형성되어 있었다고 하였다(이경찬 2004). 그런데 1912년에 작성된 지적원도상의 방리구획 주향이 서로 다른데 주목하면서 서쪽의 방리구획은 삼국통일기 이후, 동쪽은 후백제와 관련이 있을 가능성을 시사하였다(도13-①).

그의 주장은 김주성에게 큰 영향을 주어 견훤의 궁성 위치를 현재 전주천변의 평탄지대로 설정하게 하였다. 그는 서쪽의 정연한 방리구획이 삼국통일기를 전후한 시기에 완성된 것이고, 동쪽은 견훤의 군대와 관련된 공간으로 이해하였다(김주성 2013). 이 과정에서 전주천의 서천 문제를 되짚으면서 후백제시대 이후 전주천이 서천한 적이 없다고 하였다. 그리고 전라감영지에서 발굴된 통일신라시대의 유구와 官자명 기와, 전돌을 시가지 발전의 근거로 제시하였다. 따라서 시가지가 있던 공간-전주부성 일대-에 궁성이 있었을 것이고, 기존에 주장되어 왔던 동쪽지대는 궁성이 될 수 없는 것으로 유추하였다(김주성 2014). 한편 문헌기록을 통해서 후백제의 五嶽을 규정함으로써 그 안에 존재하였던 견훤도성의 개략적 범위를 설정하였다. 예컨대 서쪽과 남쪽으로는 현재의 전주천, 북쪽으로는 구 전주역(현 전주시청), 동쪽으로는 동고산성의 범위 내에 도성이 있는 것으로 이해하였다(김주성 2013). 이것은 <전주부사>의 집필자와 전영래가 만든 도성플랜에서 많이 후퇴한 것으로 상황이 이렇게 악화된 이유는 전주의 도시화가 가속화되어 시내에서 도성의 흔적을 찾기가 더욱 어려워졌기 때문이다.

이러한 주장에 대해서 곽장근은 백제 웅진기부터 견훤이 900년에 전주를 도읍지로 정할 때까지 이미 전주부성 일대는 도시화가 진행되어 완산주의 치소였던 공간이므로 백제의 재건을 표방하고 나선 견훤이 궁성을 두기에는 부적합하다고 하였다(곽장근 2013). 대신 인봉리 일대(문화촌)에 궁성이 있었고, 한 때 인공저수지의 제방과 공설운동장의 본부석으로 이용되었던 전주정보영상원 뒤쪽의 토축물을 궁성의 서벽으로 제시하였다. 아울러 궁성을 포함하는 반월형의 내성을 제시하였을 뿐만 아니라 남고산성, 동고산성을 비롯하여 도당산과 매봉산을 연결하는 외성의 존재도 시사하였다(도13-②③). 그러나 그의 주장은 대부분 <전주부사>를 토대로 현지의 지형조사와 면담을 통해 밝혀진 것이라는 약점을 지니고 있다.

이상에서 살펴보았듯이 견훤도성은 궁성뿐만 아니라 궁성을 포함하는 도성체계에서 연구자마다 견해를 달리하고 있다. 따라서 도성 전반에 대한 세부적인 논의는 엄두를 못내는 상태이며, 태봉의 궁예도성과 비교할 때 후백제 연구에 있어서 커다란 약점으로 작용하고 있다. 그 이유는 다른 무엇보다도 평지에 존재하였을 도성의 실체를 확인할 수 없다는데 있다. 따라서 지금까지와는 달리 새로운 자료를 발굴해서 평지성의 실체를 하루빨리 규명하는 것이 매우 중요해졌다. 이러한 작업이 이루어져야 산성과의 관계나 성벽 축조기술, 문지, 도로, 시가지 등에 대한 세부 논의도 가능해지고 더 나아가 후백제 연구에 새로운 계기가 마련될 수 있기 때문이다[10].

# Ⅳ. 견훤도성에 대한 새로운 검토

전주는 서북쪽이 개방된 분지이다. 남쪽의 승암산에서 뻗어내린 산

---

10) 견훤도성은 후백제의 유물을 연구하고, 더 나아가 주변의 유적을 후백제의 것으로 위치지우는 문제와 관련해서도 매우 중요하다. 지금까지 각지에서 발굴조사가 진행되면서 많은 유적들이 후백제와 관련이 있을 것으로 주장되어 왔다. 그러나 후백제의 중심인 견훤도성에서 출토된 유물이 거의 없기 때문에 후백제의 것으로 의심되는 많은 유적을 후백제와 관련지어서 확정하기가 어려운 상태이다.

세가 기린봉을 거쳐 서북방향으로 달리며, 다른 하나는 기린봉에서 갈라져 도당산과 매봉산으로 이어지면서 덕진 부근에서 멈춘다. 그리고 승암산 맞은 편의 고덕산에서 뻗어내린 산세가 완산칠봉과 당산을 거쳐 역시 서북방향으로 달리고 있다. 승암산과 고덕산 사이를 빠져나온 전주천은 서쪽 산세에 의지하면서 흐르다가 한벽루 일대에서 크게 꺾인 채 서북방향으로 흘러가고 있다. 이렇듯 산세와 물길로 둘러싸인 전주분지는 해발 30~50m의 저평한 지대를 이루고 있으며, 다시 이곳을 승암산에서 내려온 작은 물길이 합치면서 관선교천과 인봉천을 이루어 지나간다[11] (도면14).

<전주부사>에 의하면, 견훤도성은 해발 50~70m 내외의 낮은 구릉지대에 의지하여 축조되었다. 이 구릉들은 산지에서 연속적으로 이어지며 평탄지대로부터 20m 가량의 높이를 갖고 있다. 따라서 자연스럽게 하나의 거대한 장벽을 이룬다(도15-①②③④). 이것을 잘 활용하여 축성한다면 도성의 방어기능도 높이면서 아울러 시간도 줄일 수 있는 장점이 있다. 그리고 전주부성을 중심으로 한 평탄지대는 이미 시가지가 형성되면서 통일신라의 州治를 위한 핵심공간으로 자리잡아왔으므로(도16) 도성을 새로 축조할 만한 공간이 크게 부족한 상태였다(김주성 2013, 곽장근 2013). 앞서 검토한 궁예도성의 입지와 규모를 참고한다면 충분히 짐작할 수 있는 일이다. 더욱이 백제의 부흥을 표방하면서 신라의 治所였던 평탄지대를 중심으로 축성하기에는 명분상 약했던 점도 간과할 수 없다(곽장근 2013).

---

11) 시내를 가로지르는 하천의 명칭에 대해서는 <전주부사>를 참고하였다.

그리고 새롭게 발굴된 항공·위성사진과 지적도, 지형도를 가지고 종합적으로 판단한다면(도면17~20), 자료에 관찰되는 북벽과 동벽은 연속된 구릉을 그대로 활용하였고, 서벽과 남벽은 평탄지대를 가로지르는 성벽을 거의 새로 쌓았다. 그런데 서벽의 경우 하천을 경계로 하였으며, 남벽의 경우에는 일부구간에 한해 독립된 구릉에 잇대면서 기린봉의 산자락을 성벽으로 활용하였다. 전체적으로 하천과 구릉, 높은 산의 능선이라는 자연지형을 최대한 활용하였기 때문에 도성의 평면 형태는 자연스럽게 반월형을 이루게 되었다(도21). 한편 전체 성벽의 둘레는 약 4,800m로 추정되고, 이는 앞서 살펴본 궁예도성 외성 둘레의 4/1에 해당된다.

궁성은 도성의 한가운데 위치하며 동벽이 도성의 그것과 중복된다(도19, 21). 즉 도성의 동벽에서 시작하여 서쪽으로 뻗은 두 개의 구릉을 따라 새로 궁성의 벽을 축조하였다. 그러나 항공사진과 지적도 상으로 궁성의 서벽 전체를 추적하기는 어려운 상태이다. 촬영 당시에 주택과 학교, 운동장의 건설로 인해 원래의 모습을 찾기가 매우 어렵기 때문이다. 다만 남벽이나 북벽처럼 자연구릉의 흐름을 타고 계속해서 성벽이 축조되었다면 과거의 인봉지 제방-현재 전주정보영상진흥원 뒷담-을 서벽으로 보는 것이 자연스럽다고 하겠다(곽장근 2013). 그렇다면 궁성의 전체적인 형태는 항아리와 같은 모습이 되고, 성벽의 둘레는 1,800m 정도로 궁예도성의 궁성과 같다[12].

성벽은 전체적으로 토축을 기본으로 하면서 부분적으로 지형에 따라

---

12) 이곳은 승암산을 주산으로 하였을 경우 풍수적으로 혈처에 해당하는 명당이라고 한다(김두규 2004, 곽장근 2013)

석축을 한 것 같고, 일부 구간에서는 산능선을 그대로 성벽으로 활용하였다. 예컨대 동벽과 북벽은 구릉 頂部나 그 아래에다 削土 혹은 盛土를 하면서 성벽을 이어나갔다(곽장근 2013). 궁예도성의 예를 참조하자면 당시에는 성토를 하더라도 판축이 정연하지는 않았을 것으로 추정된다. 그리고 基底部에도 안정성과 내구성을 확보하기 위해서 돌을 여러 단 보강했을 것으로 추정된다. 한편 평탄지대에 축조된 서벽과 남벽의 일부 구간, 그리고 궁성의 서벽은 지반이 약하고[13] 의지할 만한 자연물이 거의 없는 곳이기 때문에 돌로 성벽을 쌓을 수밖에 없었을 것으로 생각한다. 이와 관련하여 <전주부사>에서 언급한 동정리일대(물왕멀) 석재는 오랜 기간 이들 성벽으로부터 반출될 것일 가능성을 배제할 수 없다(곽장근 2013).

문지는 견훤도성이 기본적으로 자연지형을 최대한 활용하여 축조한 점을 감안하면 어느 정도 추정이 가능하다. 예컨대 도성의 전체적인 플랜과 지형을 비교 검토한다면 직접적인 자료의 부족을 메울 수 있다고 생각한다. 현재 도성의 문지로 추정되는 곳은 모두 11곳이다(도21). 그 중에서 북문지로 추정되는 곳은 모두 4곳인데, A는 <전주부사>에서 언급한 화장장에서 동정리일대(현 전주시청)로 통하는 뒷문이고, C는 진안으로 통하는 길목으로 오늘날의 서낭댕이이다. 두 지점이 모두 도성 내부로의 접근성이나 외부와의 교통에 유리하기 때문에 북문지로 추정하고자 한다. 동문지의 후보는 모두 3곳인데 위와 같은 관점에서 E와 G가 동

---

13) 전주의 평탄지대는 전주천의 범람과 함께 시내를 가로지르는 소하천의 범람 및 퇴적이 반복되기 때문에 곳곳에 모래와 자갈층이 깔려있다(전주시·전주부사국역편찬위원회, 2009). 그리고 전주시의 주산 역할을 하는 승암산이 돌산이기 때문에 강우의 흡수와 배출이 빨라서 전체적으로 전주시의 지반을 약화시키는 요인이 되고 있다.

문지로 추정된다. 각각 오늘날의 솔때백이와 마당재에 해당된다. 남문지는 도성과 승암산의 곡간부를 연결하는 통로로 동고산성으로 향하는 교통아파트 일대의 H밖에 없다. 마지막으로 서문지는 평탄지대를 향해서 넓게 개방된 곳이라서 문지를 추정하기가 상대적으로 어려운 편이다. 평탄지대로의 교통과 궁성의 위치를 감안한다면 후보지는 I, J, K가 될 수 있는데, 그중 전주역 동쪽의 동정리일대로 통할 수 있는 K와 궁성을 드나들면서 평탄지대로 쉽게 접근이 가능한 J가 가장 유력한 서문지가 될 수 있다. 각각 오늘날의 전주시청 부근과 풍남초등학교 앞이다. 한편 궁성의 문지로는 도성의 동문지E(솔때백이) 외에 서문지가 1곳 정도는 있었을 것으로 추정되며, 구릉으로 막힌 남쪽과 북쪽에는 문이 설치되지 않았을 것으로 생각한다.

이상의 검토를 통해서 평지성인 견훤도성의 실체를 어느 정도 살펴볼 수 있게 되었다. 여기에 더하여 지금까지 수습된 유물과 조사된 유구를 통해서 견훤도성의 고고학적 경관을 간략히 복원해보면 다음과 같다. 먼저 궁성에는 견훤의 침전과 정전, 부속 관사 등이 세워져 있었을 것이고, 도성 내에는 수많은 관사가 자리잡고 있었을 것이다. 그리고 도성의 서벽을 경계로 넓은 전주천변의 평탄지대에 역시 관사와 민가, 시장 등이 있었을 것이다. 한편 남고산성에서 불상이 발견된 것으로 미루어 평지의 도성 안팎에 사찰도 존재하였을 것으로 유추할 수 있다(전라북도·한서고대학연구소, 2003)

이제 고토성과 전주천변으로 이어졌던 성벽을 검토해볼 차례이다. 그동안 고토성의 존재를 확인하고 구체적인 위치와 범위를 제시했던 연구자는 많았다(도10~12). 그러나 구체적인 흔적을 추적하기가 어려운 상태웠는데, 지금은 위성사진을 통해서 토성을 추적하는 것이 가능하게 되었다(도22-①). 검토 결과 성의 모양이나 위치에서 <전주부사>의 기록이 매우 정확했음을 알 수 있다(도10). 그렇다면 이 토성이 언제 축조된 것인가가 견훤도성과 관련하여 매우 중요하다. 사실 가까운 완주에서는 견훤이 도성을 축조하기 이전에 이미 삼례토성이 축조된 사례가 있고(전북대박물관 2005), 통일신라 말에는 지방의 거점으로서 한반도 각처에서 토성이 축조된 사례도 있다(성정용 2000). 따라서 현재로서는 견훤이 직접 축조했거나 이미 그 자리에 있던 토성을 도성의 시설로써 재활용했을 가능성이 모두 인정된다[14].

그리고 <전주부사>는 고토성과 도성의 북단 사이로부터 서쪽의 가타쿠라제사공장까지 또 다른 성벽이 지나간다는 점을 구체적으로 기록하였다. 즉 덕진 방면에서 찍은 사진과 함께 성벽의 길이가 1,200m이며, 무수한 자기편과 기와편이 출토된다고 하였다(도15-⑤). 이 흔적은 항공·위성사진상으로 불분명하지만[15] 도시계획도에는 제사공장으로 향하는 도로상에 분명하게 성벽으로 표현되어 있다(도20). 따라서 견훤과 관련이 있는 성벽으로 보는 것이 합리적이다. 이것과 관련하여 두 가지 문제가 제기된다. 하나는 왜 현재의 전주천변으로 성벽이 더 연장되지 않았는가와 성벽의 기능이 무엇이었는가이다.

전자에 관련하여 <전주부사>는 450m 정도 떨어진 전주천이 견훤도

---

14) 고토성의 원래 모습이 모두 복원되지는 않지만 도성과의 거리가 매우 가깝고 위치상으로도 도성과 추가된 북벽을 포함하여 중심에 위치하고 있기 때문에 이전 시기에 축조된 성이라고 할지라도 견훤의 입장에서 그대로 방치하였다고는 보기 어렵다.

15) 성벽은 폐기된 이후에 통상 도로로 사용된다. 성벽이 직선적이고 민가나 관청과 같은 장애물이 없기 때문이다. 이 경우 성벽 위를 그대로 사용하는 경우도 있고, 성벽의 흙을 제거하고 큰 도로를 내는 경우도 있다. 이러한 상황은 일제강점기에 작성된 철원군의 지적도에 잘 드러나 있다(도4).

성이 축성될 당시에는 오목대에서 직진하여 성벽 끝선을 지나 덕진방향으로 흘러갔다고 하였다. 이 문제는 김주성이 '궁성의 전주부성설'을 제기할 때 본격적으로 부각되었다. 즉 김주성은 전주천이 서쪽으로 이동하지 않고 현재의 흐름을 후백제시대부터 유지하였다고 주장하였다(김주성 2013). 그러나 김주성을 제외한 대부분의 연구자들은 전주천의 西遷을 인정하고 있다(전영래 1992, 장명수 1994, 조법종 2003, 이경찬 2004). 필자는 전주천의 서천 여부에 대해서 현재로서는 판단하기 어렵다는 입장이다. 왜냐하면 지형학적, 수리학적 관점에서 서천을 인정하기 어렵지만[16] 그렇다고 각종 문헌기록이나 구전대로 오목대와 검암에 배를 맨 흔적이 있다는 사실도 무시하기 어렵기 때문이다. 그런데 도시계획도를 자세히 살펴보면, 전주천은 수량이 많아질 경우 다가정 일대의 돌출된 지점에서 흐르던 물길이 세차게 부딪혀 시내방향으로 흘러갈 가능성이 매우 높다는 것을 발견할 수 있다(도면20)[17]. 도시계획도에도 유독 그 지점에서 북으로 제사공장이 있는 지점까지 소하천이 발달되어 있는 모습을 관찰할 수 있다(도면20). 이러한 사실로 미루어 성벽이 제사공장을 지나 서쪽으로 연장되지 않는 이유가 전주천의 범람 때문에 성벽이 유실되었거나 전주천과 소하천의 잦은 범람으로 소택지나 저습지화해서 인마가 교통할 수 없는 지대가 되었기 때문일지도 모르겠다.

---

16) 일반적으로 물의 흐름은 수량과 지형에 좌우된다. 전주천은 수량이 많았을 때 한벽당에서 回折된 물길이 별다른 장애물이 없이 그대로 직진하게 된다. 이 때 한벽당 주위는 渦流가 형성되면서 일시적으로 수량이 많아져 호수처럼 貯流의 기능을 수행한다. 그리고 직진하던 물길은 산기슭을 따라 흐르면서 반대편으로 토사를 밀어내 시내쪽으로 자연제방을 형성하게 된다.

17) 비슷한 사례가 경주 北川의 범람이다. 문헌기록에 의하면 북천이 범람한 사례가 많았는데, 수량이 많아질 경우 소금강산과 명활산 줄기의 협곡을 통과한 물길이 숲머리에서 꺾여서 경주시내의 월성쪽으로 흘러갔다고 한다(이기봉 2002).

후자에 대해서는 방어적 기능으로 설명하는 것이 가능하다. 이미 앞서서 언급하였듯이 전주는 서북방향이 개방된 분지인데다가 견훤도성이 동쪽의 구릉지대에 치우쳐 있으므로 관사나 민가, 시장 등이 형성되었을 평탄지대를 보호하기가 매우 어렵다. 따라서 도성 안팎을 보호하는 기능의 성벽을 기존의 도성과 연결하여 쌓을 수밖에 없었을 것이다. 그리고 같은 성격의 성벽이 남쪽으로 200m 떨어진 지점에 하나 더 있었다고 한다(전주시·전주부사국역편찬위원회, 2009). 이 두 개의 성벽은 당초 견훤의 축성계획과 어긋난 것으로 보이기 때문에(도21) 도성 축조 이후에 필요에 따라 추가로 만들어진 것으로 보는 것이 좋을 것 같다.

이와 관련하여 오목대 아래에서 발견된 성벽(도22-②)과 <전주부사> 집필자 및 전영래가 승암산과 고덕산을 잇는 산줄기를 도성의 성벽으로 표현한(도10,11) 점도 검토해볼 필요가 있다. 이미 앞서 살펴 본대로 견훤도성은 산자락를 도성 남벽의 일부로 활용하였다. 그리고 오목대 아래에서 발견된 성벽은 북쪽으로 (이)발산, 동쪽으로 승암산으로 이어지는 산줄기를 성벽의 연장선으로 생각하지 않고서는 이해하기 어렵다. 이러한 이유로 <전주부사>의 집필자나 전영래가 주장한대로 후백제인들도 산줄기를 포함한 도성체계를 실제 설계했을 가능성을 배제할 수 없다.

마지막으로 견훤도성의 방어체계를 살펴보면 다음과 같다(도22-③). 1차적으로는 궁성과 내성을 갖춘 견훤도성 그 자체이다. 그 다음에는 서천하기 전의 전주천이든지 아니면 승암산에서 흐르던 관선교천이든지 도성의 서쪽방면에 하천이 흘러서 직접 도성을 보호하는 해자의 역할을 하였고, 동쪽으로도 역시 사천이 같은 역할을 수행하였다. 또한 도성 바깥의 시가지를 보호하기 위해 북으로 두 갈래의 성벽을 추가로 쌓았으며, 고토성도 기존의 견훤도성과 추가로 쌓은 북벽의 중심에서 방어를 통제하거나 전초로서의 역할을 수행하였던 것으로 추정된다. 그 바깥쪽으로는 승암산과 고덕산에서 뻗어내린 산세가 동쪽으로 도당산, 매봉산으로 이어지고, 서쪽으로는 완산칠봉과 용머리고개, 당산으로 이어지면서 자연적인 방어벽의 역할을 수행하였다. 그리고 그 중심에는 서고산성(황방산성), 구억리산성, 동고산성과 남고산성이 있었다. 특히 이미 앞선 시기부터 산성으로서의 기능을 수행해오던 동고산성과 남고산성은 산줄기를 통해 도성과 직접 연결되면서 군사적으로 다른 산성보다 중요한 역할을 수행하였을 것으로 보인다(강원종 2014, 전라북도·한서고대학연구소 2003).

## V. 맺음말

지금까지 궁예도성과 견훤도성에 대해서 새롭게 발굴된 자료를 중심으로 살펴보았다. 그 결과 궁예도성의 입지와 도성플랜, 방어체계, 경관 등에 대해서 일부 새로운 사실을 확인할 수 있었다. 그리고 견훤도성에 대해서도 오랫동안 축적된 성과를 비판하고, 항공·위성사진과 지적도, 도시계획도, 성읍지를 토대로 새로운 내용을 많이 밝힐 수 있었다. 그 핵심은 도성플랜과 성벽 축조방식, 문지, 궁성의 위치, 도성의 규모와 방어체계 등이었다. 그 과정에서 <전주부사>에 기록된 내용이 비교적 충실하였음을 밝힐 수도 있었다. 그리고 이상의 검토내용을 토대로 두 성을 간략히 비교 분석하여 보면 다음과 같다.

궁예도성과 견훤도성은 도성플랜과 규모에서 차이가 있음에도 불구하고 실제로는 많은 공통점도 가지고 있다. 가령 성벽은 토축을 기본으로 하되 석축이 혼용되었고, 기존에 도성 주위로 축조되어 있던 산성과 토성을 재활용하였으며, 도성을 포함하여 주변의 하천과 자연지세, 산성을 활용한 다중의 방어체계를 구축하였다.

　　그러나 두 성이 공유하는 가장 중요한 특징 중의 하나는 바로 자연지형을 최대한 활용하여 축조되었다는 점이다. 이를테면 궁예도성은 도성 전체를 남북으로 관통하는 두 개의 하천과 그 주변에 발달되어 있던 소구릉의 영향으로 궁성의 모습이 내·외성과 전혀 다른 모습이 되었다. 그리고 내성과 외성의 구획 및 그것을 관통하는 도로도 정연하지 않게 되었다. 견훤도성은 더욱 철저하게 자연지형을 활용한 결과물이다. 잘 발달된 구릉지대를 성벽으로 활용하였고, 하천을 성벽의 경계지대 내지는 해자와 같은 역할을 하도록 의도적으로 기획되었다. 더 나아가 산의 능선부를 성벽으로 삼았을 뿐만 아니라 연속된 산줄기를 방어체계의 축으로 삼게 되었다.

　　이렇게 태봉과 후백제가 자연지형을 최대한 활용하면서 축성했던 근본적인 이유는 도성의 축조에 필요한 여러 가지 여건이 제대로 충족되지 못했기 때문이다. 잘 알려져 있다시피 궁예가 철원에서 도성을 만들기 시작한 실질적인 시기는 903년 무렵이다. 직접 신하들을 이끌고 철원 일대를 살펴본 이후에 본격적인 축성이 시작되었는데, 이때까지 궁예는 기반을 옮겨가면서 세력을 키워나가던 시기였다. 이후 국호를 마진과 태봉으로 바꾸면서 918년까지 정권을 이어나갔다. 이러한 과정을 살펴보면 궁예가 체계적으로 축성계획을 세우고 실행에 옮기기에는 제반 여건이 미비하였다는 것을 알 수 있다. 견훤 또한 마찬가지 상황이었을 것이다. 일찍부터 전주를 도성지로 의식하고 준비했을 가능성도 있지만 전쟁의 수행과 국가체제의 정비라는 현실적 여건은 궁예와 비슷하였을 것이다. 따라서 자연지형을 최대한 활용한 현실적 축성계획을 수립할 수밖에 없었을 것이다.

그러한 과정에서도 궁예는 주변국으로부터 발전된 형태의 3중 장방형 플랜을 기본으로 삼았고 치성이라는 선진적 요소도 수용하였다. 이에 비해 견훤은 도성이 입지할 공간 자체가 협소했던 관계로 더욱 철저하게 자연지형에 적응하는 형태의 축성전략을 수립할 수밖에 없었다. 그 결과물이 바로 궁예도성과는 전혀 다른 모습의 반월형 플랜이고, 궁예도성에 비해서 1/4로 제한된 도성의 규모이다.

아울러 궁예도성(905~918년)과 견훤도성(900~936년)은 운용기간에서도 두 배 이상의 차이가 있었다. 이는 축성 이후에도 끊임없이 도성을 보완할 여건의 차이를 말해준다. 실제로 후백제는 도성을 축조한 이후에 도성 바깥의 시가지를 보호하는 역할을 담당하는 북벽을 추가로 건설하기도 하였다.

참고문헌

강원도, 2006, <철원 평화시 건설 기본구상 연구>

강원문화재연구소 외, 2005, <철원군문화유적분포지도>

강원종, 2013, 전주 동고산성 발굴 성과와 의의, <후백제 왕도 전주의 재조명>, 한국고대사학회 학술대회 자료집, pp.27-50

강원종, 2014, 전주 동고산성의 고고학적 검토, <한국고대사연구74>, pp.31-77

곽장근, 2013, 후백제 궁궐의 위치와 도성 규모에 대한 토론문, <후백제 왕도 전주의 재조명>, 한국고대사학회 학술대회 자료집, pp.130-135

곽장근·강원종, 2006, 동고산성의 발굴조사 현황과 성격, <후백제문화 재조명 학술조사보고서>, pp.37-69

국립중앙박물관, 2009, <철원 태봉국도성 조사자료집>

김두규, 2004, 풍수지리로 본 전주, <지도로 찾아가는 도시의 역사> 전주역사박물관, pp.299-331

김주성, 2013, 후백제의 궁궐 위치와 도성 규모, <후백제 왕도 전주의 재조명>, 한국고대사학회 학술대회 자료집, pp.53-66

김주성, 2014, 후백제 왕궁의 위치에 대한 제견해와 활용방안, <후백제 유적의 정비 방안>, 국회·전주시·국립전주박물관, pp.9-18

김진광, 2011, 발해 도성의 형성과 도시구조, <고려수도 개경과 동아시아의 도성문화>, 국립문화재연구소, pp.56-71

김현숙, 2004, 지도를 통해 본 전주의 근현대 공간구조 변화, <지도로 찾아가는 도시의 역사>, 전주역사박물관, pp163-199

奈良國立文化財硏究所 外, 1998, <なら平城京展98>

董新林, 2011, 遼代 도성의 유형과 형태구조에 대한 초보적 고찰, <고려수도 개경

과 동아시아의 도성문화>, 국립문화재연구소, pp.118-137

성정용, 2000, 후백제 도성과 방어체계, <후백제와 견훤>, 서경문화사, pp.71-102

신창수, 2007, 발해의 성곽, <발해의 역사와 문화>, 동북아역사재단, pp.251-274

신호철, 2006, 태봉의 국외관계, <태봉국역사문화유적 학술조사 연구용역보고서
>, 한림대학교, pp.78-93

王禹浪·薛志强·王宏北·王文軼 編, 2004, <東北遼代古城(下)> 哈爾濱出版社

王禹浪·王宏北 編, 2007, <高句麗渤海古城址硏究(下)> 哈爾濱出版社

육군사관학교박물관, 1996, <강원도 철원군 군사유적 지표조사보고서>

이경찬, 2004, 전주의 도시형성과 고대·중세의 도시형태, <지도로 찾아가는 도시
의 역사>, 전주역사박물관, pp.45-103

이기봉, 2002, 신라 왕경의 범위와 구역에 대한 지리적 연구, <지리학논총45(별
집)>, pp. 1-238

장명수, 1994, <성곽발달과 도시계획연구-전주부성을 중심으로>, 학연문화사

전라북도·한서고대학연구소, 2003, <전북 고대산성 조사보고서>

전북대학교박물관, 2005, <완주군문화유적분포지도>

전북문화재연구원·전주시, 2009, <전라감영>

전영래, 1992, <전주 동고산성 건물지 발굴조사 2차 약보고서>, 원광대학교 마한
백제문화연구소

전주시·전주부사국역편찬위원회, 2009, <국역전주부사>

조법종, 2006, 후백제 전주도성에 대한 문헌적 검토, <후백제문화 재조명 학술조
사보고서>, 전주시·전주역사박물관, pp.21-36

조법종, 2003, 후백제 전주의 도성구성에 나타난 사령체계, <한국고대사연구29>,
pp.191-217

조법종, 2014, 후백제 왕도 전주, <후백제 유적의 정비 방안> 국회·전주시·국립전

　주박물관, pp.21-39

조선총독부, 1916, <고적대장(강원도편)>

철원문화원, 2006, <철원의 성곽과 봉수>

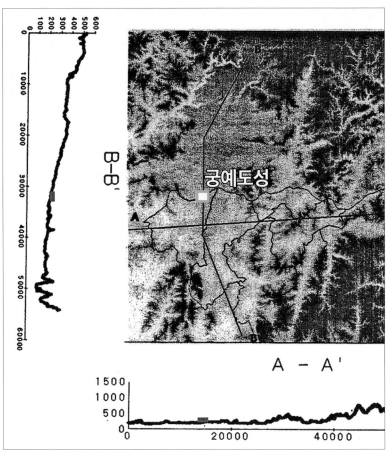

<도1> 철원·평강분지 지형지세(강원도 2006)

<도2> 궁예도성과 그 주변의 (일제강점기) 지형도

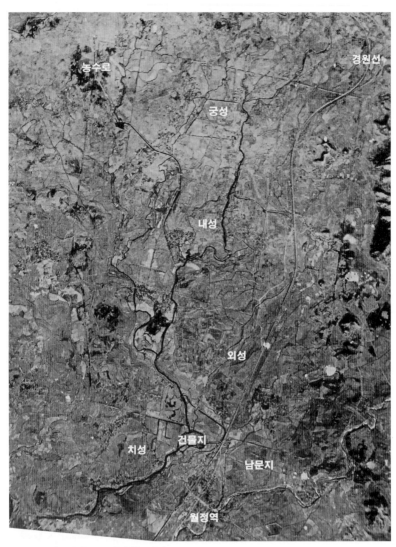

<도3> 궁예도성과 그 주변의 항공사진(강원문화재연구소 2005)

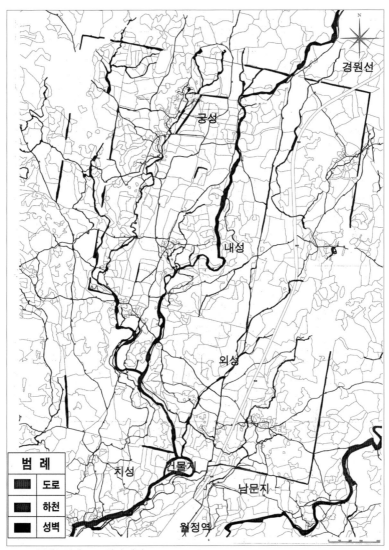

경원선

궁성

내성

외성

치성

건물지

남문지

월정역

<도4> 궁예도성과 그 주변의 지적도(국립중앙박물관 2009)

범 례

| | |
|---|---|
| | 도로 |
| | 하천 |
| | 성벽 |

<도5> 태봉 주변국의 도성플랜(奈良國立文化財硏究所 1998, 신창수 2007,
王禹浪·薛志强·王宏北·王文軼 2004, 王禹浪·王宏北 2007)

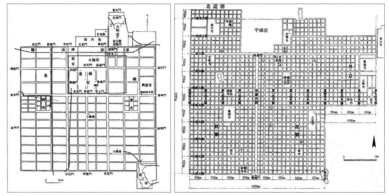

① 당 장안성

② 일본 평성경

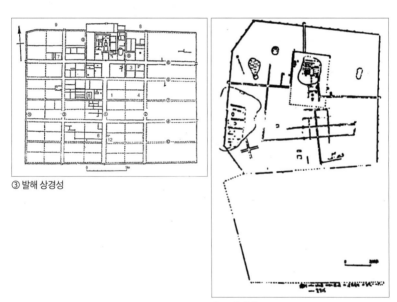

③ 발해 상경성

④ 요 상경성

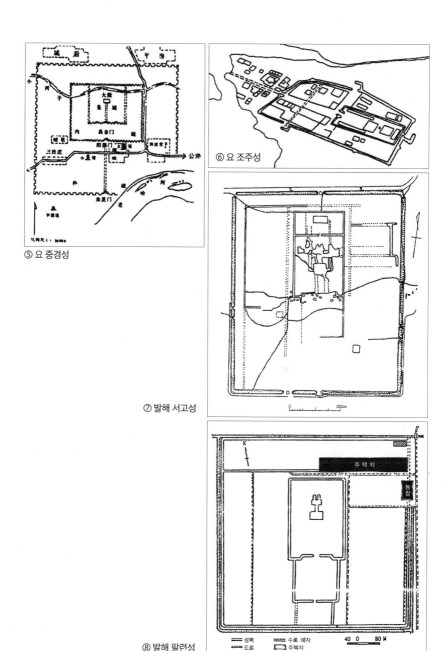

⑤ 요 중경성

⑥ 요 조주성

⑦ 발해 서고성

⑧ 발해 팔련성

성벽    수로 해자
도로    주택지

40 0   80 M

주택지

농장

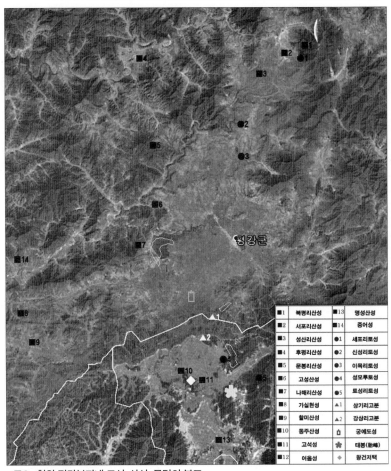

평강군

| ■1 | 북평리산성 | ■13 | 명성산성 |
| ■2 | 서포리산성 | ■14 | 증어성 |
| ■3 | 성산리산성 | ●1 | 새포리토성 |
| ■4 | 후평리산성 | ●2 | 신성리토성 |
| ■5 | 문봉리산성 | ●3 | 이목리토성 |
| ■6 | 고성산성 | ●4 | 성모루토성 |
| ■7 | 나매리산성 | ●5 | 토성리토성 |
| ■8 | 가실현성 | ▲1 | 상기리고분 |
| ■9 | 할미산성 | ▲2 | 강상리고분 |
| ■10 | 동주산성 | ☖ | 궁예도성 |
| ■11 | 고석성 | ✳ | 태봉(胎峰) |
| ■12 | 어움성 | ◆ | 왕건저택 |

<도6> 철원·평강분지내 토성, 산성, 무덤의 분포
(조선총독부 1916, 강원문화재연구소 2005, 철원군 2006, 국립중앙박물관 2009)

① 월하리 토성(철원)

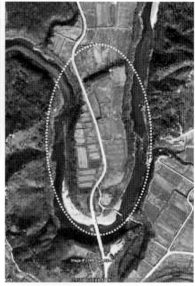

② 성모루 토성(철원)

③ 토성리 토성(철원)

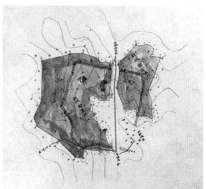

④ 신성리 토성(평강)

<도7> 철원·평강분지내 토성
(조선총독부 1916, 강원문화재연구소 2005, 철원군 2006, 국립중앙박물관 2009)

① 외성 동벽(단면)

② 외성 동벽

③ 외성 동벽(일제강점기 촬영)

④ 외성 남대문지(일제강점기 촬영)

⑤ 외성 남대문지(일제강점기 촬영)

⑥ 내성(일제강점기 촬영)

<도8> 궁예도성의 성벽(국립중앙박물관 2009)

&lt;도9&gt; 궁예도성의 석등(국립중앙박물관 2009)

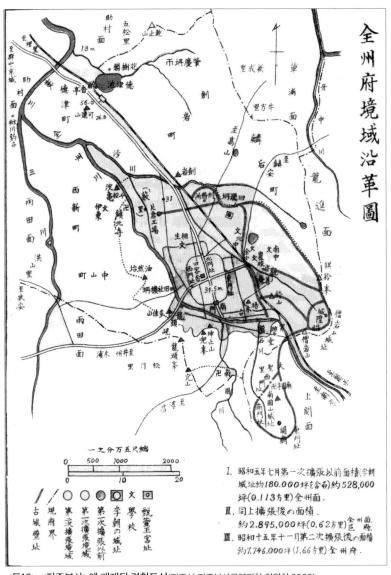

<도10> <전주부사>에 게재된 견훤도성(전주시·전주부사국역편찬 위원회 2009)

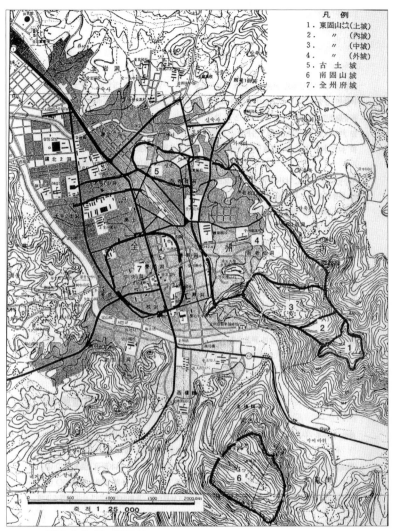

凡　例
1. 東固山城(上城)
2. 〃 (内城)
3. 〃 (中城)
4. 〃 (外城)
5. 古 土 城
6. 南固山城
7. 全 州 府城

축척 1：25,000

<도11> 전영래가 제시한 견훤도성(전영래 1992)

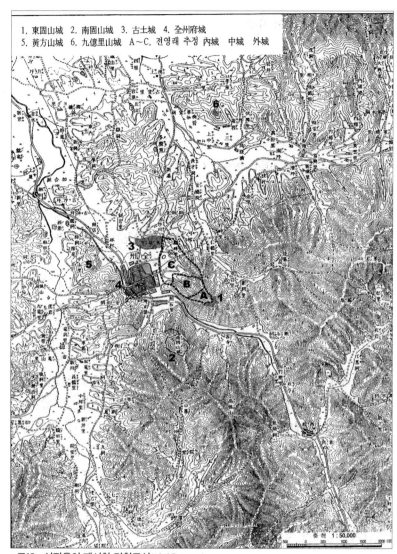

<도12> 성정용이 제시한 견훤도성(성정용 2000)

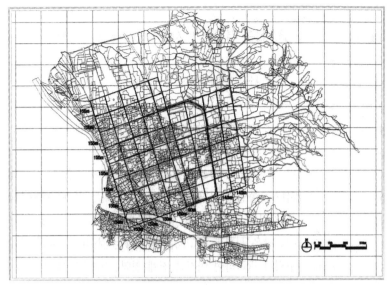

① 전주부성의 방리구획

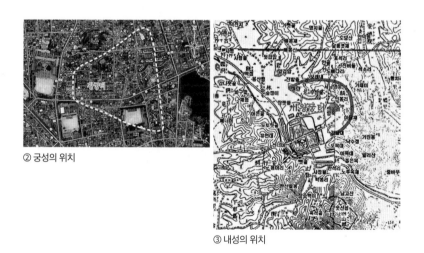

② 궁성의 위치

③ 내성의 위치

<도13> 전주부성의 방리구획(이경찬 2004)과 곽장근이 제시한 견훤도성(곽장근 2013)

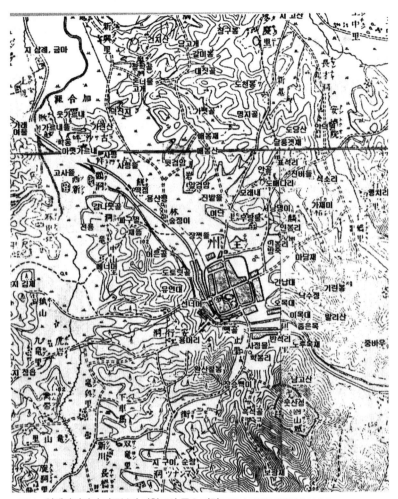

<도14> 일제강점기의 전주분지 지형도와 중요 지명(전주시·전주역사박물관 2004)

① 전주역 동쪽에서 바라본 모습(남동→북서)

② 형무소에서 바라본 모습(서북→동남)

&lt;도15&gt; &lt;전주부사&gt;에 게재된 견훤도성 사진(전주시·전주부사국역편찬 위원회 2009)

③ 왕궁 뒷문 터

④ 화장장에서 바라본 모습(서북→동남)

⑤ 덕진 방면에서 바라본 성벽(북→남)

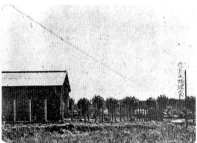

⑥ 오목대 인근의 성벽

① 전라감영지에 확인된 통일신라시대 유구

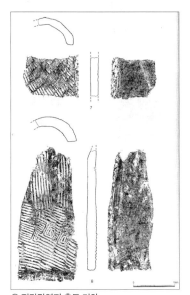

② 전라감영지 출토 기와

③ 시내출토 연화문와당

④ 구(舊)도립의원 출토 전돌

<도16> 전주의 평탄지대에서 출토된 유구와 유물(전북문화재연구원·전주시 2009, 전주시·전주부
사국역편찬 위원회 2009)

<도17> 1948, 1954년도 견훤도성과 그 주변의 항공사진(국방정보본부 제공)

<도18> 1968년도 견훤도성과 그 주변의 위성사진(국토지리원 제공)

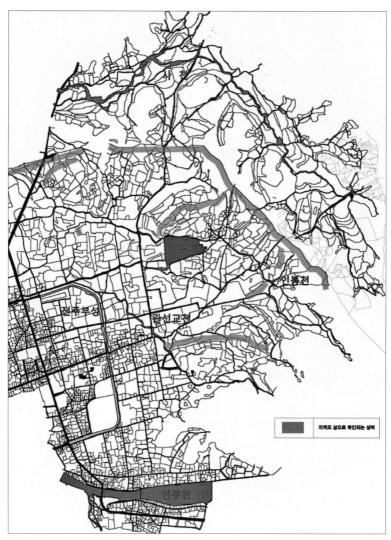

<도19> 일제강점기 견훤도성과 그 주변의 지적도(국가기록원·전주시 제공)

&lt;도20&gt; 일제강점기(1938년)에 작성된 전주시 도시계획도(이호림 제공)

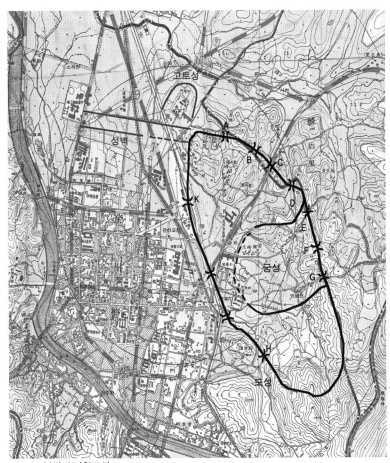

&lt;도21&gt; 복원된 견훤도성

① 고토성 (1968년)

② 오목대 인근의 성벽

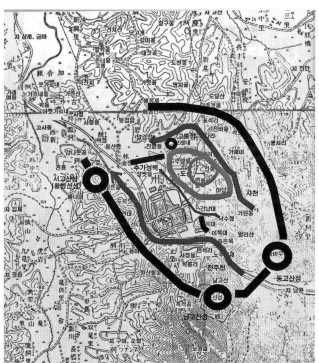

③ 견훤도성의 방어체계

<도22> 고토성과 오목대 인근의 성벽, 그리고 견훤도성의 방어체계

# 철원도성 연구의 현 단계

이재

(재)국방문화재연구원 원장

## 목차

## 1. 서언

철원도성에 관해 관심이 증대되어 조사와 연구가 시작되기 시작된 것은 1990년대 중반부터였고, 당시 제일먼저 이 조사에 나선 것은 국립문화재연구소(소장 조유전)였다. 동 연구소는 이미 전방 군사보호구역에 대한 문화재 지표조사 10개년 사업을 추진해 오던 중 1995년 철원군 일대를 조사하게 된 것이다.

또한 비무장지대 일원의 관방유적 10개년 조사사업을 추진하던 육군사관학교 사학과 교수들과 육사박물관은 1996년 궁예도성에 대한 조사를 시작했으며, 그 후 철원군청이 중심이 되어 꾸준히 궁예와 궁예도성에 관해 학술대회를 개최해 왔다.

그러나 철원도성에 관한 연구는 기대했던것 만큼 활발히 진행되지를 못했다. 우선 도성을 연구하기 위해서는 도성의 현장답사 및 조사가 필수적인데 도성이 정확하게 비무장지대 한가운데 위치하고 있어 조사를 위한 출입이 거의 불가능했기 때문이다. 또 비무장지대에 들어가더라도 도성의 절반은 북한지역에 있었으며, 그나마 남한쪽에 있는 도성도 지뢰와 불발탄 등으로 자유로운 통행에 많은 제약을 받을 수밖에 없기 때문이다.

뿐만 아니라 철원도성은 905년부터 918년까지의 13년이라는 짧은기간의 도읍지인데다 궁예가 축출된 후 도성지역은 황폐화된 채 고려, 조선을 거쳐 1100년간 방치되어왔기 때문이다. 더욱이 철원은 6.25시 '철의 삼각지'의 하나로서 지형이 바뀔 정도로 포탄을 퍼부은 대표적인 격전지임으로 지형도 상당히 바뀔 수밖에 없었다.

따라서 철원도성의 현장조사를 통한 연구는 극히 제한적으로 이우러질 수밖에 없었으며, 오히려 장차 있게 될 남북의 공동발굴조사를 위한 준비단계로써 문헌조사 및 자료획득에 관심을 돌려야 했다.

궁예의 定都기간이 13년밖에 안된데다 결국 축출되고 그 후 철원도성이 폐허화 됨에 따라 철원도성에 관한 그 당시 문헌이나 자료는 단 하나도 남아있지 않았다. 그간 20여년간 도성에 관한 연구가 진행된 것은 궁예가 몰락한 후 수백 년이 지난 2차 사료나 지도 및 구전 등을 통해서 그나마 이루어져 그 한계가 뚜렷하며 이것조차 현지조사를 통해 확인하여야 할 것이 대부분이다.

이 글은 그동안 도성에 관해 밝혀진 연구내용을 요약정리하는 글로서 편의상 다음과 같이 몇 개의 분야로 나누어 정리하고자 한다.

우선은 철원도성의 무대인 풍천원을 역사지리적으로 분석하고 다음으로 철원도성의 성벽구조와 잔존실태를 살핀 후 이어 도성 내부구조와 坊里制를 다룰 것이다. 그리고는 이어 도성주변에 남아있는 유적들을 제시해 보고 끝으로 그간 도성에 관한 연구성과를 검토한 후 결론으로 앞으로 발굴조사를 위한 몇 가지 제안을 제시하고자 한다.

## 2. 楓川原은 어떤 곳인가

궁예는 898년 鐵圓(현 동송 일원)에서 평산 박씨 등 浿西 지역의 호족이나 해상 세력가인 왕건 가문 등의 친 고구려 세력의 중심지인 송악으로 천도한 후 901년 드디어 그곳에서 후고구려를 건설하였다.

일찍이 경기도, 강원도, 충청도로 영역을 확대한 궁예는 후고구려를 건설한 후에도 수년간 지속적으로 정복을 통해 영역을 확대해 나아갔다. 북쪽으로는 황해도와 고구려 옛 영역을 장악한 후 발해와 접경하게 되었는가 하면 서쪽으로는 해양경략을 본격화 하여 羅州일대를 장악하여 후백제에 압력을 가했으며, 신라의 영역도 계속 공략하여 남쪽으로는 공주, 죽령과 금강을 연결하는 선까지 밀고 내려와 904년 경에는 한반도의 3분의 2이상을 장악하는 확실한 霸者로 성장하였으며, 드디어 국호도 후고구려에서 대동방제국을 뜻하는 摩震으로 바꾸게 되었다.

이에 이르러 궁예는 한반도와 만주일대까지를 아우르는 대제국의 수도로서 친 고구려 세력의 중심지이며 한반도 서쪽에 치우쳐 있는 송악이 적절치 않다고 판단하고 새로운 도읍을 건설하게 되었다.

궁예가 송악을 포기하고 새 도읍지를 건설한 곳은 그가 송악으로 들어가기 전 잠시(896~898년) 머물렀던 철원이 아니라 그곳에서 20km 정도 북쪽에 위치하고 있는 楓川原 언덕이었다. 현재로는 이 거창한 새 도읍 건설에 관한 기록이나 문헌들이 없어서 새 도읍건설에 관해 자세히 알 수는 없다.

그러나 궁예는 삼국사기에서 알 수 있듯이 이미 국호를 마진으로 바꾸기 이전부터 새 도읍지를 선정하기 위해 903년 철원과 부양(斧壤;평강) 일대를 수 차 답사하였다.

탁월한 지리적 식견과 도참사상에 능통했던 궁예는 과거 철원에서 머물렀던 시절 광활한 철원평야와 풍천원 벌판 일대의 지정학적 중요성에 대하여 이미 간파하였을 것으로 볼 수 있다. 당시 풍천원 일대는 평강이나 철원 및 김화 같은 큰 도시가 발달한 곳은 아니었고 조그만 자연부락이 더러 있었던 곳이었다. 즉 궁예는 새로운 벌판에 전혀 새로운 대규모 도읍을 건설하려 했던 것이다. 새로운 도읍으로 송악일대의 세력들과 주민들도 이주했겠지만 궁예는 새 도읍의 중심세력으로 궁예에게 우호적이었던 청주사람 일천호를 904년에 이주시켰다. 이것이 오늘날 청주한씨의 시조로 궁예가 거론되는 이유이기도 하다.

905년에 궁예가 도읍을 풍천원의 신철원으로 이주를 감행한 당시에는 대궐이나 관아시설 등 중요한 시설들만 우선 조성하고 기타 시설은 장선부(障善部) 등이 중심이 되어 수년간 지속적으로 추진되었을 것이다.

궁예가 대동방제국에 걸맞는 새 도읍을 건설하게 된 풍천원은 어떤 곳이며 이곳을 새 도읍지로 정한 이유는 무었이었을까? 당시 풍천원의 우리말 명칭은 '신내벌'이었고 철원은 '쇠두레'였다. 신내나무는 단풍나무를 뜻하고 있었으며, 이 표현이 한자화하여 楓川原이 되었고 그 후 한자로 쓴 모든 지리서들이나 역사서에는 '신내벌' 이름은 사라지고 풍천원 이름으로 남게되었다. 풍천원의 이름은 『삼국사기』나 『삼국유사』 등 삼국시대에 관한 기록에는 찾아볼 수 없다.

풍천원의 이름이 제일먼저 나타나는 사서나 지리서는 『세종실록』이다. 세종실록 세종15년(1433년)에 …회암산에서 사냥하는 것을 구경하고 양주 풍천 벌판에서 머물렀다(…觀獵于檜巖山,次于楊州楓川之原)는 기록이 나타나고 1434년에도 講武시 楓川 또는 楓川原에서 머물렀다는 기록들이 나타난다. 그 후 『고려사지리지』(1454년) 東州편에서 궁예 궁전의 옛 터가 주북쪽 27리 풍천원 벌판에 있다고 언급하고 있다.(弓裔宮殿古基在府北二十七里楓川之原)

조선시대에 이르러서 『신증동국여지승람』(1530년)에서 『고려사지리지』의 내용을 그대로 인용한 이래 조선시대에 많은 지리서에서도 모두 궁예가 세운 새 도읍지가 풍천원에 있음을 이구동성으로 전하고 있다. 즉 궁예가 송악을 포기하고 나와 새 도읍을 건설한 곳은 송악으로 들어가기 전 잠시 머물렀던(896~898년) 鐵圓이 아니라 철원에서 북쪽으로 20km 떨어진 楓川原이었던 것이다. 한반도의 중심부와 구 고구려의 옛 영역을 장악한 궁예는 단순히 고구려를 계승하는 차원의 국가를 넘어서 한반도 전체와 더 나아가 발해의 영토까지를 아우르는 제국을 건설하기 위해 새로운 도읍을 한반도의 중심부인 철원평야의 풍천원으로 정했던 것이다.

이렇게 볼 때 '楓川'은 행정적으로 만들어진 지명이 아니라 오랜기간 불리워 오고 있던 자연적 지명으로 보이며 '原'은 언덕, 평원, 들판 등의 뜻을 지니는 지형의 성격을 뜻하는 접미사로서 서로 결합하여 풍천원으로 고정된 것으로 생각된다.

풍천원의 위치에 대해서는 조선시대의 『조선지도』나 『청구도』, 『대동여지도』 등의 지도에서 표시하고 있으나 개략적인 위치만 표시한 관계로 그 정확한 위치를 알기 어렵다. 풍천원의 자세한 위치를 표시한 지도는 1918년에 조선총독부에서 제작한 『근세조선5만분의1지도』와 1993년 육군지도창에서 제작한 5만분의1군사지도(평강지역)이다.(지도1,2 참조) 풍천원은 현재 비무장지대 안에 놓여 있는 철원도성 중 약간 북쪽으로 치우쳐 약70%를 차지하고 있다.

위 두 지도에는 철원군 북면 일대에 풍천원이란 지명이 명확히 나타나 있다. 특히 1918년의 지도상에는 풍천원의 상한선과 하한선 지역에 풍천원이 이중으로 표기되어 있으며, 그 사이에 '弓裔都城址'라고 적혀 있고 궁예도성지에 '고궐동', '율목동', '내풍동', '외풍동' 등의 마을 이름들이 기술되어 있다.

뿐만 아니라 이 마을들과 궁예도성지를 내포하고 있는 풍천원 주변으로 남북으로 긴 方形의 궁예도성 내성이 둘러쳐져 있다. 이와 같이 풍천원의 면적이 궁예도성의 내성과 거의 일치함을 볼   때 내성은 풍천원의 외각을 따라 축조한 것으로 보인다. 궁예는 이 풍천원을 새로운 도읍지로 선정하여 905년 이곳으로 천도하기 수년전부터 시작하여 천도한 후에도 지속적으로 궁궐과 사찰, 관아 등의 중요 시설을 축조했던 것으로 보인다.

풍천원 일대는 현무암의 용암대지에 해당된다. 이곳은 신생대 제4기

(2백만년전 이후) 평강의 오리산(鴨山, 453m)에서 분출한 현무암의 용암이 남서쪽으로 흘러내려와 평강과 철원의 열곡지대를 메꾸면서 형성된 용암대지이다. 분출된 현무암 용암이 많지 않아 비교적 낮은 대지가 형성되었고, 북쪽에서 남쪽으로 점차 낮아지고 있으며, 경사도는 약2.5°이다. 풍천원 일대 용암대지의 고도는 북쪽이 300m, 남쪽이 260m이며, 도읍의 중심지였던 고궐동 일대는 280m 정도이다. 따라서 궁궐터는 풍천원의 남쪽부분 보다 20~30m 높아서 조망이 양호했으리라 짐작된다.

풍천원 일대는 큰 하천은 없고 안에서 생겨난 세류천이 다소 확인될 뿐이어서 수량이 부족한 곳이었다. 오리산은 백두산과 같이 분화구를 통해 물이 공급되는 화산이 아님으로 풍천원 일대에 물을 공급하는 수원지가 되지 못하였다. 이런 점에서 풍천원은 일국의 도읍이 들어서기에는 물의 확보에 있어서 어려운 조건을 갖고 있었으며, 이를 해결하기 위해 도성에는 수백 개의 우물을 파야만 했다.

풍천원 일대는 주변의 타 지역보다 약간 높기 때문에 해방 전까지도 북서부 및 남동부 일부를 제외하고는 논농사가 어려운 곳이고 대부분 밭농사나 축산을 실시해 왔다.

풍천원이 역사무대에 등장하는 것은 이곳에 새로운 도성이 들어서면서 부터이지만 고대사회에서 한때 이곳에 도읍이 형성된 바 있다.

魏의 관구검이 224년 고구려를 공격하여 국내성을 함락시키자 고구려는 남하하여 평양의 낙랑을 공격하여 이들을 몰아내고 평양으로 천도한 바 있다. 그러자 낙랑은 남하하여 오늘날 풍천원에 새 도읍을 정한바 있다. 신채호는 그의 『조선상고사』에서 풍천원이 상당기간 남낙랑의 도읍이었으며, 백제 고이왕과도 국경을 접하여 상쟁하였음을 밝히고 있다.

그러나 313년 낙랑이 몰락한 후 풍천원은 고구려 수중으로 들어가고 말았으며, 궁예가 새 도읍을 건설할 때까지는 김화나 부양, 철원 등과 같은 주목할 만한 도시는 형성하지 못하고 조그만 자연부락들만이 있었던 곳이었다.

그렇다면 궁예는 새로운 대제국의 도읍지로 왜 이와같이 자연적 조건도 불리하고 역사적으로 잘 알려지지도 않은 풍천원을 택했던 것일까? 궁예가 도읍을 송악에서 풍천원으로 옮긴 것은 영토팽창과 성장에 따른 그의 정치적 야망의 확대에서 그 관련성을 찾아볼 수 있을 것이다. 궁예가 901년 송악에서 후고구려를 건국할 당시 영토는 황해도 일부와 강원도 및 경기도와 충청도 일부였으며, 그 당시 그의 정치적 야망도 여전히 반신라적인 고구려의 재건이었다.

그러나 그 후 수 년 동안 정복과 영토확장은 보다 활발해져 904년에 이르러서는 한반도의 3분의2 정도를 장악하게 되었으며, 국호도 '후고구려'에서 마진으로 바꾸었다. 이제는 고구려를 재건하는 것이 아니라 한반도를 통합하는 대제국의 건설로 그의 정치적 야망이 바뀐 것이다.

대제국을 건설하고 이를 경략하기 위해서는 우선 무엇보다 먼저 도읍이 제국의 중심부에 있어야 할 것으로 판단하였다. 궁예에게 있어서 한반도의 중심부는 풍천원이 있는 철원평야였다. 풍천원 일대는 북으로 평강, 서로 송악, 남으로 철원, 동으로 금성(김화) 등 동서남북으로 통하는 사통팔달의 교통 요충지이며, 철원평야를 포함하고 있는 한반도의 중앙 지역이었다.

특히 철원평야 일대에서도 약간 지형이 높은 풍천원이야말로 도읍의 중심지로 최적의 장소로 판단하였다. 천혜의 광활한 풍천 언덕에 그는 대제국에 걸맞는 새로운 도읍을 설계하였던 것이다. 당시까지만 해도 대도시나 도읍의 입지는 중심에 산이 있고 그 주위에 마을이 형성되는 것이 보편적이었지만 이런 경우에 해당하는 철원이나, 송악, 금성, 부양 등에서와 같이 도시는 규모가 작아 새로운 제국의 수도로 성장하기에는 부적합한 것으로 본 것 같다. 그런 점에서 대규모의 도읍건설은 인근에 산은 없어도 넓은 대평원으로 택했던 것으로 추정된다. 뿐만 아니라 풍천원 언덕 주변의 광활한 철원평야가 갖고 있는 경제적 중요성도 함께 고려 했을 것이다.

궁예가 풍천원 벌판에 전혀 새로운 도읍을 건설하는 데에는 과거 고구려에 기반을 두고 있었던 호족이나 해상세력이 새로운 제국건설에는 견제되어야 할 대상으로 판단했을 것이다. 풍천원의 새로운 도성건설로 송악이나 철원의 호족이나 귀족 및 관료들은 그 곳으로 이주해야 하였으며, 따라서 그들의 세력은 상대적으로 약화될 수밖에 없었다.

궁예는 앞에서 언급한 바와 같이 새 도읍으로 청주에서 일천호를 이주시켜 그들을 새로운 세력기반으로 삼았던 것이다. 그 외에도 궁예는 한반도 남쪽에 있던 후백제와 신라에 압박을 가하고 그들을 공략하기 위해서도 서해쪽에 치우친 송악보다는 대륙의 중심부인 풍천원이 유리 했다고 본 것 같다.

또한 풍천원에 새 도읍을 건설하는 데이는 풍수지리설도 영향을 주었던 것으로 보인다. 궁예는 어려서 승려가 되었지만 신라 말 호족세력에 인기가 있었던 풍수지리설에도 관심이 깊었다. 궁예가 풍수지리설을 접하게 된 것은 승려생활을 통해서이며 굴산문과 밀접한 관계가 있었던 世達寺에서부터인 것으로 보인다. 풍수지리설은 호족이나 새로운 정치세력의 성장과 대두를 그들이 태어난 지역의 지리나 역사, 전설 등으로 합리화하는 믿음으로 궁예가 머물렀던 철원 일대에는 지금까지도 궁예와 관련된 풍수설화가 상당히 많이 전해져 오고 있다.

철원일대 궁예와 관련된 초기의 풍수설화는 금학산(金鶴山, 944m)이 鎭山이 되는 철원도읍이 궁예의 본거지였으나 그가 풍천원으로 도읍을 옮기면서 궁예가 몰락했다는 내용이지만 궁예는 도읍을 풍천원으로 옮기면서 금학산을 포기한 것이 아니라 풍천원 북서쪽의 高岩山(730m)과 금학산을 모두 진산으로 받아들였다고 보았다. 특히 궁예는 금학산에 대한 애착이 유별하여 철원도성을 오른쪽으로 약9.5° 기울게 축조하였는데 이는 궁궐인 포정전(布政殿)에 궁예가 앉았을 때 금학산이 정면에 오도록 도성을 설계했다고 보는 견해도 있다. 결국 궁예는 금학산과 고암산을 모두 진산으로 하는 풍천원으로 도읍을 천도함으로써 이 일대를 풍수지리설상으로 새로운 궁예정권 출현의 근거지로 합리화했던 것으로 보인다.

풍수지리설이 풍천원으로의 천도에 영향을 준 것은 사실이겠지만 그것은 궁예의 정치적 야망과 그에 따른 풍천원으로의 천도에 중심적인 역할을 한 것으로 보기 보다는 궁예의 천도와 관련된 정치적 야망과 신념을 뒷받침 하는데 부차적으로 이용되었다고 보아야 할 것이다.

## 3. 도성의 구조와 잔존실태

철원도성의 구조와 규모에 대해 처음 밝히고 있는 지리서는 1530년에 발간된 『신증동국여지승람』이며 그 후 조선시대의 지리서들은 대부분 이 내용을 그대로 받아들이고 있다.

그 후 1942년에 조선총독부에서 발간한 『조선보물고적조사자료』에서 그 규모에 대해 상세히 언급하였으며, 그 후 출간된 1977년의 『문화유적총람. 상권』에서는 위 내용을 그대로 전달하고 있으며, 그 후에는 더 이상의 새로운 자료가 없는 실정이다.

그러나 가장 신빙성이 있는 철원도성의 구조와 규모에 대한 자료는 1918년 일제시대의 지도(지도1 참조)와 1993년의 군사지도(지도2 참조) 및 1951년 미군이 촬영한 항공사진(사진1 참조)일 것이다. 이상의 내용을 모두 표로 정리하면 다음과 같다.

『신증동국여지승람』은 철원도성이 외성과 내성의 2중성으로 구성되었다고 밝혔으나 그 모양이 方形인지 아니면 다른 형태인지는 언급하지 않았으며 둘레도 작은편이어서 내성(381m)은 내성안의 궁성으로 추측되고 외성(2,824m)은 내성의 일부 또는 궁성과 황성을 합한 둘레의 성이 아닐까 생각이 들 정도이다.

| 자료구분 | 년도(년) | 외성 | 내성 | 비고 |
|---|---|---|---|---|
| 『신증동국여지승람』 | 1530 | 2,824m (14,121척) | 381m (1,905척) | |
| 『조선보물고적조사자료』 | 1942 | 10,908m (6,000간) | 727m (400간) | 方形 |
| 일제시대 지도 | 1918 | 12.5km | 7.7km | 方形 |
| 군사지도 | 1993 | 12.5km | 확인곤란 | 方形 |
| 항공사진 | 1951 | 12.5km | 7.7km | 方形 |

『조선보물고적조사자료』는 철원도성이 2중성이며 方形으로 되어있음을 밝혔다. 그리고 내·외성의 폭과 높이까지 적은 것으로 보아서는 실측한 것으로 볼 수는 있으나 외성을 6,000간, 내성을 400간으로 기술한 것으로 보아서는 내·외성의 둘레만은 실측한 것으로 보이지 않는다. 외성이 10,908m이고 내성이 727m인 점을 보면 외성은 남아있는 외성만을 언급한 것 같고 내성은 역시 궁성이 아닌가 생각된다.

1918년 일제시대의 지도와 1993년 군사지도 및 1951년의 항공사진을 비교해 보면 도성이 모두 동서보다 남북이 긴 방형의 2중성임이 확실하며 그 중 내성과 외성의 북벽이 같이 사용되고 있음을 알 수 있다.

도성의 규모는 도표에서 알 수 있듯이 외성의 둘레는 12.5km, 내성은 7.7km 정도로서 비슷한 형태의 중국 장안성이나 발해의 동경성과 비교해 볼 때 내성이 상당히 넓은 것으로 보인다. 장안성이나 동경성의 내성이 외성 면적의 10% 이내인데 비해 철원도성의 경우는 36% 정도에 이른다.

외성과 내성이 방형의 구조를 갖고 있으나, 외성의 경우 서벽 남측부분 1.5km 정도는 약간 오른쪽으로 틀어져 있어 정확한 방형이라 하기는 어려우나 그 틀어진 각도가 작아서 전체적인 모습은 방형이라고 부르는 것이 적합할 것 같다. 서남벽 일부를 동쪽으로 이렇게 약간 틀어지게 한 것에 대해서는 이를 설명할 수 있는 자료들이 없어서 명확히 설명하기는 어려우나 그 일대의 지형 때문이 아닌가 생각된다. 즉 외성 서벽은 약 300m 고도에서 시작하여 점차 낮아져 280m까지 내려오게 되는데 그 아래는 250m 정도의 논에 해당됨으로 약간 높은 오른쪽으로 외성의 방향을 틀었을 것으로 보인다. 또 필자의 몇 차례 현장방문에서도 외벽이 잘 남아있지 않는 남서벽 일대의 지형이 좌측 논 지역보다 높았던 것으로 보였다.

1918년의 지도와 1993년 지도에서는 모두 내성과 외성 성벽선은 동일한 위치를 지나며 그 규모에 있어서도 차이는 없다. 그렇다고 하여 성벽이 모두 남아있는 것으로 표현하지는 않았다. 남아있는 성벽선은 비교적 두터운 점선으로 표시하였고 성벽이 없는 부분은 아무런 표시를 하지 않았다. 그런데 1918년의 지도가 1993년의 지도보다 75년 먼저 만들어졌음에도 불구하고 1993년 지도보다 남아있지 않는 성벽구간이 훨씬 많다.

그것은 1918년의 지도는 근본적으로 삼각측량에 의하여 성벽을 측량함으로써 성벽의 높이가 어느정도 확실하게 파악되는 부분만을 지도에 표시하고 그보다 낮은 성벽은 표시하지 않았기 때문이 아닌가 생각된다. 반면에 1993년의 군사지도는 항공사진을 바탕으로 지도를 제작하게 됨으로 성벽의 높이와 관계없이 성벽선이 사진상에 어느정도 남아있을 경우 모두 선으로 연결하여 표시할 수 있었을 것이다. 실제로 1951년의 항공사진에는 철원도성의 내성과 외성의 성벽선 윤곽이 정도의 차이는 있지만 육안으로도 확인되고 있다.

1918년 지도에서 성벽선으로 표시되지 않은 부분들은 우선 외성 남서벽과 외성 남벽의 상당부분, 그리고 외성의 가칠리 일대인데 1993년 지도에서는 이 누락된 성벽선들이 모두 실선으로 표시되어 있어 명확하지는 않더라도 성벽선의 흔적이 다소라도 남아있을 것으로 추정된다. 필자가 실제로 수 차례 현장을 방문했으나 지뢰의 매설과 수목 등으로 인해 남한지역의 성벽 중 일부만 관찰할 수 있었음으로 성벽이 어느정도 남아 있는지는 확인할 수 없었다. 이러한 점들은 앞으로 현장 발굴을 통해서 밝혀질 수밖에 없는 실정이다.

두 지도에 있어서 내성 부분의 성벽선은 외성과는 달리 1993년 지도보다는 1918년의 지도가 더욱더 많은 부분이 남아있는 것으로 표시하고 있다. 1918년 지도에는 내성의 서벽과 남벽은 모두다 남아있는 것으로 표시되어 있고 동벽 중 동남쪽 3분의2 정도가 없는 것으로 그려져 있다.

그에 비해 1993년 지도에는 서벽 중 남서벽의 3분의1 정도는 성벽이 없고 남벽과 동벽은 전혀 없는 것으로 되어있다. 외성 부분에서는 1918년 지도에서 안나타나는 성벽선도 1993년 지도에서는 자세히 표시되었던 것을 생각하면 내성의 남벽과 동벽 부분이 없는 것으로 되어있는 것이 이해하기 어렵다. 이 부분에 대하여 1951년의 항공사진을 확인한 결과 내성 전체에 관한 표시는 분명히 확인이 가능한데 서벽은 비교적 선명하나 남벽과 동벽 일대는 비교적 희미하게 확인될 뿐이었다.

이것은 1918년 이래 개간이나 6.25전쟁 등으로 인해 성벽이 많이 훼손된 것이 아닌가 생각해볼 뿐이다. 필자도 이 내성의 남벽과 동벽선에 관심을 갖고 00GP에서 관찰을 하였으나 남벽 일대에는 현무암 돌들이 동서로 연결된 선이 여럿 확인됨에 따라 실제의 남벽선을 확인하기 어려웠으며, 동벽은 3번국도와 나란히 수목이 우거져 있어 성벽선을 확인할 수 없었다.

철원도성의 발굴조사는 도성 성벽을 조사하는 것이 중심일 수는 없다. 내성 안에 축조된 역사적인 신 도읍 구조를 조사하는 것이 철원도성 발굴조사의 핵심이어야 할 것이다. 다만 철원도성 특히 내성의 성벽선을 확인하는 것은 신 도읍 중심지의 위치를 확인하는 작업임으로 신 도읍

조사에서 먼저 필요한 작업일 것이다.

풍천원의 역사적인 새 도읍지 조사를 목표로 하는 성벽선의 확인은 우선 성벽 라인을 확인하고 이를 측량하는 작업이 선행되어야 하겠지만 이 지역이 6.25의 최고 격전장이었던 '철의삼각지'의 하나로 되어있는 만큼 불발탄이나 지뢰 매설 등으로 조사가 빨리 순조롭게 진행되기가 쉽지 않을 것이다. 그러나 본격적인 조사를 위하여 우선 드론을 이용한 도성지 촬영이 가능할 수 있을 것으로 보아 남북간에 이를 먼저 협의할 필요가 있겠다.

다음으로 확인해보아야 할 문제는 내·외성의 원래 축조형태나 현재의 잔존실태이다. 앞에서도 언급했던 바와 같이 거대한 신 도읍 건설에 관한 설계도면이나 관련자료들이 현재 전해지는바 없어서 성벽의 제원을 알 수는 없다.

다만 1942년의 『조선보물고적조사자료』에 유일하게 성의 높이와 폭, 그리고 성벽의 재질에 대해 언급하고 있을 뿐이다. 이를 표로 제시하면 다음과 같다.

| 구분 | 높이 | 폭 | 재질 |
|------|------|-----|------|
| 외성 | 1.2~3.6m<br>(4~12척) | 3.6~10.9m<br>(2~6간) | 토축 |
| 내성 | 2.1m<br>(7척) | 3.6m<br>(12척) | 토석혼축 |

외성의 높이가 1942년 당시 최고 3.6m정도였고 폭은 10.9m였으며, 내성은 높이 2.1m, 폭 3.6m인 점을 볼 때 내성의 폭이나 높이 등이 외성보다는 작은 규모였던 것 같다. 그러나 내성의 둘레를 400간, 즉 727m로 기록한 것으로 보면 이 내성이 궁성이었을 가능성도 배제할 수 없다. 2001년 필자가 외성의 잔존 동벽을 확인해 봤을 때 높이는 1.2m, 성 하단 폭은 6~7m, 상단 폭은 5m내로써 원래의 성벽보다는 작은 것이었으며 사다리꼴의 긴 성벽이 100여m 시야에 들어왔다.

외성의 재질은 흙으로 쌓은 것으로 보이나 일부 지역에서는 현무암들이 포함되어 있었다. 그 후 수 년 뒤 필자는 이 토축 동벽이 판축으로 이루어졌는가를 확인할 기회를 가진바 있다. 시간이 충분하지는 못했지만 당시 동행했던 유병하 국립춘천박물관장은 단면의 조사를 통해 판축의 가능성이 큰 것으로 보았다. 거대한 외성을 모두 과연 판축으로 축성했는지 여부는 앞으로의 체계적 발굴조사에서 확인해야 할 사항이다.


## 4. 도성 내부구성과 坊里制

철원도성이 이중성이며 그 형태가 내·외성 모두 方形이라는 점은 『신증동국여지승람』과 『조선보물고적조사자료』 및 1918년 일제시대 지도와 1993년 군사지도 및 1951년의 항공사진을 통해서 확인된 바 있다.

확실한 근거는 없지만 궁예가 새로운 도성을 조성하는 데에는 당의 장안성과 발해 동경성이 영향을 받았을 것으로 보고 있다. 이 세 도성은 모두 평지에 세운 대규모의 이중 方形도성이다. 궁성과 황성 중심으로 구성된 내성이 외성 내부 북벽 중간에 연접하여 있다는 점도 공통점이다.

　장안성의 경우는 궁성과 황성을 분리하여 삼중성으로 보는 경우도 있으나 발해의 동경성의 경우는 하나의 성곽으로 연결되어 있어 이중성으로 불리우고 있다.

　철원도성의 경우는 『신증동국여지승람』이나 조선시대 대부분의 지리서들이 내성, 외성이라는 표현을 통해 이중성이라고 밝히고 있고 일제시대의 『조선보물고적조사자료』에서도 이중성으로 밝히고는 있으나, 『신증동국여지승람』이나 『조선보물고적조사자료』에서 내성의 둘레가 각각 381m(1,905척)와 727m(400간)로 표현되어 있어 항공사진이나 현대 지도에서 확인한 7.7km(내성)와 비교할 때 너무 작아서 이들이 내성 안에 있는 왕궁 또는 궁궐과 관련된 성이 아닐까 하는 생각을 해 보게 된다. 이럴 경우 철원도성은 삼중성으로 보아야 하는가 하는 생각도 할 수 있으나, 현대 지도나 항공사진에서 내성 안의 다른 성의 존재에 대한 표시가 없음으로 철원도성은 일단 이중성으로 보아야 할 것이다.

　철원도성이 장안성이나 동경성과 비교할 때 특이한 점은 철원도성의 내성 규모가 장안성이나 동경성의 내성보다 훨씬 크다는 점이다. 세 도성의 외성과 내성을 비교하면 다음 표와 같다.

| 성의 구분 | 외성 둘레 | 내성 둘레 |
|---|---|---|
| 장안성 | 30.7km | 12.312km |
| 동경성 | 15.479km | 2.242km |
| 철원도성 | 12.5km | 7.7km |

앞에서 언급했듯이 장안성이나 동경성은 내성의 면적이 외성 면적의 10%가 넘지 않는데 비해 철원도성은 무려 36%에 이른다. 이중의 도읍성일 경우 내성은 왕을 중심으로 하는 시설들이 들어서는 통치자들과 관련된 성곽이다. 장안성이나 동경성 등을 볼 때 내성은 궁성과 황성 부분으로 나누어지고 있다. 궁성은 내성의 윗부분을 차지하고 있으며, 대개 왕과 왕족이 기거하는 궁궐이나 정원, 연못 등 통치자와 관련된 사적 시설이다. 그에 비해 황성은 왕의 공적 집무시설이나 회의실, 접견실 등과 관아, 사원 등의 통치 관련 시설이 들어서 있는 곳이다.

궁예가 풍천원에 새 도읍을 축조할 시 내성과 외성 시설을 동시에 했다고 보기는 어렵다. 새 도읍의 공사가 천도 이전 2~3년 전부터 시행되기는 하였지만 일차적으로 궁성이나 황성 등을 준비하기 위해 내성의 축조를 먼저 했을 것이다. 우선 대제국의 위상에 걸맞게 궁궐과 황궁을 다양하게 축조했다고 보여진다. 고궐동에 있었다는 포정전이나 만세궁지 등이 대표적인 왕궁 시설이며 사적인 궁궐도 이에 못지 않게 화려하게 축조했을 것이다.

그 외 1918년 지도에는 폐사지나 탑의 자리도 표시되어 있다. 특히 궁예는 스스로 善宗의 법호를 가졌고 어려서부터 절에서 자랐으며 경전 20권을 집필한 것으로 전해져오는 점 등으로 보아 내성 안에 우선 사원을 조성했을 것으로 보인다. 불교를 숭상했던 발해인들이 화려하고 장엄한 사원을 내성과 외성 사이에 9개나 축조한데 비해 스스로를 미륵불로 자처했던 궁예는 내성안에 미륵전 등 대규모 사찰을 조성했던 것으로 보인다.

그 외 장안성 등지에서는 관아시설을 내성에 가까운 내성밖 좌우에 조성했는데 비해 궁예는 황궁에서 직접 관리들과 관아를 통치하기 위해 내성에 관아시설을 조성했을 수도 있겠다. 이와 같이 궁예는 내성에 전제왕권의 역량을 확대하기 위해 궁궐과 황궁을 다양하고 화려하게 조성했는가 하면 미륵전 등 사원을 다수 조성하고 나아가 관아시설을 내성 안에 설치함으로써 내성의 규모가 장안성이나 동경성보다 넓었던것으로 추정할 수 있다.

내성이 왕을 중심으로 한 통치자들과 관련된 성곽이라면 외성은 백성들의 보호와 통제 및 효율적 지배를 위한 공간이다. 궁예가 축조한 풍천원의 도성과 비슷한 장안성이나 발해의 동경성은 모두 평지의 방형도성이다. 장안성이나 동경성은 모두 철저히 坊里制에 의해 내성과 외성 지역을 구획하였다. 철원도성도 이들 두 도성과 마찬가지로 새로이 축조하였는데 새로이 축조한 도성을 방형으로 하는 것은 도읍을 효율적으로 조성하고 관리하기 위함이다.

방리제란 내성의 황성 밖 지역을 남북과 동서로 여러 개의 십자형의 큰 도로를 만들어 바둑판처럼 수십 개 내지 수백 개의 4각형 구획인 격자모양의 坊을 만들어 이를 행정단위로 함과 동시에 기능적인 구역으로 시설을 배치하여 운영하는 도시구획 체제이다.

장안성과 동경성은 모두 외성 한가운데를 남북으로 관통하는 넓은 朱雀大路를 조성하고 이와 나란히 남북을 연결하는 도로를 조성했을 뿐만 아니라 동서로도 직선도로를 구획하였다. 장안성은 남북으로 11개조, 동서로 10개조의 도로가 구획되고 110개의 격자모양의 방이 형성되었는가 하면 동경성은 남북 9개조, 동서 12개조 모두 82개의 방이 형성되었다.

각 방들에는 그 안에 가옥들과 소로들을 갖추고 있어 하나하나가 행정단위가 되기도 하였다. 주작대로 좌우의 방에는 일반적으로 백성의 주택이 들어서 있지만 국가에서 운영하는 큰 규모의 시장들이 있었는가 하면 도자기, 금속물, 화폐, 기타 지방에서 올라온 특산물 등을 보관하는 대형 창고들도 있었으며, 생산도구나 필요한 도기와 토기 등을 생산하는 시설들도 갖추어져 있었고 주민들의 군사훈련을 위한 치마대, 활터 등 각종 연무장들이 갖추어져 있었다.

방리제에 의한 도시계획은 지세가 고르지 못한 지역이나 자연적으로 성장한 도시에는 적용하기 힘든 것이었으며, 광범위한 평야에 조성되는 새로운 도읍지에 그것도 상당한 수용인구를 갖추고 있을때에 시행하기 적합한 제도이다. 풍천원의 철원도성 내부가 방리제에 구성되었다는 자료는 일체 없다. 다만 철원도성이 장안성이나 동경성과 같이 평지 방형 도성이며, 계획적으로 조성되었다는 점에서 방리제를 적용했을 것으로 볼 수밖에 없다.

그런데 장안성이나 동경성의 경우 내성 지역은 궁궐이나 황실 및 기타 통치시설의 규모가 다양하여 철저한 방리제 적용이 어려웠던 것이 사실이다. 그러나 철원도성의 내성의 경우는 앞에서 언급한바와 같이 면적이 매우 넓고 또 궁궐과 황궁 외 다른 공공건물 및 다양한 사찰과 탑 등이 조성됨으로 내성에도 어느정도 방리제를 적용했을 것으로 볼 수 있다.

철원도성이 방리제로 구획되어 있다는 확실한 자료는 없지만 일제하에서 처음 실측된 지적도(1,200분의1)의 토지분할 상태를 확인할 경우 오래전 실시했을 것으로 보이는 방리제의 가능성을 엿볼 수 있다.

이 점에 대해서는 서울대 지리학과 명예교수인 이기석 교수의 「철원 풍천원과 태봉국도성지의 지리」(2016) 지리모노그래프와 정호섭, 구문경의 『태봉국도성 복원의 추진방안』(2014)에서 자세히 확인되고 있다. 이기석 교수는 1912년에 제작한 태봉국도성 일대의 지적도를 바탕으로 하여 도성 내 규칙적으로 구분되어 있는 토지구획선을 발견하여 이를 도면으로 작성하였다.(지도3,4 참조) 그리고 일부에서는 토지들이 직사각형의 규격에 따라 분할되었음을 파악한 후 이러한 토지분할이 오래전부터 되어 있었을 것으로 보고 이를 태봉국도성의 방리제와 연결시키고 있다.

1918년의 지도에는 철원도성의 門地가 외성 남벽 우측에 '南大門址' 한 곳으로 표시되어 있다. 그러나 방리제에 의한 도시구획의 경우 동서남북 모든 면에 몇 개씩의 문이 있기 마련이다. 장안성의 경우 동서남벽 3면에는 각각 세 개의 문이 있으며, 동경성의 경우 남쪽에 3문, 북벽에 4문, 동서 각2문으로 총11개의 문이 확인되었다.

남대문은 보통 주작대로와 통하는 것이 보편적임으로 1918년 지도에서 동쪽으로 편재되어 표시된 '남대문지'는 단순히 문지의 하나로 보아야 할 것 같다. 궁예가 풍천원으로 천도를 준비하기 시작한 것은 903년 무렵인 것으로 보인다. 그러나 도성 성벽의 축조나 궁궐, 사찰, 기타 공공건물을 짓는 일은 905년 천도 이후에도 계속될 수밖에 없었을 것이다. 따라서 방리제 역시 도로의 건설이나 민가의 축조 및 기타 도읍시설의 확충 등으로 천도 후 상당한 시간이 요구될 수밖에 없었을 것임으로 방리제의 도시정비는 완성된 모습을 갖추지 못했을 것으로 보인다.

결론적으로 철원도성의 경우 외성은 물론 내성까지도 방리제를 적용했을 것으로 보여 이 역시 앞으로 발굴조사에서 밝혀져야 할 중요한 도성의 요소이다.

## 5. 도성일대의 유적

먼저 궁예궁전(궁궐)에 관해 살펴보자. 궁예궁전에 관한 기록은 1454년『고려사지리지』에서 처음 언급된 이후 1864년『대동지지』에 이르기까지 계속하여 궁예궁전의 옛터가 풍천원에 남아있다고 언급되어 왔다. 그러나 그 정확한 위치는 1918년의 일제시대 지도와 1951년 항공사진 등에서 확인할 수 있게 되었다.

1918년 일제시대 지도에는 풍천원의 내성 안 북쪽에 古闕洞이란 마을명칭이 있고 그 좌측으로 연하여 사다리꼴 모양의 성터가 나타나는가 하면 그 아래 정사각형 모양의 조그만 성터가 하나 더 확인되고 그 한가운데는 塔이 서 있는 것으로 표시되어 있다.

아마도 이 일대가 곧 풍천원 도성지의 중심지로써 궁전이나 사찰, 탑 등 왕과 관련된 시설, 건물 등이 집중적으로 배치되었던 것으로 짐작된다. 사다리꼴 모양의 성터는 그 둘레는 하변이 600m, 상변이 350m, 좌변이 500m, 우변이 400m로 총 길이 1,850m이다. 그리고 중앙에 탑이 있는 정사각형 모양의 둘레는 600m 정도이다.

사다리꼴 모양의 성터가 방형이 아닌 모양인 것은 좌변과 상변 일대의 지형과 관련이 있었을 것으로 짐작해 본다. 일단 이 성터의 면적이 200,000㎡나 되는 점과 그 위치가 고궐동에 있다는 점을 볼 때 이 안에 알려진 布政殿이나 萬歲宮 등 왕과 왕족의 궁실과 공적인 집무실의 황실 등이 있었을 것으로 보인다.

그리고 그 아래 조그만 성터는 한 변이 150m정도 되는 면적으로 중앙에 탑이 있는 것으로 보아 미륵전 같은 사찰 터일 것으로 보인다. 사다리꼴 모양의 궁성은 축대를 쌓아 올리고 그리고 그 주위에 담을 쌓은 것으로 보인다. 옛 문헌에 계단이 있었다는 기록과 6.25이전 철원도성 지역에 거주했던 최점석 옹의 증언이 이를 뒷받침하고 있다.

비록 궁궐터나 미륵전 절터의 정확한 위치와 자세한 기록욱 남아있지 않지만 6.25이후 비무장지대에 포함되고 있음으로 그 터는 오히려 남아있으리라 추정된다. 이 일대가 실상 철원도성지의 핵심지역으로써 발굴조사의 가장 중요한 대상지인 만큼 장차 남북이 가장 긴밀하게 협조하여야 할 곳이다.

다음으로 중요한 유적은 石燈이다. 이 석등에 관해서는『조선보물고적조사자료』에 고궐리에 위치하고 있으며 등의 높이가 3.24m로 8각형 모양으로 5층에 석등이 있으며, 기단부와 각 층에 연꽃무늬와 당초무늬가 정교하게 새겨진 웅장한 모습인데 해방 후 일찍이 국보118호로 지정되었다.

1918년 지도에는 고궐리의 석등과는 달리 외성 일대에 또다른 석등이 표시되어 있다. 즉 외성 동쪽 남대문지 밖 바로 앞에 '弓裔時代石塔'이라는 글자와 탑의 모양이 표시되어 있다. 이 석탑의 위치는 행정적으로 어운면 운정리와 봉상리 중간지점에 해당된다. 그러나 이 석탑은『조선보물고적조사자료』나『조선고적도보』에 의하면 석등으로 설명하고 있다.

『조선보물고적조사자료』에 의하면 높이는 2.12m(7척)이고 8각형 모양에 3층으로 되어 있으며, 역시 연꽃무늬와 당초무늬가 조각되어 있는 것으로 설명하고 있는데 이는 고적도보의 사진과 일치한다. 다만 고적도보에는 석등이 분리되어 밑의 대석과 석등 몸체가 따로 찍혀져 있다. 전체적으로 보아 고궐리 석등보다 크기도 작고 석등부분도 정교한 맛이 많이 부족한 편이다.

다음으로 지도에는 나와있지 않지만 『조선고적도보』에는 이 운정리 8각석등 부근에 돌로 조각한 거북모양의 비석받침인 귀부(龜趺)의 사진이 보인다. 이 귀부의 크기는 폭이 3척, 길이가 4척이며 거북등에는 비석을 세웠던 사각형 구멍이 남아있으나, 비석은 보이지 않는다. 인접해 있는 이 석등과 귀부가 어떤 관계인지 그리고 지금도 남아있는지는 궁금할 따름이다.

다음으로 확인해야 할 유적은 1918년 지도에 표시된 외성 남벽 동쪽에 표시된 南大門址이다. 이 문지에 대해서는 아무런 기록이나 사진 등이 없다. 다만 앞에서 언급했듯이 남대문지보다는 남문지의 하나일 가능성이 있어 보인다. 현재 남방한계선이 이 지역을 통과하고 있어 육안으로도 관찰이 되나 문지를 확인할 수는 없고 약20m 길이에 높이 10m정도 되는 나무들이 밀식되어 있는 것이 보인다. 도성 남한쪽 유적조사시 먼저 조사해야 할 유적으로 보인다.

다음으로 철원도성에서 확인할 수 있는 유구는 도읍의 둘레를 구획한 성벽의 유구에 관한 것이다. 실제로 남방한계선 남쪽의 도성과 관련한 성벽의 확인은 내성과 외성 두 곳을 모두 확인해야 할 것이다. 왜냐하면 내성과 외성이 동시에 축조되었다고 볼 수 없음으로 내·외성의 축조기법이나 규모에 관해서는 둘다 모두 확인할 필요가 있기 때문이다. 그런 점에서 제일 먼저 확인가능할 것은 외성의 단면을 확인하는 일이다. 성벽 단면은 OOGP에서 동쪽으로 향한 군 수색로와 외성이 만나는 지점이 확인되고 있는데, 도로가 외성을 절단하고 있어 자연스럽게 동벽의 단면을 통해 축성재질, 규모, 축성방법 등을 확인할 수 있을 것이다. 앞으로 외성의 축성술 등을 확인하기 위해서 반드시 확인조사가 필요한 지점이다.

그 외 내성의 단면을 확인하기 위해서는 내성 남벽과 3번국도가 만나는 지점이 지도에서 확인할 수 있고 또 이 지점이 군사분계선 남쪽에 위치하고 있음으로 이곳 또한 확인해야 할 곳이다. 이 지점은 동쪽의 수색로 북쪽의 가까운 곳에 해당함으로 반드시 확인할 필요가 있다. 또한 이 지점은 도성 남벽이 북벽으로 바뀌는 회절부라는 점에서 더욱더 확인조사가 필요해 보인다.

그 외 전해지는 유적으로는 풍천원 궁궐을 포함한 내성에서 필요한 식수를 공급했던 御水井터에 관한 이야기다. 어수정에 관해서는 기록보다 구전에 의해 오랫동안 전해져 오는 것이지만 신빙성이 있는 이야기로써 해방전까지 잘 보존되어 왔다는 이야기이다. 풍천원 벌판은 오리산의 분화로 이루어진 현무암 용암대지인데, 오리산 분화구에서 물이 분출되지 않아 선행 하천들은 대부분 동서로 밀려나 동으로는 한탄강, 서로는 역곡천으로 양분화 되었음에 비해 도성 내부 세류하천은 풍천원 내에서 생겼음으로 수량이 적으며, 수질이 좋은 하계는 발달되어 있지 않았다. 따라서 도읍을 건설하면서 수많은 우물을 굴착한 것도 그런 연유에서이다. 그러나 왕실이나 도성 중심지에서는 양질의 많은 식수가 필요하여 일찍부터 도성 남쪽 남벽 일대에 어수정을 개발한 것으로 전해져

오고 있다. 이 어수정의 정확한 위치는 알려져 있지 않으나 어수정이 있었다는 홍원리 일원에 藥川이라는 하천명이 1918년과 1993년 지도에 모두 표기되어있다는 점에서 이에 대한 확인조사도 필요할 것으로 보인다.

풍천원 도성 일대의 유적이나 유구는 대개 위에서 언급한 내용이지만 부차적으로 이 일대에서 궁예와 관련된 유적도 이 기회에 잠깐 언급할 필요가 있을 것이다. 특히 철원일대와 일부 포천지역은 산성 등 오래된 관방유적이 많은 지역이다. 그리고 이러한 관방유적의 상당수가 궁예와 관련이 있는 것으로 알려져 있다. 일단 철원지역 일대 성곽을 요약하면 아래와 같다.

| 번호 | 명칭 | 특징 | 둘레 | 위치 |
|---|---|---|---|---|
| 1 | 철원도성 | 토성(평지성) | 외성: 12.5km<br>내성: 7.7km | 철원군 철원읍 홍원리 북방 비무장지대 |
| 2 | 중어성 | 평지성 | 200m | 철원군 철원읍 대마리 |
| 3 | 동주산성 | 석성(테뫼식) | 800m | 철원군 철원읍 중리 산2번지 |
| 4 | 월하리토성 | 토성(산성) | 600m | 철원군 철원읍 월하리 67번지 |
| 5 | 할미산성 | 석성(테뫼식) | 250m | 철원군 동송읍 장흥4리 구수동 |
| 6 | 성모루토성 | 토성(평지성) | 150m | 철원군 동송읍 양지리 오목동 |
| 7 | 고석성 | 석성(포곡식) | 820m | 철원군 갈말읍 군탄리 |
| 8 | 명성산성 | 석성(복합식) | 2,000m | 철원군 갈말읍 신철원리 명성산 |
| 9 | 어음성 | 석성(테뫼식) | 400m | 철원군 갈말읍 문혜리 삼성동 |
| 10 | 토성리토성 | 토성(평지성) | 600m | 철원군 갈말읍 토성리 273-3번지 |
| 11 | 성산성 | 석성(복합식) | 980m | 철원군 김화읍 읍내리 성재산 |
| 12 | 성동리산성 | 석성(테뫼식) | 368m | 포천시 영중면 성동리 산727번지 |
| 13 | 운악산성 | 석성(복합식) | 3,000m | 포천시 화현면 하현리 산202번지 |
| 14 | 보개산성 | 석성(복합식) | 4,200m | 포천시 관인면 중리 산251-1번지 |

위 관방유적을 유형화 한다면 다음과 같이 정리할 수 있을 것이다.

첫번째 유형은 명성산성, 보개산성, 운악산성 등의 전략적 거점산성 형태이다. 이 유형의 성은 규모도 2km~4km 정도로 크고 험준한 산에 있는 포곡식 산성으로 이민족이나 반란 등에 대비해 장기간 항쟁하기 위해 쌓은 산성으로 주로 후삼국 이후에 축조했으며 모두다 궁예가 쌓은 것으로 전해져오며, 이곳에서 궁예가 최후의 결전을 한 것으로 전해져오고 있으나 과연 궁예가 쌓았는지는 미지수이다.

둘째는 평지토성으로 토성리토성과 성모루토성이다. 이들은 대개 삼국시대 이전에 쌓은 토성으로 궁예와 직접적인 관계는 찾아볼 수 없다.

셋째는 삼국시대 피난성으로 성산성, 동주산성, 어음성이 이에 해당된다. 유사시 성으로 피신하기 위한 전형적인 피난성이며 조선시대에서 중수하여 활용하였다. 동주산성은 구 철원의 진산에 쌓은 성으로 궁예가 들어오기 전에 이미 쌓았던 성이다.

넷째는 철원평야로 진입하는 것을 막기 위한 철원 평야 외곽의 조그만 산성들로써 성동리산성, 할미산성, 중어성이 이에 해당된다. 궁예가 쌓았다는 전설이 전해져 오고있으나 시대가 그 이전으로 올라가는 성들이다.

끝으로는 철원도성과 월하리토성으로 궁예와 가장 깊은 관계가 있는 성들이다.

위의 성곽들은 궁예와의 관련설이 많지만 명확하게 궁예가 쌓았다는 명확한 기록은 많지 않다. 그렇지만 위의 14개 성곽중에 궁예 또는 궁예시대에 쌓았다는 기록이 있는 성은 태봉도성, 동주산성, 고석성, 명성산성 등이며 많은 다른 성곽들은 궁예와 관련성을 언급하고 있다. 이와 같이 이 일대의 성곽들이 궁예가 쌓았을 것이라는 기록이나 구전은 워낙 궁예가 막강한 정치, 군사적 실력자임으로 이 성곽들을 막연히 궁예와 연결시키고 있는 것으로 보인다.

이렇게 볼 때 이 일대의 많은 성을 궁예가 쌓았다기 보다는 그 이전 삼국시대나 통일신라시기에 쌓은 성들을 궁예가 철원일대에 정복활동을 하면서 군사적으로 활용했던 것으로 보인다.

실제로 궁예가 철원일대에서 활약한 시기는 896년 철원 입성으로부터 918년 왕건에게 축출당하기 까지의 22년에 해당한다. 산성을 쌓는다는 것은 고대국가에서도 강력한 군주시에나 가능함으로 끊임없는 전쟁과 정복활동을 해왔던 궁예가 성을 여러개 동시에 쌓았다고 보기는 어렵고 삼국시대에 이미 쌓인 성들을 활용했다고 보는 것이 타당할 것이다. 그럼에도 불구하고 궁예가 패주했다는 보개산성이나, 명성산성, 그리고 운악산성 및 구 철원의 동주산성이나 월하리토성은 궁예를 이해하는데 필수적인 산성으로 볼 수 있어 이들에 대한 중장기 조사 및 보존대책도 있어야 할 것으로 보인다.

끝으로 남북이 공동으로 철원도성 발굴조사를 실시할 때 한번 쯤 확인해야 할 것은 궁예의 무덤이다. 궁예는 패주시에 평강부근에서 농민들에게 살해된 것으로 알려졌지만 조선시대의 『청구도』에는 경원선 안변 못미쳐 삼방에 궁예 묘를 표시해 놓고 있다.(지도5 참조) 1924년 최남선은 그가 쓴 풍악기유(楓嶽記遊)에서 삼방협 일대에 자살하여 묻혀있는 궁예 무덤과 그가 죽어서 그 일대의 화복을 지배하는 신으로 받들어 진다고 적고 있다. 철원도성이 발굴될 경우 남북이 같이 확인해 볼 필요가 있어 보인다.

# 6. 철원도성 연구자료 해설

- 저서, 논문, 연구보고서, 연구자료 -

1) 이재, 「궁예도성」(1996)

　(육사박물관,『강원도 철원군 군사유적 지표조사 보고서)

　연차적인 비무장지대 일원의 군사유적 조사사업의 일환으로 1996년 철원군 관방유적 조사 후 1918년 지도와 1993년 지도 및 조선시대 지리서 등을 종합하여 궁예도성의 구조와 규모를 이중방형구조로 최초로 제시.

2) -, 「궁예도성의 위치와 구조」(1998)

　(한림과학원, DMZ야외학술세미나)

　궁예도성을 풍천원으로 한 이유. 이중도성 축조의 배경. 성의 규모를 자세히 언급.

3) -, 「철원 궁예도성의 재검토) (2000)

　(철원군,『철원의 역사, 태봉국과 궁예왕의 재조명』)

　조선시대 지리서들과 현대지도와 비교하여 고궐동의 성을 내성, 가운데를 중성, 그리고 외성 등 삼중성으로 파악.

4) -, 「궁예도성의 구조와 현실태」(2001)

　(경기대학교,『태봉의 역사와 문화』)

궁예도성을 현장조사를 한 후 잔존실태를 중심으로 기술. 궁예도성을 이중성으로 다시 정리.

5) 장호수,「궁예도성 조사방법」(2001)

(경기대학교,『태봉의 역사와 문화』)

궁예도성의 명칭을 태봉도성 또는 풍천원도성으로 변경할 것을 제시. 도성의 규모 파악 위해 기구탐사방법 제시. 도성위주 아닌 역사도시 복원차원에서 장기계획 필요성 강조.

6) 이재,「궁예와 철원 일대의 성곽」(2003)

(철원군,『궁예와 태봉의 역사적 재조명』)

철원군과 일부 포천시에 있는 성곽 14개를 선정하여 궁예와의 관련성을 추론한 후 보개 산성, 명성산성, 운악산성, 동주산성, 월하리토성을 조사하여 보존대책 수립할 것을 강조함.

7) -,「태봉도성과 동아시아 도성의 비교분석」(2011)

(철원군,『태봉국의 역사재조명』)

중국의 장안성과 발해의 동경성, 철원도성 등 평지 도읍성을 비교분석하여 성벽의 이중 구조 근거를 밝히고 특히 성 내부의 방리제를 규명하였음.

8) 최광식·구문경,『태봉국도성 조사 자료집』(2010)

일제강점기에 만들었던 지적도(1:1,200)를 바탕으로 철원도성의 위치와 구조를 파악함.

9) 정호섭·구문경,『태봉국 도성 복원의 추진방안』(2014)

  (강원발전연구원)

  일제시대 지적도, 유리원판 사진 등으로 궁예도성을 분석하고 유엔사의 허가, 문화재청과의 협의, 지뢰제거를 위한 범정부적인 조사단 구성 제의. 우선 조사대상으로 외성 주변유적, 남대문지를 제시함.

10) 조유전,「궁예도성 복원 필요조치와 발굴계획안」(2015)

  (남북역사학자협의회·국회,『DMZ의 평화적이용과 남북역사문화교류』)

  일제강점기부터 현재까지의 철원도성의 조사과정을 개관한 후 남북간 공동조사를 위해 남북간 조사협의서 작성, 지뢰 및 위험요소 제거, 남북공동 발굴 및 복원협의회 구성 순으로 사전협의를 한 후 발굴종합계획을 마련할 것을 강조.

11) 하일식,「남북한 역사서술에서 태봉의 위상」(2015)

  (남북역사학자협의회·국회,『DMZ의 평화적이용과 남북역사문화교류』)

  풍천원으로의 천도는 오랜 준비를 거쳐서 시행됐다는 점과 풍천원의 입지조건으로 내륙의 광대한 평지, 철원평야의 농업생산력, 미륵하생신앙 중심의 도피안사향토세력의 지지를 지적하고 궁예도성 명칭의 변경을 시사함.

12) 이재,「궁예도성의 현 실태와 남북공동조사의 필요성」(2015)

(남북역사학자협의회·국회,『DMZ의 평화적이용과 남북역사문화교류』)

풍천원으로 천도한 사유, 도성명칭 문제와 현장조사 경험을 바탕으로 한 궁예도성 구조 및 잔존실태를 논하고 장기적 차원의 역사유적 도시의 체계적 발굴과 평화공원 설립의 필요성 제시.

13) 이기석,『철원 풍천원과 태봉국 도성지의 지리』(2016)

(지리모노그래프2)

풍천원 일대 용암대지의 형성배경과 그 일대의 지리 및 지형을 연구하고 그와 관련된 역사를 추적하여 신 도읍지의 입지를 분석함. 일제시대 지적도를 분석하여 방리제 가능성의 근거를 제시함.

14) 정호섭,「왜 태봉 철원도성인가」(2018)

(남북역사학자협의회,『철원 DMZ 궁예도성 남북공동발굴 추진정책 세미나』)

궁예도성 명칭을 태봉 철원성 또는 철원도성으로 개칭 제안. 철원으로의 천도사유 중 송악의 부담과 철원평야의 지정학적 중요성 및 한반도 남쪽 진출의 용이성을 강조하고 일제시대 지적도와 유리원판 사진을 분하였으며, 도성 인근에 DMZ세계평화공원조성 및 역사·생태를 통합한 복합문화유산으로 등재 제시.

15) 조유전,「궁예도성 논의경과와 복원 로드맵」(2018)

(남북역사학자협의회,『철원 DMZ 궁예도성 남북공동발굴 추진정책 세미나』)

일제시대부터 현재까지 궁예도성 조사과정을 요약한 후 로드맵으로 1.남북간 공동조사 합의서 작성, 2.지뢰 등 위험요소 제거, 3.공동조사기구 구성을 제시하고 조사방법으로 지표조사, 물리탐사, 시굴조사, 발굴조사 순으로 실시하면서 발굴종합 계획을 수립의 중요성 강조.

참고문헌

1) 기본자료

○『삼국사기』

○『고려사지리지』

○『신증동국여지승람』

○『세종실록지리지』

○『대동지지』

○『조선보물고적조사자료』

○『조선고적도보』


2) 지도 및 항공사진

○『청구도』

○ 1918년『근세조선 5만분의1 지도』

○ 1993년『군사지도 2만5천분의1, 신회산지역』

○ 1993년『군사지도 5만분의1, 평강지역』

○ 1995년 육군지도창『군사지도, 축척 10만분의1』

○ 1951년 육군지도창의 항공사진

## 3) 기타

○ 철원문화원, 『철원의 성곽과 봉수』(2006)

○ 철원군, 철원군지(上, 下) (1992)

○ 신채호 저, 박기봉 옮김, 『조선상고사』(비봉출판사, 2006)

○ 육군본부, 한국군사사1(고대편) (2012)

○ 이광수, 『마의태자』(1979) 이광수 전집

○ 최남선, 『풍악일기』(1924) 최남선 전집

# 7. 결어

머지않아 철원도성지에 관한 공동발굴조사가 실행될 것 같다. 본문에서 도성일원의 유적에 대한 언급이 있었지만 발굴조사에 대비하여 발굴조사 대상이 될 만한 유적들을 우선 군사분계선 중심으로 하여 남북으로 나누어 정리해보자.

### - 북측 유적 -

제일먼저 언급해야 할 유적은 풍천원 안에 있는 '궁예도성지' 일대일 것이다. 그 중에서도 고궐동 일대의 사다리꼴 모양(둘레 1,850m)의 성터는 일단 궁궐터로 추정된다. 그 외 포정전, 만세궁 등으로 알려진 전각이 그 주변에 있을 것으로 보여 이 일대의 조사가 가장 중요할 것으로 보인다.

다음으로 그 아래 석등이 있었던 자리와 그 둘레의 미륵전 또는 사찰터 등이 중요한 조사대상이 될 것이다. 그 외 내풍동 일대에는 구체적인 유적이 언급되지는 않았지만 궁궐 등과 연결되어 관아의 중요시설들이 풍천원 내성 안에 있었을 것으로 보아 내풍동 일대의 광범위한 조사가 필요할 것이다.

성벽선으로는 내성과 외성에 같이 이용된 북벽의 구조가 다른 외성이나 내성과 다른지 아니면 같은지를 확인하기 위해 북벽을 확인조사할 필요가 있다. 아울러 지도상으로 보아서는 내성의 동벽이 상당부분 확인되지 않고 있으나 항공사진에서는 희미하나마 확인이 되는 만큼 3번국도와 연해있는 북동쪽의 내성 부분을 조사할 필요가 있다.

### - 남측유적 -

제일먼저 1918년 지도상에 언급하고 있는 '南大門址'이다. 위치로 보아서는 남벽 동쪽에 있음으로 '남대문지'라기 보다는 '문지'일 가능성이 더 커보인다. 남방한계선상에 있음으로 확인조사가 상대적으로 어렵지 않을 것으로 보인다.

다음으로는 남대문지 바로 앞에 표시된 '弓裔時代石塔'이다. 지도에서는 석탑으로 표기하고 있으나 『조선고적도보』에서는 석등으로 표시하고 있으며, 하대석과 간주석 등 석등 몸체가 분리되어 있다. 또 이 석등 인근에는 지도에는 나타나 있지 않지만 등에 비석을 꽂아 놓았던 거북모양의 비석받침석 귀부가 있는 것으로 되어 있어 지금도 남아있는지를 확인해야 할 것이다.

그 외 외성 동벽 일대에 군 수색로가 관통하여 외성의 단면이 확인되는 이상 보다 자세한 조사를 통하여 외성의 구조, 재질, 축성법 등을 확인해야 할 것이고 내성의 남벽이 북으로 꺾이는 회절부도 확인조사하여 내성과 외성의 축성기법의 차이가 있는지 여부도 확인해야 할 것이다.

또한 홍원리 부근에 있으면서 궁실에서 사용했다고 전해져 오는 어수정도 확인해야 할 유적이다.

그 외 철원도성 발굴조사와는 직접적인 관계는 없지만 궁예가 쌓았거나 이용했던 성으로 알려져 오는 운악산성, 보개산성, 명성산성 및 월하리토성 등은 장기적으로 조사계획을 세워 조사 및 보존에도 힘써야 할 것이며, 청구도에서 삼방부근에 있는 것으로 표기되어 있는 '弓王墓'의 공동조사도 철원도성 조사시 함께 확인해 보아야 할 유적일 것이다.

철원도성은 비무장지대 안 북쪽과 남쪽지역에 걸쳐 나누어져 있음으로 남과 북이 공동으로 조사할 수밖에 없는 유적이다. 그러나 그간 수십년간 이 도성을 조사하기 위해서는 유엔사의 허가와 국방부의 통제 그리고 확인되지 않은 지뢰매설 등으로 사실상 출입이 매우 힘들었다. 이제 남북이 군사협정의 체결 등을 통해 지역 내 초소가 제거되기 시작하고 제한적으로 지뢰제저가 실시되는 만큼 철원도성의 공동조사는 시간문제로 떠올랐다.

여기서 앞으로 이 도성이 조사되게 될 때를 대비하여 우선 발굴조사의 기본원칙 몇 가지를 확인할 필요가 있겠다.

그 첫째는 조사대상이 도읍지를 둘러쌓고 있는 성 자체가 아니라 10세기 계획적으로 건립된 광대한 역사적 도시, 역사적 도읍이라는 점이다. 따라서 역사도시를 모두 조사하기 위해서는 장기적 안목으로 발굴에 임해야 하며, 그렇기 위해서는 장기 발굴계획이 수립되어야 한다. 이 점은 중국 장안성이나 발해 동경성의 조사과정에서 충분히 교훈을 얻어야 할 것이다.

다음으로 철원도성의 발굴조사는 남과 북이 하나가 되어 공동으로 해야 한다는 점이다. 북은 북쪽의 유적을, 남은 남쪽의 유적을 따로 조사해서는 안되며 항상 하나의 조사단으로 같이 활동해야 한다는 점이다.

발굴조사를 성사시키기 위해서 조사 전 준비사항으로는 조유전 전 국립문화재연구소장이 제시한 기준을 받아들여

첫째, 남북간의 조사합의서 작성이 선행되어야 할 것이다. 이 합의서 안에는 정부간에 이루어지는 것이 바람직하나 남북의 합의에 의해 다른 방식을 택할 수도 있겠다.

둘째로, 6.25와 그 외 매설된 지뢰나 불발탄을 제거하여야 한다는 점이다. 우리는 과거 경의선 복원을 위해 지뢰를 제거한 경험과 기술이 있어 별도의 지뢰제거단을 운영해야 할 것이다. 실제로 철원도성의 면적이 매우 넓음으로 한꺼번에 지뢰제거는 사실상 불가능함으로 장기 발굴조사 계획에 맞추어 단계별로 실시해야 할 것이다.

셋째로, 조사사업을 원만히 하기 위해서 남북이 공동으로 참여 조직하는 발굴추진중심기구(가칭 철원도성 남북공동 발굴 및 복원 협의회)를 만들어야 하며 이 기구가 발굴조사에 필요한 다음과 같은 준비를 해야 할 것이다. (조사계획 수립, 조사방법 논의, 조사단 구성, 조사인력 및 장비확보, 조사예산 확보 등) 조사과정과 방법은 협의회의 논의를 바탕으로 하여 정하되 ①지표조사 ②물리탐사 ③시굴조사 ④발굴조사의 순서를 지켜야 할 것이다.

이 중 발굴종합계획 수립이 가장 중요함으로 여기에는 발굴 전문가 및 기관, 군 관련 전문가, 재정 전문가, 정부관계자, 자문인력 등이 다양하게 참여하여야 할 것이며, 기본적으로는 5년을 조사단위 기간으로 선정하여 추진하는 것이 바람직 할 것이다.

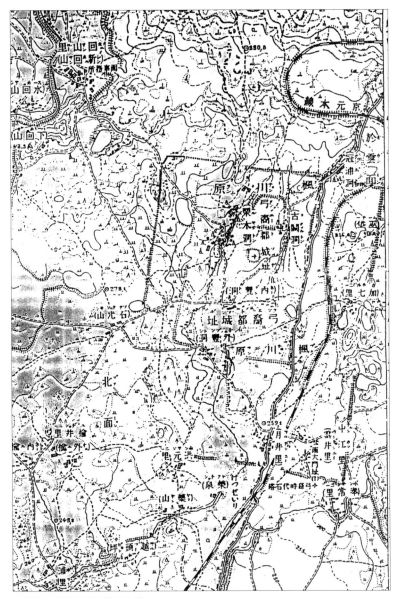

&lt;지도 1&gt; 1918년의 궁예도성 지도

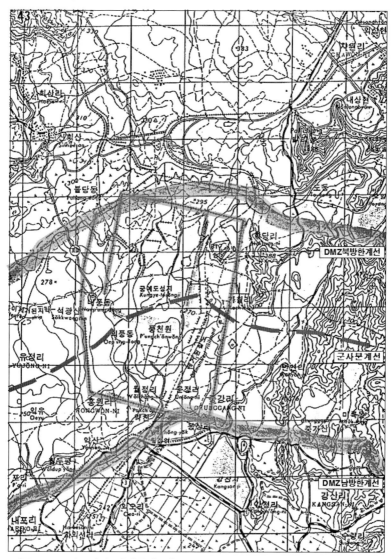

<지도 2> 1993년 군사지도상의 궁예도성

&lt;사진 1&gt; 궁예도성지 항공사진(1951년 촬영)

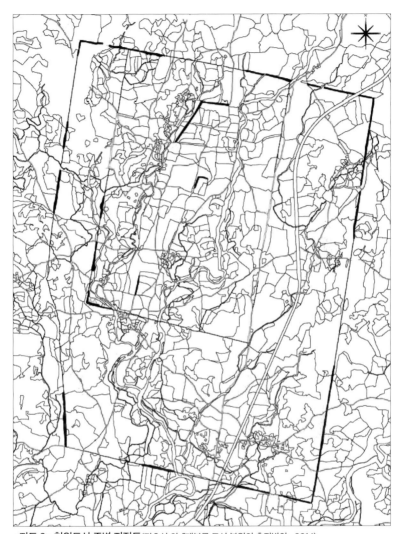

<지도 3> 철원도성 주변 지적도(정호섭 외, 『태봉국 도성 복원의 추진방안』, 2014)

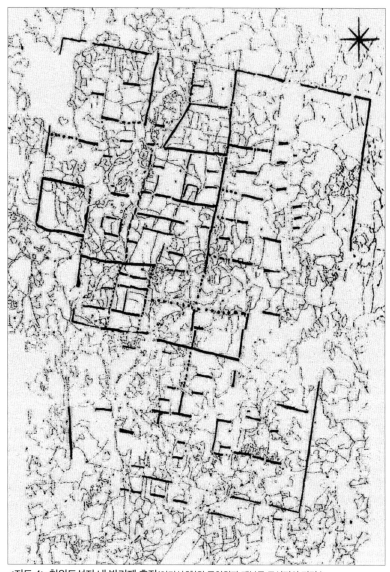

&lt;지도 4&gt; 철원도성지 내 방리제 흔적(이기석,『철원 풍천원과 태봉국 도성지의 지리』)

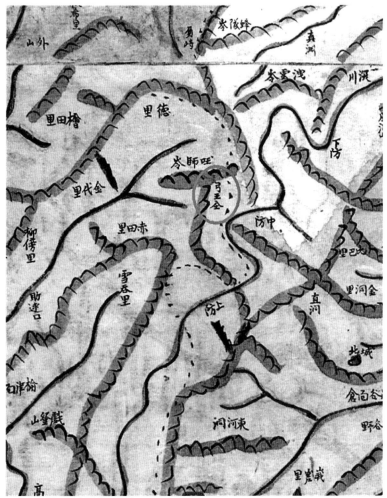

&lt;지도 5&gt; 청구도의 궁예묘 위치

<사진 2> 철원도성 외성 서남벽

<사진 3> 철원도성 외성 동벽

<사진 4> 궁예도성 석등(조선고적도보)

<사진 5> 봉상리석등 간주석, 화창석, 옥개석(조선고적도보)

<사진 6> 봉상리석등 옥개석(조선고적도보)

<사진 7> 봉상리석등 하대석(조선고적도보)

<사진 8> 봉상리 귀부(거북비석) 대석(조선고적도보)

# 일제 강점기 풍천원의 고적 조사

심재연

한림대학교 한림고고학연구소

## I. 머리말

남북 분단이후 DMZ와 그 주변에 위치하는 문화유적에 대한 조사는 일제강점기에 이루어진 조사 자료가 중요한 1차 자료가 되고 있다. 특히, 최근 남북 정세의 변화로 철원에 위치하는 태봉국 철원성은 수차례의 심포지엄을 통하여 공동조사의 필요성이 제기되고 있다.

철원성은 각종 지리지, 조선보물고적조사자료 등에 언급되어 있고 남북 분단 이후 일제강점기에 제작된 지형도, 위성사진, 지적도 등을 통하여 대략적인 모습이 파악되고 있다. 철원성은 육군사관학교 교수를 재직했던 이재(현 국방문화재연구원장)의 주도로 그 실체에 대하여 구체적으로 접근할 수 있는 단서가 마련되었고 이재와 국립춘천박물관이 진행한 공동 조사는 DMZ 내 내성과 외성의 존재를 구체적으로 확인할 수 있게 되었다. 그 결과물은 국립중앙박물관에서 발간되기도 하였다.

이외에 지방자치단체, 한국연구재단의 지원으로 수차례의 세미나와 토론을 거쳐 단행본으로 출간되었다. 그 결과물로 『궁예의 나라 태봉』이 간행(김용선 엮음 2008)되었다. 한편 국립중앙박물관에서는 일제강점기의 자료와 2008년 현지 조사 자료 등을 종합하여 자료집(국립중앙박물관 역사부 2009)을 간행하였다.

그런데 2010년대 이후 진행된 대부분 세미나와 간담회에서 공개되는 유리원판사진의 촬영 경위에 대해서는 언급이 되지 않는 상황이다. 적어도 유리건판 사진의 제작은 일제강점기 조선총독부의 통치 정책과 관련하여 진행되었을 가능성이 높지만 전혀 언급되지 않았다.[1]

이에 필자는 그동안 공개되었던 유리건판 사진의 촬영 경위와 그 조사 내용을 파악하고자 한다. 이를 위하여 국립중앙박물관 소장 일제강점기 공문서(이하 공문서로 약칭)와 유리건판, 국사편찬위원회 소장 유리건판, 『조선고적도보』 4에 소개된 사진, 오가와 케이키치(小川敬吉)의 자료를 종합적으로 검토하여 풍천원 일원에 대한 조사 내용과 봉상리에 위치하였다고 전해지는 봉선사지에 대하여 살펴보고자 한다. 이는 그동안 궁예 도성과 관련하여 지속적으로 언급되었던 석등 2기의 구체적인 위치와 그 내용을 밝히는 기초 작업을 진행하고자 한다.

---

1) 태봉국 철원도성 연구의 현황과 과제에 대하여는 조인성이 종합적으로 검토(조인성 2018a: 35~44; 2018b: 44~57; 2019: 28~40) 한 바 있다.

# II. 일제강점기 풍천원 일원 조사

지금까지 (근세)오만분지일지형도[2])에 궁예도성지(弓裔都城址)로 표시된 부분에는 2기의 석등이 위치하고 있는 것으로 알려져 있다. 하나는 궁성지 남쪽(○)에 표시되어 있고 또 하나는 남대문지(南大門址)로 인쇄된 부분 아래, 궁예시대석탑(弓裔時代石塔 점선 원형)으로 표시되어 있다.

이중에 궁성지 아래에 표시된 것은 석등이 존재하는 것으로 대부분의 연구자들이 동의하고 있으며 궁예도성 관련 사진 자료로 이용되고 있다. 그런데 남대문지 아래에 표시된 것은 이견이 있어 왔다. 이 석등의 위치에 대하여는 정성권(2011)이 구체적으로 논증하였다. 그의 주장에 따르면 석탑으로 표시된 부분도 석등으로 보아야 한다고 주장하였고 필자도 동일한 생각을 하고 있다.

그렇다면 이에 대하여 일제강점기에는 어떻게 인식되었을까하는 문제이다. 문제의 석등과 석탑은 DMZ에 위치하고 있어 실질적인 조사는 불가능하여 일제강점기에 진행된 조사를 중심으로 논의를 진행해보고자 한다.

## 풍천원 일원 조사 약사

### 1) 세끼노 다다시(關野貞)(그림 5)

세끼노는 한반도 일원에 대하여 15차례의 고적조사를 실시(김란기 2007)하였다. 이 고적 조사 내용에 대하여 몇 몇 연구가 진행(卑乙女雅博

---

2) 이 지도는 1917년에 측량(測圖)하고 1918년 제판(製版)된 것이다.

그림 1. (近世)韓國五萬分之一地形圖 弓裔都城址(경인문화사 1988)

1997; 高橋潔 2001; 정상우 2008; 정인성 2016)되어 그 행적이 정리되었으나 철원 풍천원에 대한 조사는 확인되지 않는다.

세끼노의 조사 시기는 공문서를 통하여 확인이 가능할 것으로 보이지만 실물 자료는 아직 확인하지 못하였다. 다만, 「朝鮮古蹟圖譜」 간행 작업을 주관하였다는 점에서 이 작업 과정에서 촬영된 사진이 실렸을 것으로 판단된다. 세끼노는 여러 차례 고적조사를 진행하였는데 1913(대정 2)년 구라야마 준이치(栗山俊一), 이나미시 류(今西龍), 야스이 세이이

쓰(谷井濟一)와와 함께 쌍영총과 한반도 북부지역을 조사한다. 이때 경성으로 돌아오는 여정을 살펴보면 10월에 원산-고산(高山)-삼방(三方)을 거쳐 경성에 도착한다(高橋潔, 2001). 이때는 경원선이 건설되는 시기로 고산에서 신계 구간은 준공이 되지 않은 시기였다(朝鮮總督府鐵道局, 1929). 하지만 세끼노 고적조사 행적(朝鮮調査旅行行程圖)에는 철원지역을 지나는 것으로 되어 있다. 그런데 그의 구체적인 조사 행적은 알 수 없다. 한편, "공문서"「古蹟調査對照表」(그림 10)중에 다이쇼(大正) 2년도에 조사한 목록을 살펴보면 집안현 – 강계(江界) - 함흥 - 정평(定平) - 영흥(永興) - 고원(高原) - 문천(文川) - 원산(元山) - 안변(安邊) - 철원 - 곽산(郭山) 순으로 기록되어 있고 철원군 관내의 조사 내용은 사지(寺址), 성지(城址), 건물(建物) 등으로 약술되어 있다.

그리고 「大正二年朝鮮古蹟調査地名拔萃」에 초고로 수록된 「大正二年朝鮮古蹟調査略報告」(그림 9)에는 본인들이 조사한 고적이 시대별, 지방별로 표로 정리되어 소개되어 있다. 그 내용을 살펴보면, 철원군에서 조사한 것을 시대별로는"(四) 신라통일시대 성지·탑·불상· 및 石燈에 到彼岸寺三層石塔, 到彼岸寺鐵造釋迦像, 故闕里石燈(泰封), 於云洞 및 北面土城(泰封), 奉上里石燈(新羅)"으로 소개하고 있으며 지방별로는 "도피안사삼층석탑(신라), 도피안사철조석가상(신라), 고궐리석등(태봉), 어운동 및 북면토성(태봉), 봉상리석등(신라), 문묘 대성전 부속 동서무 삼문(조선), 향교 명륜당(조선)"으로 정리되어 있다. 따라서 궁예도성지에 대한 조사는 이때 실시된 것임을 알 수 있다. 비록 대정 원년도 고적조사약보고서에 강원도 일원에 대한 조사 내용이 확인되지 않지만(朝鮮總督府 編著, 2011) 이듬해에 철원지역에 대한 조사가 추가로 진행되었음을 알 수 있다. 따라서 철원 풍천원 일원에 대한 조사는 1913년 11월 경에 실시된 것은 확실하다. 한편, 『조선고적도보』 4에 실린 사진 이외에 또 다른 유리건판사진이 있는데 국립중앙박물관 누리집을 통하여 확인할 수 있다.

### 2) 도리이 류죠(鳥居龍藏)의 제5회 사료조사(그림 6~7)

도리이 류죠(鳥居龍藏)의 조사는 자료의 출간 연대로 보면 현재까지 확인할 수 있는 자료 중에 가장 이른 시기의 것으로 보인다. 그러나 실제 조사한 시기로 본다면 세끼노 다다시의 조사보다는 늦은 시기에 시행되었음을 알 수 있다.

도리이 류죠의 궁예도성지에 대한 조사는 1914년에 실시되었으며 제5회 사료조사 관련 문서가 국립중앙박물관 "공문서"에 소개되어 있다. 도리이는 사료조사라는 미명하에 한반도 일원에 대한 조사를 지속적으로 실시(朝倉敏夫 1993: 44~48)하였으나 사진목록과 유물목록이 파악되는 반면 조사 내용은 확인되지 않아 자세한 내용은 파악하기 어렵다.[3]

철원지역에 대한 제5회 사료조사 결과물은 이 당시에 촬영한 유리건판 사진('弓裔土城(月井里土城)', '同 城壁斷面」', '同 城址內 寺蹟', '同 城址內 石燈(楓川原石燈)', '同 城址內 石燈(南方)')목록(그림 6)과 이때 수집한 유물목록(그림 7)[4]이 있다. 유물목록에는 '瓦破片 二', '土器破片

---

3) 도리이 류죠는 예비조사를 포함하여 1910(明治 43)년부터 1916(大正 5)년까지 7회의 조사가 있었다고 하지만 1915(大正 4)년부터의 여정은 파악하기 어렵다. 일부 조사 약보고가 존재하지 않는데 이에 대한 이유는 朝倉敏夫가 소개(1993)하였다.

4) 도리이의 사진 촬영 사실은 「大正四年度(鳥居囑託調査) 第5回史料調査寫眞原板目錄(全北·忠南·忠北·江原·京畿 地方)」이라는 문서가 국립중앙박물관에 보관되어 있기 때문에 확인이 가능하다. 이 목록의 연번과 건판 사진의 연번이 일치하고 있다. 건판 사진 목록은 「第五回史料調査採集品目錄」으로 보관되어 있다.

一', '博瓦 二'로 표기되어 있고 출토지는 '鐵原郡 月井里土城內'라고 되어 있다.

제5회 사료조사 결과는 지금까지 진행된 철원성의 구조와 석등의 위치 비정에 사용되는 기본 자료가 되고 있다.

### 3) 오가와 케이키치(小川敬吉) 정비 공사

오가와 케이키치의 조사 내용(그림 5)은 국립문화재연구소에서 발간한 책자를 통하여 파악(文化財管理局 文化財研究所 1994 : 국립문화재연구소 1997)[5]할 수 있다. 하지만 구체적으로 어느 시기에 촬영한 것인지 파악하기는 어렵다. 다만, 주변에 흩어진 석재 등이 촬영되어 있는 것으로 보아 적어도 도리이 류죠의 조사가 진행되기 전에 촬영되었을 가능성이 높다고 판단된다. 아울러 오가와 케이키치가 일제강점기 주요 유적의 조사와 사찰의 수리 작업에 참여한 것으로 보아 정비 과정에서 촬영하였을 가능성이 매우 높다고 판단된다.

### 4) 국사편찬위원회 유리건판

그리고 마지막으로 국사편찬위원회에 조선사편수회 작업과 관련된 것으로 추정[6]되는 유리건판 사진(그림 8)이 존재하고 있다. 조선사편수

---

5) 이 자료는 일본 교토대학 공학부 건축학교실에 소장된 자료의 일부를 소개한 것이다. 이외에 국사편찬위원회도 사가현립나고야성박물관(佐賀縣立名護屋城博物館) 소장 자료를 2002년에 입수하여 「사가현립나고야성박물관(佐賀縣立名護屋城博物館) 소장 자료」로 소장하고 있다.

6) 조선사편수회는 조선사편찬위원회규정(1921. 12. 4, 조선총독부 훈령 제64호)에 따라 발족한 조선사편찬위원회를 확대·강화하여 발족시킨 기구로서 사업의 종류와 원칙은 이때 정해졌다. 이후 일제는 1925년 조선사편수회관제를 공포하여 새로운 독립관청인 조선사편수회를 설치했다. 조선사편수회는 1925부터 1938년까지 존속하였다. 이 건판의 존재는 故 崔永禧 선생의 교시로 파악한 것이다.

회가 1925년에 설치되었고 건판 사진에 표석이 설치된 것이 확인되기 때문에 이 유리건판은 앞서 일제 관학자들이 조사한 유리건판보다는 늦은 시기에 촬영된 것으로 추정된다.

## 2. 조사 연대의 특징

일제강점기 조선총독부에서 적어도 3차례에 걸쳐 궁예도성지 주변에 대한 조사와 정비가 진행되었다는 사실을 확인 하였다. 그리고 고적조사와 사료 조사 과정에서 확인한 현장에 대하여 정비가 진행되었음을 알 수 있다. 이 정비 시점을 기준으로 유리건판 사진의 촬영 연대를 추정하여 보면 다음과 같다.

우선 연대순으로 보면 1916년도 간행된 『朝鮮古蹟圖譜』 4에 실린 사진이 가장 빠른 것으로 보인다. 간행 연도는 1916년이나 세끼노 다다시의 고적조사 기록을 참고하면 쌍영총과 한반도 북부지역 조사를 실시한 1913년에 촬영하였을 가능성이 있다고 전술한 바 있다. 다만, 현재까지 알려진 자료에서의 행적과는 차이[7]가 있다. 그러나 「大正二年朝鮮古蹟調査略報告」의 내용은 세끼노 다다시가 1913년경에 궁예도성지 일원을 조사한 것을 새롭게 증명하여 주고 있다.

그리고 「조선고적도보」 4에 보이는 고궐리석등과 봉상리석등은 제5회 사료조사에서 촬영한 사진[8]과 비교해 보면 석등 하대석이 정비되어 있는 것을 확인할 수 있다. 봉상리석등은 석등 하대석이 2점이 확인되지

---

7) 세끼노 다다시의 고적조사 사업에 대한 여러 연구자의 연구가 진행되었으나 철원지역 조사 사실을 특정한 연구는 지금까지 확인하지 못하였다.

8) 당시 조사 총괄은 세끼노가 하였으나 사진 촬영은 야쓰이세이이쓰가 실시하였음을 알 수 있다(정인성, 2016).

만 구체적인 정비 내용은 파악하기 어렵다. 다만, 정비 작업과 함께 석등 주변에 보호책을 설치한 것이 확인된다[9]. 보호책의 설치는 국립박물관 소장 공문서 「古蹟及遺物臺帳」 謄本(그림 12-下)에 등록번호 제132호로 확인되며 1924년 발간된 『古蹟及遺物臺帳抄錄』(그림 12-上右)에서 등본과 동일한 내용이 확인된다. 춘천 소양로칠층석탑이 1944년 정비되었을 당시 최종 완료를 보호책 설치 모습을 촬영한 사진을 조선총독부에 보고(박승한·심재연 2017: 171)하는 것으로 보아 이 당시에도 보호책을 설치하는 일련의 행위가 진행된 것으로 판단된다. 결국은 1913년과 1915년 사이에 궁예도성지에 존재하는 고궐리석등과 봉상리석등은 정비가 이루어진 것으로 볼 수 있다.[10]

따라서 도리이 류조는 1915년 정비된 상태의 '弓裔土城(月井里土城)', '同 城壁斷面', '同 城址內 寺蹟', '同 城址內 石燈(楓川原石燈)', '同 城址內 石燈(南方)' 사진을 촬영한 것으로 보인다.

그러나 국사편찬위원회 소장 건판사진을 통해서는 정비 전후 어느 시기에 해당하는지는 정확히 파악하기에는 한계가 있다. 때문에 조선사편수회에서 촬영한 사진이라면 존속 기간을 감안하면 가장 늦은 시기에 해당한다고 판단된다.

이후, 풍천원 일원에 존재하였던 궁예도성, 석등 관련 자료는 확인되

---

9) 시기가 늦은 사례이기는 하지만 춘천 소양로칠층석탑의 경우에도 1944년 정비 후 목재 보호책이 시설된 것을 확인할 수 있다.

10) 정인성은 오가와게이키치(小川敬吉)은 1916년부터 시작된 조선고적조사에 합류하였다고 보고 있다(2016). 반면에 강현은 1915년에 도한(度韓)하였다는 견해(姜賢, 2005)를 제시하고 있다. 강현의 견해를 근거로 보면 오가와게이키치는 세끼노의 고적조사과정에서 비공식적으로 정비에 참여하였을 가능성이 있다. 향후, 구체적인 추적을 진행하고자 한다. 반면에 오가와케이키치(小川敬吉, 1937)의 글에는 정확한 시기가 명시되어 있지 않다. 조선총독부에 정식으로 부임하

지 않는데 경성제국대학 교수 다보하시기요시(田保橋 潔)가 1940년 11월에 실시한 답사 내용(田保橋 潔 1941)을 살펴보면 보존 상태는 1910년대 상황과 큰 변화[11]는 없었던 것으로 보인다.

이상의 조사 연대를 살펴보면 1916년 고적조사위원회가 설치되기 전에 조사가 이루어졌다는 특징을 보여주고 있다. 그리고 이들은 공통적으로 조선총독부의 촉탁(囑託)으로 임명되어 조사를 진행하였다는 것이다. 식민지시기 고적조사 내용이 평양, 경주, 나주, 부여, 공주 등을 중심으로 논의가 주로 진행되고 있지만 실제 촉탁들의 고적 조사가 조선총독부의 협조하에 광범위하게 진행되었음을 확인 할 수 있다. 물론 고적조사위원회의 결성 전후에 조사 활동의 차이가 간취(정상우 2008)되지만 이들이 조사한 내용이 풍천원에 존재하는 궁예도성지에 대한 기초 자료가 되고 있다는 사실은 간과할 수 없는 상황이다.

하지만, 세키노 다다시의 조사 목록에 대한 여러 연구에도 불구하고 철원지역에 대한 조사 내용이 언급되지 않은 연유에 대해서는 심도 깊은 연구가 필요하다.

# Ⅲ. 고궐리 석등과 봉선사지 석등

## 1. 고궐리 석등

---

11) 다보하시기요기의 글에 소개된 풍천원 석등은 보호책은 보이지 않지만 보물지정표지석과 석등 등이 정비된 상태임을 알 수 있다. 그리고 이 풍천원 석등 건판 사진은 국사편찬위원회 소장 건판과 동일한 것으로 다보하시기요기가 조선사편수회 일을 관여할 때 입수한 것으로 추정된다.

일제강점기에 제작된 지형도에 표시된 석탑 2기는 실제 유리 건판 사진에는 두기의 석등으로 소개되어 있다. 그중에 대표적인 것이 궁성 앞에 존재하던 석등으로 구체적인 위치를 확인할 수 있다. 『조선고적도보』 4(그림 4)에는 '고궐리석등'으로 명명되어 있다. 이에 비하여 국사편찬위원회 소장 건판사진(그림 8)은 '궁예도성지 석등'으로 귀부는 '궁예도성지 외성 귀부'로 명명하고 있는 것으로 보아 지리적인 위치에 대해서는 구별하고 있음이 확인된다. 한편, 도리이 류죠는 '궁예토성 석등(於楓川原石燈 249)'과 '궁예토성 석등(南方 250)'(그림 6)으로 확실하게 구별하고 있다.

　　그러면 또 하나의 석등(도리이 류죠의 궁예토성 석등 남방)의 위치가 문제된다. 이 석등의 위치는 외성 남대문 앞에 있는 것으로 알려져 왔다. 이 석등 사진은 『조선고적도보』 4(그림 4)와 오가와 케이키치의 조사 자료에 세부사진과 도면이 소개(그림 5)되었고 대략적인 위치가 국사편찬위원회 소장 사진(그림 8)에서 확인된다. 국사편찬위원회 소장 사진명에는 '궁예도성지 외성 남대문 원경'으로 되어 있으며 중앙부에서 약간 동쪽으로 치우친 부분에 이 석등이 위치하고 있는 것이 확인된다. 아마 이 사진의 촬영 지점은 현 월정리역 부근일 것으로 추정된다. 한편, 오가와 케이키치와 관련된 모든 자료에는 '봉선사지'로 소개되어 있다. 즉, 오가와 케이키치는 남대문 앞에 있는 석등을 사찰과 관련하여 파악하고 있었으며 사명을 '봉선사(奉先寺)'로 파악한 것이다.

　　봉선사와 관련하여 주목되는 것은 오가와 케이키치가 작성한 것으로 보이는 도면과 석등사진이다. 석등을 보면 전형적인 팔각석등으로 도괴되어 흩어져 있는 것을 정비한 것(그림 5)이다. 석등은 대좌부, 간석부

(竿石部), 옥개부(屋蓋部), 상륜부(相輪部)로 구성되어 있다. 이 석등은 연화 상대석의 복판 연화 모습은 신라 연판 양식에서는 보이지 않고 화사석 받침의 생략과 옥개의 처마 곡선이 수평으로 이루어져 있는 것으로 보아 고려 초기의 작품으로 추정(鄭明鎬 1997)되고 있다.

이와 함께 주목되는 것은 도리이 류죠의 제5회 사료조사과정에서 수습한 유물(그림 7)이다. 알려진 유물은 선문기와편 2점, 일휘문 숫막새 1점, 전돌편 2점이다. 그리고 유물에 묵서로 '월정리토성내 채집유물'이라고 명기되어 있다. 도리이가 정식 약보고서를 제출하지 않아 월정리토성의 구체적인 위치를 특정하기는 어렵지만 석등이 위치하고 있는 지역에서 수습하였을 가능성이 높다고 생각한다. 그렇지 않고 궁전지나 다른 특수용도의 건물지에서 수습하였다면 해당 지점에 대한 사진 또는 언급이 있었을 것이라고 생각한다. 그리고 다른 유리건판이 '弓裔都城址 云云'으로 되어 있는 것에 비하여 '월정리토성내 채집유물'이라고 명기해 놓았다는 점이 주목된다. 즉, 도리이의 풍천원 일원에 대한 조사 과정에서 궁예도성지와 관련된 것과 월정리토성을 구분하여 인식하였다는 것이다. 아마, 월정리토성으로 파악한 연유는 외성 동남쪽 부분의 남벽과 동벽 부분을 별도의 토성으로 파악하였기 때문인 것으로 추정된다.

이중에 주목되는 것은 일휘문 숫막새(그림 7)이다. 이 막새의 출현 시기에 대해서는 다소 견해 차이는 있으나 고려시대에 유행한 양식이라는 것은 연구자들의 공통된 견해이다. 따라서 후술할 도유호가 수습한 '봉선사'명 기와(그림 3), 일휘문 막새기와(그림 7), 석등의 양식으로 볼 때 남대문지 앞에 존재하였던 석등과 관련 유구들은 봉선사와 깊은 관련이 있다고 판단된다.

이상의 내용을 종합하면 적어도 궁예도성지(풍천원)와 관련하여 석등은 2개소에 위치하고 있으며 그 구체적인 위치까지 비정할 수 있다. 즉, 고궐동에 위치하고 있는 석등은 선학들이 비정한 것과 동일하게 궁성지 앞에 위치하였다. 그리고 이 석등은 보물고적천연기념물지정통지공(寶物古蹟天然記念物指定通知控)[12]의 내용(그림 13-右)에 소재지는 강원도 철원군 북면 홍원리 고궐동 351-1, 352-1번지, 소유자는 철원군 북면 회산리 319번지 이응국(李應國)으로 소개되어 있다. 반면에 외성 남대문 앞에 위치하고 있는 석등은 지정문화재가 아닌 관계로 '보물고적천연기념물지정통지공'은 존재하지 않는다. 이것은 세끼노의 조사 자료로 볼 때 봉상리 소재 석등의 종별이 '乙으'로 되어 있는데 이러한 조사 결과가 반영된 것으로 보인다[13].

이상의 내용을 정리하면 궁성지 앞에 석등 1기, 남대문 앞에 석등 1기가 존재하였음은 확실하다. 따라서 전자는 '풍천원석등', '궁예도성지 석등'으로 보아야 하며[14] 후자는 봉상리에 존재하였던 奉先寺 石燈일 가능성이 높다고 판단된다.

그러면 이 석등이 일제강점기에 제작된 지형도에 어떻게 표시되어있

---

12) 寶物古蹟天然記念物指定通知控을 보면 指定番號 第118號, 名稱 楓川原石燈, 소재지는 강원도 철원군 북면 홍원리 고궐동 351-1·52-1번지로 되어 있다. 이러한 점으로 볼 때 풍천원석등은 궁전지 앞에 있는 것이 확실하다.

13) 세끼노 다다시는 고적의 등급을 갑·을·병·정(甲乙丙丁)으로 나누었다. 즉, 甲, 최우수한 것, 乙, 그 다음의 것, 丙, 그 다음의 것, 丁, 가장 가치가 떨어지는 것. 갑과 을에 관해서는 이 양자는 특별보호의 필요가 있는 것이라고 하고, 병과 정은 이 양자는 특별보호의 필요가 인정되지 않는 것인데, 단, 병은 다른 날 조선 전체 조사를 마친 뒤에 이르러는 그 비교 조사상 을에 편입될만한 것도 있다(關野貞 1910)고 하였다.

14) 실제 일제강점기 古蹟及遺物臺帳, 古蹟及遺物臺帳謄本, 古蹟遺物謄錄原稿 2를 보면 楓川原石燈 등록번호 제132호로 되어 있으며 이후 寶物古蹟天然記念物指定通知控을 보면 지정번호 제118호, 명칭 풍천원석등으로 되어 있다.

는지 살펴보면 다음과 같다.

석등이 표시된 지형도로는 1913년과 1918년에 제판된 지도(그림 2)가 있다(국립중앙박물관 누리집). 1913년에 제작된 지도에 부호 표시가 燈籠으로 된 것이 두 곳에 표기되어 있어 석등이 존재를 파악하고 있다. 이중 옥동리(도엽명) 현 궁예도성의 궁성 앞 부분에 궁예소도성(弓裔小都城)이라는 명칭과 함께 석등이 표시(그림 2-①)되어 있다. 그리고 봉상리 소재 석등은 별다른 명칭없이 석등 표시만 되어 있다. 즉, 1911년 측량 당시에도 석등의 존재는 인식한 것으로 판단된다.

그런데 학계에서 주로 사용되는 1918년에 제작된 지도(그림 2-②)에는 '南大門址(?)', '弓裔都城址'가 표시되고 1918년 석등으로 표시된 부호는 1913년의 것이 수정없이 인쇄되어 있다.

따라서 세끼노의 고적 조사 등으로 2기 석등이 존재한다는 사실은 명확해졌으나 인쇄 과정에서 오류가 생긴 것으로 판단된다.

아울러 외성의 형태 또한 1913년도의 것과 1918년도의 것이 다르게 인쇄되어 있다. 1913년도 지도는 외성의 서남쪽 부분이 대각선으로 남벽에 연결되는 것이 명확하게 표시되어 있는 반면에 북쪽의 왕성과 북벽은 불분명하다. 이에 비하여 1918년도 지도는 전자와는 달리 외성 서남쪽 부분이 대각선으로 남벽에 연결되는 부분이 확인되지 않는 반면에 외성의 북벽과 왕궁성으로 추정되는 부분이 확인된다. 아울러 봉상리 석등이 위치하는 외성의 형태가 1914년 것이 직선으로 인쇄된 것에 비하여 1918년 지형도는 흐트러진 상태의 모습을 보여주고 있다. 즉, 측량 시기가 1911년과 1917년이라는 차이에도 불구하고 외성의 존재에 대한 인식의 차이가 보이고 있다.

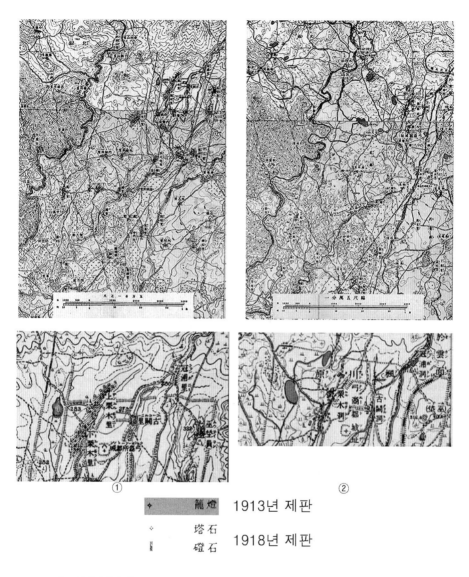

| 籠燈 | 1913년 제판 |
| 塔石 | |
| 礎石 | 1918년 제판 |

그림 2. 일제강점기 지도(①1911년 측량, 1913년 제판, ②1917년 측량, 1918년 제판)

## 2. 봉선사지 석등

봉상리 소재 석등이 위치한 지점은 도성 체계와 어울리지 않는 양상을 보여주고 있다. 지금까지 궁예도성지는 고대 도성체계를 설명할 수 있는 양호한 자료로 인식되어 왔다. 그런데 문제의 석등은 남대문이라 불리는 지역 남쪽에 별도의 사찰 성격을 갖는 건축군이 있다는 의미인데 이는 납득하기 어려운 상황이다. 그렇지만 적어도 이 건물지에는 석등과 귀부가 존재하고 있었던 것은 『朝鮮寶物古蹟調査資料』(朝鮮總督府 1942)의 내용으로 볼 때 확실하다. 그리고 전술한 것과 같이 일제강점기 지형도에 석탑이 표시되어 있지만 석등을 석탑으로 오기한 것이다. 한편, 『조선보물고적조사자료』에는 별종(種別)은 석등으로 되어 있지만 내용에는 탑으로 인쇄되어 있고 기술 내용은 높이가 약 2.1m에 이르고 연화문이 장식되어 있다고 기술되어 있는 것으로 보아 석등의 오자(誤字)임에 틀림없다. 이렇게 된 것은 기초 자료가 1916~1917년 사이에 조선총독부 식산국(殖産局) 산림과(山林科)에서 작성한 것으로 보이는 「古蹟臺帳」의 내용을 근거로 인쇄하였기 때문일 것이다. 이러한 기술 내용과 알려진 건판 사진 내용으로 보면 때 석등으로 보는 것이 적확(的確)하다고 판단된다.

특히, 오가와 케이키치는 국립문화재연구소에서 발간한 자료를 참고하면 봉선사(奉先寺)로 특정하였다. 이는 오가와 케이키치가 도한(渡韓)한 시기(1915년)와 조선총독부 박물관에 근무(1916~1944)하면서 세끼노 등의 고적 조사에 동행하면서 관련 정보를 파악하였기 때문인 것으로 보인다. 다만, 오자와가 봉선사로 특정한 구체적인 연유에 대해서는 파악하기 어렵다[15].

그런데 이 '봉선사' 사명은 한국전쟁이 발발한 1950년 도유호에 의하여 확인(도유호 1950)되었다. 도유호는 1950년 5월 화천 방면에 있다는 고분을 조사하고 돌아오는 길에 풍천원고도지를 방문한다. 도유호는 풍천원에 석등 2기가 존재하는 사실을 인지하고 있었는데 그 위치에 대하여 구체적으로 기술하였다. 도유호는 그 중 월정리역 앞에서 철로 동편으로 약 1.5㎞ 떨어진 곳에 있는 석등을 조사하였다. 현지 조사 결과 목조대건물이 남겨놓은 초석이 널려 있고 이외에 귀부(龜趺)가 있는 것을 확인하였다. 도유호는 귀부가 남아있는 곳에서 약 50m 떨어진 지역을 지표 조사한 결과 '봉선사(奉先寺)', '인봉선사(寅奉先寺)' 명문이 있는 암기와, '임인(壬寅)' 명문이 있는 수키와를 수습하였다. 이 사실은 지금까지 외성 남대문 앞에 있던 문제의 석등은 '봉선사'와 관련된 사실을 보여주는 것이었다. 따라서 이 폐사지는 '봉선사'임에 틀림없다. 과거 오자와 케이키치가 문서상으로 남겨놓은 것으로 추정되는 봉선사의 위치가 구체적으로 확인된 것이다.

그리고 도유호는『동국여지승람』의 기록을 인용하면서 왕건의 구저(舊邸)가 개성과 철원에 있었고 후에 개성에는 광명사(廣明寺), 철원에는

---

15) 오가와 케이키치의 도한 시기에 대해서는 견해차가 확인된다. 향후, 구제적인 행적 조사를 실시하고자 한다.

그림 4. 봉선사명 와편(도유호, 1950)

봉선사(奉先寺)를 창건하였다고 주장하고 있다[16]. 그리고 '임인' 명 기와를 근거로 고려 태조 25년에 봉선사가 존재하였는데 이 기와가 창건연대인지 개수한 연대에 해당하는지는 알 수 없다고 하였다.

이 봉선사 및 왕건 구저(舊邸)가 외성 남벽 부분 즉, 토성 밖이라는 점에 의문(조인성 2019)이 있지만 현장에 대한 구체적인 조사가 진행되지 않았다는 점에서 향후 이 부분에 대한 정밀 조사가 필요하다. 다만, 귀부(龜趺)가 있다는 점에서 관련 비신(碑身)이 확인된다면 이 건물군에 대한 내력은 보다 자세히 파악될 것으로 보인다.

이상의 사실은 외성 남대문 남쪽에 존재하는 석등이 봉선사 경내에

---

16) 『新增東國輿地勝覽』第3卷 漢城府 佛宇
　　흥덕사(興德寺) 동부 연희방(燕喜坊)에 있는데, 교종(敎宗 교리를 위주로 하는 불교의 종파)이다.
　　○ 권근(權近)의 〈덕안전기(德安殿記)〉에 "건문(建文) 3년(태종 1년) 여름에 태상왕(太上王 태조)이 명하여 터를 예전 사시던 집 동쪽에 정하고, 따로 이 새집을 짓게 하였다. 가을에 공사가 끝나니 신근에게 명하여 이르시기를, '고려 태조가 삼한(三韓)을 통일하고 그 사가(私家)를 광명(廣明)·봉선(奉先) 두 절로 만들었으니 나라를 이롭게 하려 함이었다.(국사편찬위원회 한국고전DB)
　　『新增東國輿地勝覽』第4卷 開城府 上 佛宇
　　광명사(廣明寺) 연경궁(延慶宮) 북쪽 송악산 기슭에 있다. 세상에서 전하기를, "고려 태조가 옛 집을 희사하여 절을 만들었다." 한다. 목종(穆宗)의 진영(眞影)이 있다.(국사편찬위원회 한국고전DB)

있는 것이고 왕건의 사저[17]와 관련 되었을 것이라는 점을 보여주고 있다.


## Ⅳ. 맺음말

이 글은 일제강점기 철원에 위치하였던 태봉국 철원성(궁예도성)에 대한 조사 내용을 검토한 것이다.

조선총독부는 고적조사사업이 본격적으로 진행되기 전부터 관학자를 동원하여 한반도 일원을 조사한 것은 주지의 사실이다. 그런데 태봉국 철원성에 대하여 구체적인 논의가 진행된 것은 거의 없다고 생각된다.

이번 글을 통하여 일제강점기에 세키노 다다시(關野貞), 도리이 류조(鳥居龍藏)가 주도하여 철원지역을 조사한 것을 확인하였다. 아울러 그 시기와 목적은 불분명하지만 정비가 이루어진 기록도 확인하였다. 그리고 지형도를 통하여 석등이 석탑으로 오인된 이유에 대해서도 파악하였다.

현재까지 확인된 일제강점기 조사 자료를 종합하면 궁성 남쪽에 석등 1기, 외성 남벽 동쪽에 치우친 부분에 고려 태조가 창건한 봉선사와 관련된 석등과 귀부가 각 각 1기씩 존재하였다는 사실을 확인하였다.

그리고 궁성 남쪽 석등은 태봉국과 관련된 것이고 외성 남벽 동쪽에 있는 석등은 봉선사와 관련 있음을 확인하였다. 봉선사는 그동안 태봉국

---

17) 도유호의 조사기록이 없었다면 철원 舊향교지가 유력한 왕건 사저로 인식(유재춘 2005a·b ; 강원대학교 중앙박물관 2008)되었을 것이다. 구 향교지에 대한 발굴조사 내용을 살펴보면 왕건사저로 볼만한 적극적인 증거물은 보이지 않는다.

철원성에 대하여 알려진 사실과는 달리 고려 건국 이후에 철원성의 극적인 경관 변화를 보여주는 것으로 향후 이에 대한 연구가 필요하다.

특히, 철원성의 평면 형태는 지형도의 검토 결과 경관의 변화가 진행되고 있음을 확인되고 있어 구한말~일제강점기에 진행된 수리조합 활동의 검토가 필요하다는 것을 확인하였다.

이번 글은 국가기관이 소장하고 있는 자료와 공간된 자료를 통하여 기본적인 분석을 진행한 것이다. 그런데 대부분의 사진 자료는 저화질의 화상자료가 제공되고 있어 향후, 고화질의 화상 자료가 제공되기를 기대한다.

그리고 태봉국 철원성의 전체 경관을 파악하기 위하여 적어도 휴전선 이남에 분포하고 있는 관방유적, 생활유적에 대한 조사가 필요하다는 것을 확인하였다. 즉, 철원성과 경관의 진전된 논의를 위하여 실질적으로 조사 가능한 휴전선 이남 지역에 분포하고 있는 문화 유적에 대한 정밀 조사와 자료 축적이 시급하다고 생각한다.

그림 5. 『朝鮮古蹟圖譜』 4에 실린 유리건판

그림 6. 小川敬吉 조사 자료(文化財管理局 文化財研究所 2004)

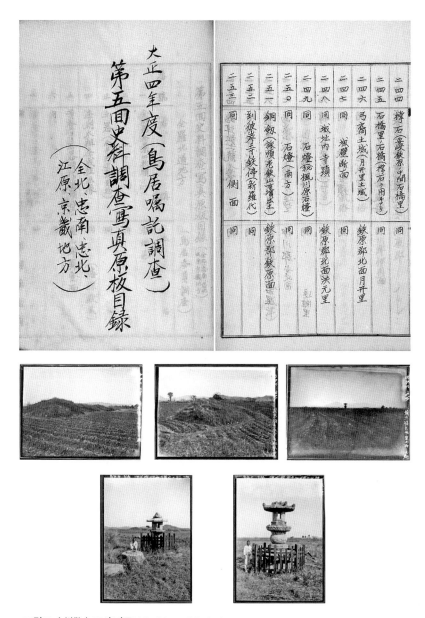

그림 7. 小川敬吉 조사 자료(文化財管理局 文化財硏究所 2004)

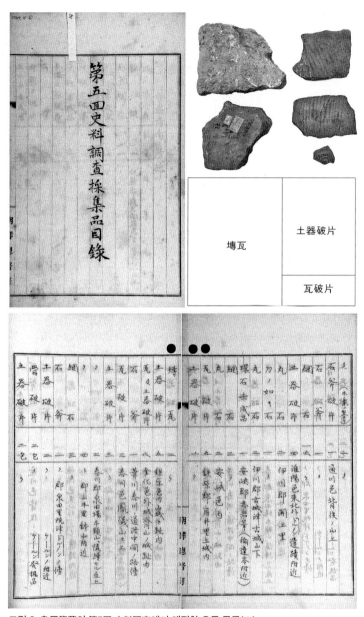

그림 8. 鳥居龍藏의 第5回 史料調査에서 채집한 유물 목록(●)

궁예도성지        궁예도성지 내성

궁예도성지 석등        궁예도성지 외성 귀부

궁예도성지 외성 남대분 부근의 토성     궁예도성지 외성 남대문 부근의 토성

궁예도성지 외성 남대문 원경

그림 9. 국사편찬위원회 소장 유리건판

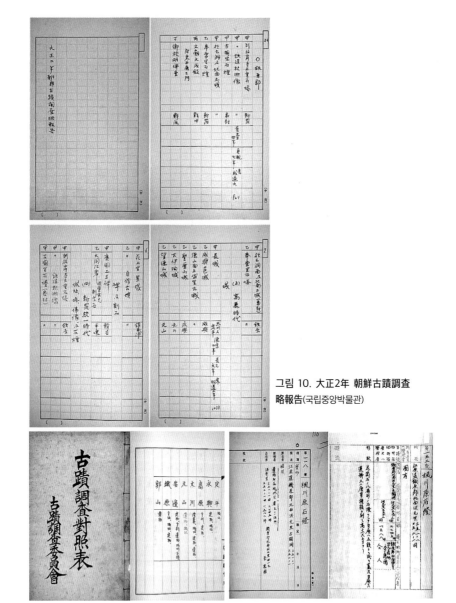

그림 10. 大正2年 朝鮮古蹟調査 略報告(국립중앙박물관)

그림 11. 고적조사대조표에 보이는 세끼노 다다시(關野貞) 여정

그림 12. 寶物古蹟臺帳 1(左), 各道 所在 古蹟 用地 調査 關係 寶物古蹟 臺帳(右)

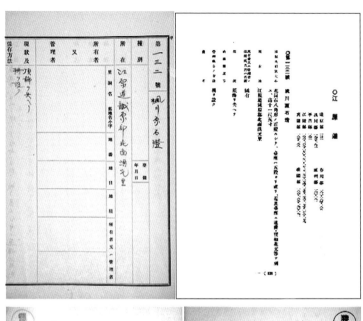

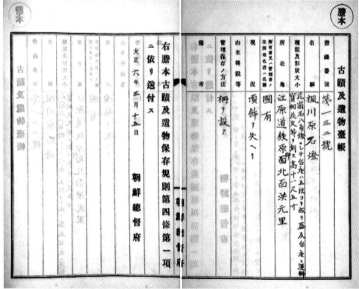

그림 13. 古蹟遺物謄錄原稿2(上左), 『古蹟及遺物臺帳抄錄』(上右), 古蹟及遺物臺帳謄本(下)

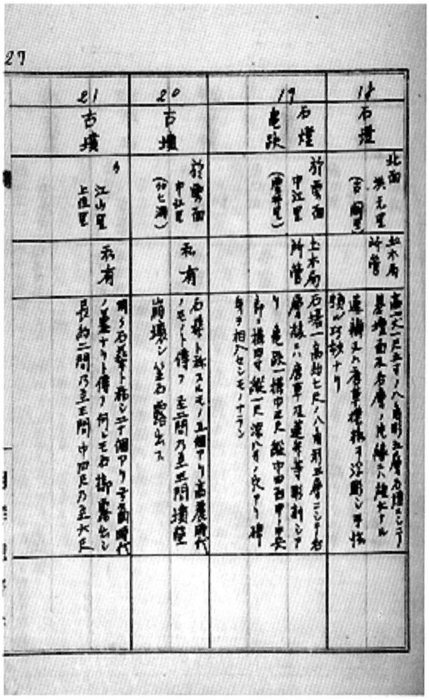 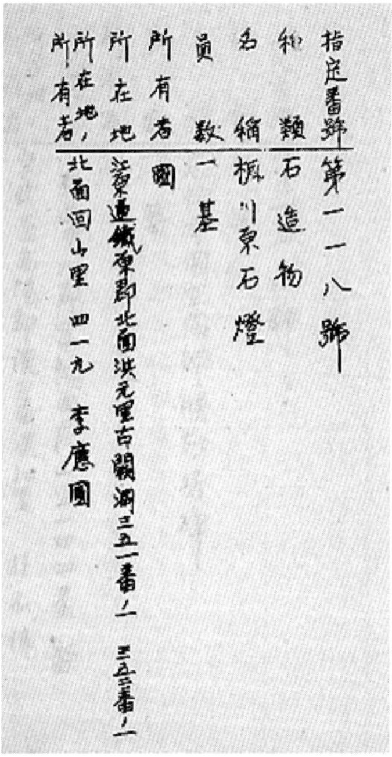

그림 14. 古蹟臺帳(『朝鮮寶物古蹟調査資料』 草稿)(左), 寶物古蹟天然記念物指定通知控(右)

# 참고문헌

## 국문

강원대학교 중앙박물관, 2008, 『(舊)鐵原鄕校址 試·發掘調査報告書』.

姜 賢, 2005, 「일제강점기 건축문화재 보존 연구」, 서울대학교 대학원 건축학과 공학박사학위논문.

국립문화재연구소, 1997, 『북한문화재해설집 I 』.

국립중앙박물관 역사부, 2009, 『철원 태봉국도성 조사 자료집』(내부용).

경인문화사, 1988(影印), 『(近世)韓國五萬分之一地形圖』.

김란기, 2007, 「세키노 타다시(關野貞)의 한국유적조사 행적과 그 성격 연구」, 『한국건축역사학회 2007 춘계학술발표대회』, 한국건축역사학회: 190~201.

김용선 엮음, 2008, 『궁예의 나라 태봉』, 일조각.

金元龍 編, 1965, 『韓國史前遺蹟遺物地名表』, 서울大學校 考古人類學叢刊 第二册.

도유호, 1950, 「奉先寺址 考」, 『문화유물』 제2집, 조선물질문화유물조사보존위원회.

文化公報部文化財管理局, 1977, 『文化遺蹟總覽(上)』.

文化財管理局 文化財研究所, 1994, 『小川敬吉調査文化財資料』, 海外所在文化財調査書 第5册.

박승한·심재연, 2017, 「춘천 요선당리 칠층석탑보존에 관한 건」, 『일제강점기조선총독부 생산 공문서 자료 집성 및 해제-춘천지역을 중심으로-』, 171쪽, 춘천:고려출판사.

유재춘, 2005a, 「철원 월하리 유적의 조사 결과와 성격 검토」, 『궁예의 나라 태봉』, 161~183쪽, 서울:일조각.

유재춘, 2005b, 「철원의 高麗太祖 王建 舊宅址說에 대한 검토」, 『江原文化史研究』第10輯: 5~18.

정상우, 2008, 「1910~1915년 조선총독부 촉탁(囑託)의 학술조사사업」, 『역사와 현실』 68, 한국역사연구회: 237~271.

정성권, 2011, 「泰封國都城(弓裔都城) 내 풍천원 석등 연구」, 『한국고대사탐구』 7, 한국고대사탐구학회: 167~211.

정인성, 2016, 「2. 일제강점기의 「朝鮮古蹟調査事業」과 1909년 예비조사」, 『1909년 「朝鮮古蹟調査의 기억-『韓紅葉과 谷井濟一-야쓰이세이이쓰의 조사기록』, 국립문화재연구소.

조인성, 2018a, 「철원도성 남북공동연구의 과제」, 『"남북공동의 문화유산-DMZ 태봉 철원도성』, 태봉학회: 35~44.

조인성, 2018b, 「DMZ 내 고고유적 현황-태봉 철원성을 중심으로 본 경관-」, 『DMZ 문화재 보존 및 조사연구 발전방안 학술심포지엄』, 국립문화재연구소: 44~57.

조인성, 2019, 「태봉 철원도성 연구의 현황과 과제」, 『신라 왕경에서 고려 개경으로-월성과 만월대』, 국립경주문화재연구소; 28~40.

鄭明鎬, 1997, 「3. 石燈」, 『북한문화재해설집 Ⅰ-석조물편-』, 國立文化財硏究所.

국립중앙박물관 누리집

국사편찬위원회 누리집

국사편찬위원회 한국고전DB


**일문**

關野貞, 1910, 『朝鮮藝術之硏究』, 度支部建築所.

高橋潔, 2001, 「關野貞お中心とした朝鮮古蹟調査行程-一九〇九年(明治四二年)~一九一五年(大正四年)-」, 『考古學史研究』第9號, 京都 木曜クラブ.

小川敬吉, 1937, 「古跡に就いての回顧」, 『朝鮮と建築』第16輯 11號.

田保橋 潔 1941, 「弓裔とその都城址」, 『京城帝大 史學會誌』第17號, 京城帝大 史學會.

朝鮮總督府, 大正 五年(1916), 『朝鮮古蹟圖譜 4』.

朝鮮總督府鐵道局, 1929, 「第九章 新線の建設」, 『朝鮮鐵道史』第一卷.

朝鮮總督府, 昭和 十七年(1942), 『朝鮮寶物古蹟調査資料』.

朝鮮總督府 編著, 2011, 『韓紅葉·朝鮮芸術之研究·朝鮮芸術之研究續編·朝鮮古蹟調査略報告』, 龍溪書舍 編(復刻版).

早乙女雅博, 1997, 「關野貞の朝鮮古蹟調査」, 『東京大學創立百二十周年記念東京大學展學問の過去·現在·未來 第二部情神のエクスペデイシオン』, 東京大學出版會.

朝倉敏夫, 1993, 「鳥居龍藏 朝鮮半島調査」, 『鳥居龍藏の見たアジア』, 中西印刷株式會社: 44~48.

# 태봉국 철원도성의 축조기법과 공간구성

심정보

한밭대학교 명예교수

## 목차

## I. 머리말

태봉국 철원도성[1]이 전 국민적 관심의 대상으로 부각되고 있다. 철원 풍천원 언덕에 축조된 철원도성은 한반도의 중심[2]에 입지하고 있으면서, 비무장지대(DMZ)의 남·북측에 거의 반분되어 걸쳐있음으로 해서 남북 공동조사의 적격지로서 남북 화해무드의 상징으로 주목받고 있다. 이 태봉국 철원도성은 조선시대에도 관심의 대상이 되어 고지도에 '궁

---

1) 궁예가 896년 처음 도읍한 철원성과 구분하기 위하여 주제의 철원성은 '철원도성'으로 전개한다.
2) 대동여지도 편람에 의하면 횡으로 19열, 종으로 22열로 구획되어 있는데, 철원도성은 횡으로 11열, 종으로 11열인 평강(平康) 도엽에 수록되어 있어 중심부에 가깝다고 하겠다.

예도(弓裔都)', '궁예도성(弓裔都城)', '궁왕고도(弓王古都)'라 하였고, 청구
도에는 철원 읍치에 '궁예태봉(弓裔泰封)'이라 부기하고, 별도로 풍천원
에 '궁왕고도(弓王故都)'라고 표기하여 '태봉국의 궁예왕 도성'임을 명시
하여 궁예의 존재감을 부각시키고 있다.

철원도성에 도읍을 정한 궁예는 고구려 고지(故地) 탈환에 만족하지
않고 후삼국을 통일하여 동방의 대국을 건설하겠다는 야심에서 출발한
것이다.(이재 2018 : 7) 비록 왕건 일파의 쿠데타로 원대한 꿈은 이루지 못
했지만, 이 야심찬 계획은 초기 국호를 계승한 고려 태조 왕건에 의하여
이루어지게 되었다. 철원도성은 궁예가 꿈을 잃어버린 마지막 현장이기
도 하지만 왕건이 고려를 개국한 역사적인 시작점이기도 하다.

철원도성의 규모에 대해서는 『동국여지승람』이후 지리서에 수록되
어 있지마는 그 실체가 드러난 것은 1918년 1/50,000 지도에 표기되면
서 부터이다. 이 지도에서 철원성이 궁성, 내성, 외성의 3중성으로 이루
어졌음이 확인되었으며, 지적도[3]에 의해 철원도성이 자연지형에 순응
하며 이를 최대한 활용하여 설계되었음이 파악되었다.

철원성의 실체를 확인하기 위하여 처음으로 접근을 시도한 학자는
당시 육군사관학교 박물관 이재관장[4]으로 전역 이후에도 철원성의 중
요성을 알리는데 많은 노력을 하였다[5]. 또한 국립중앙박물관에서 펴낸
「철원 태봉국도성 조사 자료집」에 수록된 지적도는 본 발표문을 작성하

---

3) 2009년 국립중앙박물관에서 발표한 「철원 태봉국도성 조사자료집」에 실려있는 지적도를 참조하
였다.
4) 육군사관학교 육군박물관, 『강원도 철원군 군사유적 지표조사보고서』, 1996
5) 철원도성에 대한 선행연구는 이재, 「철원도성 연구의 현 단계」『남북공동의 문화유산-DMZ 태봉
철원도성』2018년 태봉학술대회 발표자료 참조, 2018

는데 많은 도움이 되었다.

궁예는 896년 철원성에 도읍하였다가 898년 송악 발어참성으로 도읍을 옮기고 901년에는 국호를 고려(高麗)라고 하였으며, 905년 7월에는 다시 철원도성으로 도읍을 옮겼다.

궁예가 후고구려를 표방하고 개국한 이래 철원성-송악 발어참성-철원도성으로 천도하는 과정에서 마지막 도읍지를 철원도성으로 결정하게 된 배경을 살펴보고 철원도성의 축조기법과 공간구성에 대하여 시원적인 검토를 시도하고자 한다. 이 논문은 2018년 발표문을 수정, 보완하여 작성하였음을 밝힌다.


## Ⅱ. 철원도성의 천도배경

효공왕 7년(903년)에 궁예가 도읍을 옮기고자 철원(鐵圓)과 부양(斧壤)으로 가 산수(山水)를 둘러보았다. 이때 궁예는 송악 도읍 발어참성에서 철원으로 천도하기로 결정한 것으로 보인다. 송악에 도읍한 지 5년 만에 천도를 시도한 것은 이례적이라 하겠다. 천도배경으로 참위설과 철원지역의 미륵신앙과 관련시킨 선행연구는 이미 있어 왔다. 철원 민심의 중심에 미륵사상이 있음을 간파하고 궁예 자신이 미륵불을 칭하여 철원지역의 지지를 기대했을 것이기 때문이다. 송악은 본래 왕건의 본거지이며 주변의 부용세력들이 전폭적으로 왕건을 지지하고 있는 상황에서 심적인 압박감도 있었을 것으로 보인다[6]. 또한, 철원은 궁예의 후원자로 파악되는 명주 호족 김순식에 보다 근접하여 도움을 받을 수 있는 위치이기도 하다. 그리고, 철원은 비록 입지적인 조건은 다르지마는 송악으로의 천도 이전에 철원[7]에 도읍한 바가 있어 친근감도 느꼈을 것이며, 무엇보다도 신라를 압박하기에는 송악 보다 철원이 더 유리하다고 판단하였을 것이다.

궁예는 천도계획을 세운 이후 국력이 더욱 강화되자 고구려 고토회복에 만족하지 않고 후삼국을 통일하여 동방의 대국을 건설하겠다는 야심으로 효공왕 8년(904)에는 국호를 마진(摩震)으로 고치고 연호를 무태(武泰)로 정하였다.

904년 7월에 청주 사람 1千戶를 사민(徙民)하여 철원(도)성에 살게 하고, 서울로 삼았다. 청주인 1천호를 철원도성으로 옮긴 목적은 명확하지 않다. 다만 궁예가 기훤의 휘하에서 불우한 시절을 보낼 때 뜻을 같이하여 함께 양길에게 의탁하였던 청주 수령 신훤(申煊 : 莘萱)이 900년에 자발적으로 귀부해 온 사실로 인하여 우호적으로 파악했을 것이며, 왕건이 쿠데타로 궁예를 몰아냈을 때 청주에서 지속적으로 반란이 일어난 것과

---

6) '백주정조(白州正朝) 유상희 등이 "작제건이 서해 용왕에게 장가를 들어 왔으니 실로 큰 경사로다"라고 말하면서 개주(開州), 정주(貞州), 염주(鹽州), 백주(白州)의 4개주와 강화(江華), 교동(喬洞). 하음(河陰)의 3개현 사람들을 데리고 와서 그를 위하여 영안성(永安城)을 쌓고 궁실을 건축하여 주었다'는 내용에서 보듯이 송악은 왕건의 뿌리 깊은 근거지임을 알 수 있다.(『고려사』제1분책, 고려왕실세계)

7) 궁예의 초기 도읍지는 산성으로서 도성의 입지조건에 부합되는 고석성(孤石城)이 유력하다고 하겠다. 고석성의 둘레는 1.2km 정도로 추정되며, 동벽 남쪽부분을 제외하고 성벽 외곽 전체를 한탄강이 휘돌아 흐르고 있어서 자연자 역할을 하고 있다. 『동국여지승람』철원도호부 누정조에는 신라의 진평왕과 고려의 충숙왕이 일찍이 유람하여 고석정(孤石亭)이라는 정자에서 노닐었음을 전하고 있다.

도 연관시켜 볼 수 있겠다. 그러나, 서원경에 거주하고 있었기 때문에 타고을보다 높은 안목을 지니고 있다고 판단하여 도성 건설에 도움이 되고자 투입한 것은 아닐까 한다. 철원도성을 새도읍으로 정하는 과정에서 청주 사람들의 이주가 부각된 것은 도성 마무리 공사에 청주인들의 역할이 컸었다는 것을 의미한다고 하겠다.(심정보 2019)

천도할 도읍지를 결정하기 위하여 순행한 지 2년 만에, 그리고 철원도성을 서울로 삼은 지 1년 만인 905년 7월에 궁예가 철원(鐵圓)으로 도읍을 옮겼다. 이때 대궐과 누대(樓臺)를 수리하였는데 극히 사치스럽게 하였다고 한다. 청주인 1천호를 사민시킨 사실과 철원도성 궁궐이 사치스럽다는 기사는 『삼국사기』 본기에는 누락되어 있고, 궁예열전에만 수록되어 있다. 사치스러운 궁궐과 사민정책으로 철원으로 이주한 청주인들과 서로 연관지으려 한 것은 아닌가 생각된다[8]. 왕건이 궁예의 철원 환도 직후인 30세 무렵에 역모를 의미하는 꿈을 꾸었다거나 철원환도를 참위설에 의존했다고 비난한 사실[9] 등은 소외된 송악세력의 반발을 의미한다.(정선용 1997)

그러나, 철원성을 도읍으로 결정한 후, 신라의 주요 고을인 상주 등 30여 주현을 함락시켰으며, 백제의 고도 공주가 귀부하였고, 도읍을 옮긴 뒤에는 고구려 고도 평양이 귀부하여 당시 철원성으로의 천도는 긍정적으로 평가되었을 것으로 보인다.

철원도성의 설계는 어떻게 수립하였을까? 성곽을 축조하기 위해서

---

8) 태조 왕건은 " 청주사람들은 변덕이 심하니 일찍이 대비를 하지 않으면 반드시 후회할 일이 있을 것"(『고려사절요』 권1 태조 원년 7월조)이라고 하여, 청주에 대하여 비판적임을 알 수 있다.

9) 『고려사절요』 권1 태조 원년 8월조

는 입지조건, 입보(入保)하여 수비할 수 있는 군민(軍民)의 수, 이 군민의 수에 적합한 성곽의 규모, 인근에서 조달할 수 있는 축성재료, 이 축성재료를 운반할 운송수단, 축성을 지휘·감독할 관리선정, 축성에 동원할 지역민 선정, 소요 식량 및 부역 일수 등이 세밀하게 검토되어야만 차질없이 소기의 성과를 거둘 수 있는 것이다.(심정보 2003) 당시 우리나라에 건설되었던 도읍 중에서 대표적인 것은 고구려 장안성, 신라 경주도읍, 백제 사비도성 등이라 하겠다. 고구려 장안성은 북성, 내성, 중성, 외성으로 이어지는 4연곽으로 되어있고, 신라 경주는 월성 북쪽으로 방리제가 도입된 도시구조였으나 외곽이 없는 형식이고, 백제 사비도성은 내성인 부소산성과 부소산성 동·서로 나성이 펼쳐진 평산성 형태의 성곽형식으로 철원도성의 '回'자형 3중 평면형식과는 부합되지 않는다.

궁예의 대외관계는 철원도성 천도 이후에 이루어져 외국사례의 직접적인 영향은 없었던 것으로 보인다. 다만 당나라 상인 왕창근(王昌瑾)이 궁성에 왕래한 사실이 있고, 발해유민도 유입되었을 가능성이 있어 간접적으로 唐 및 발해도성에 대한 정보를 얻었을 수는 있었을 것으로 보인다.

철원도성의 처음 모습은 궁성과 내성으로만 설계되었을 것으로 파악된다. 처음부터 외성까지 고려되었다면 외성과 내성과의 비례를 규모나 사용목적에 맞게 잘 조정이 이루어졌을 텐데, 내성의 규모가 너무 크게 구획되어 있다. 내성의 동벽과 서벽 외곽에는 큰 내가 흐르고 있어 완성 당시의 자연해자로 활용하여 방어력을 높이려 하였을 것으로 파악된다. 궁예는 903년 순행하여 철원 풍천원에 도읍하기로 결정하고 송악의 발어참성의 규모로 설계토록 한 것으로 판단된다.

송악 도읍의 외성 역할을 한 발어참성의 둘레는 8.2㎞이며, 궁성의 둘레는 2.17㎞로 철원도성 내성의 둘레 7.7㎞와 궁성의 둘레 1.8㎞와 규모와 비례가 비슷하다고 하겠다. 그 이후에 국호를 마진으로 고치고 어쩌면 황제를 꿈꿔 중국의 도성제도를 모방하여 외성을 축조하게 된 것은 아닌가 한다. 이미 궁성과 내성이 축조되었거나 축조하고 있었기 때문에 그렇지만 전체 평면은 당의 장안성이나 발해의 상경성과 유사한 편이라 하겠다.

911년 1월에 궁예(弓裔)가 국호를 태봉(泰封)으로 고치고 연호를 수덕만세(水德萬歲)라 하였다. 어떤 계기가 작용하여 국호를 개정하게 되었을까? 이때 마진 및 궁예 주변에서 정치적 변동이나 뚜렷한 국토확장 같은 사건은 발견되지 않는다. 혹시 이때 외성이 완공되어 명실상부한 황제국과 대등한 도성규모를 갖추게 된 것이 아닐까 한다. 914년 3월에는 연호를 정개(政開)라 다시 고쳤지만 국호 태봉은 궁예 멸망 시까지 계속하여 사용되었다.


## Ⅲ. 철원도성의 축조기법과 공간구성

철원도성은 궁성, 내성, 외성으로 구획되어 있으며, 내성 북벽과 외성 북벽을 공유하고 있는 상태지만 궁성을 중심으로 '回'字形의 3중 성곽이라고 하겠다. 궁성, 내성, 외성 모두 짧은 시기이지만 시기차를 두고 축조된 것으로 추정된다. 즉, 가장 먼저 축조된 것이 궁성이며, 그 다음이 내성, 마지막에 외성을 축조하였을 것으로 보인다.

철원도성의 규모는 궁성 1.8㎞, 내성 7.7㎞, 외성 12.5㎞[10] 정도로 외성의 규모에 비하여 내성의 규모가 큰 편이라 하겠다.

다산 정약용은 도성 건설에 있어서 주례고공기의 원리를 따르면서 우리나라의 현실에 맞게 적용코자 한 것 같다. 그리하여, ① 도성의 규모는 사방 9里로 한다. ② 도성내를 '井'자형으로 9등분하여 9구역으로 나눈다. ③ 분할된 9구획 중 중앙구역을 왕궁으로 한다. ④ 중앙 왕궁의 바로 남측구역에 조정을 둔다.(前朝) ⑤ 중앙 왕궁의 바로 북측 구역에 시장을 둔다.(後市) ⑥ 도성내 동측 3구획과 서측 3구획은 주거지역으로 한다. ⑦ 도성의 동측과 서측 외곽에 도성내의 구역과 같은 구역을 동서 양측에 각각 3구획씩 두어 성외의 주거지역으로 한다.(이우종 1994 : 182)

정약용이 고려이전의 도성계획을 검토하여 적용하였는지는 알 수 없다. 그러나, 자연지형에 순응하여 성곽을 축조하는 우리나라에서 이와같이 도성을 건설한 것은 발해도성과 태봉국 철원도성 뿐이라 하겠다. 정약용은 궁성과 외성으로만 구획하였지만 철원도성에서는 궁성·내성·외성의 '回'字形 3중성을 갖추고 있다고 하겠다. 그리하여 ⑦번의 성외 주거지역이 외성 내로 수용하게 설계된 것이라 하겠다. 다만 궁성이 북쪽으로 편중되어 '後市'와는 맞지 않게 시장은 내성 전면에 입지하여야 하였을 것이다.

## 1. 철원도성의 축조기법

철원도성은 비무장지대 내에 입지하고 있어서 접근이 불가하기 때문

---

10) 철원문화원, 『철원의 성곽과 봉수』 69쪽, 2006

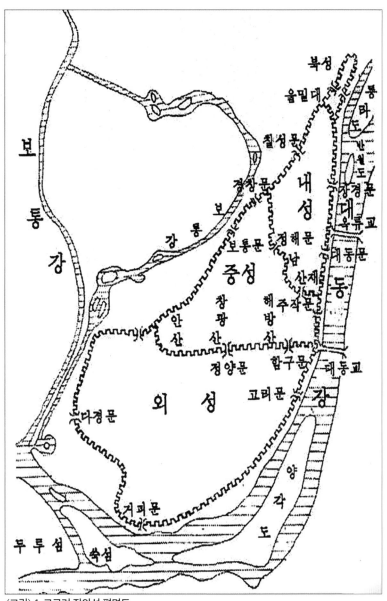

〈그림〉1. 고구려 장안성 평면도

에 철원도성의 축조기법에 대해서 언급하는 것은 시기상조라고 하겠다. 앞으로 남북학자들이 공동조사를 시행하여 정확한 규모, 축성기법과 부대시설, 그리고 성격을 밝혀야 하겠다.

철원도성의 규모에 대하여 가장 먼저 언급한 것은 『동국여지승람』철원도호부 고적조에 '풍천원은 궁예가 도읍하였던 곳으로 부의 북쪽 27리에 있다.'고 하여 현재의 철원도성의 위치와 일치하고 있으며, 이어서 규모와 축성재료에 대하여 기술하고 있다. '외성의 둘레는 14,421尺이며, 내성의 둘레는 1,905尺이니 모두 흙으로 쌓았다. 지금은 반은 퇴락하였다. 궁전의 자취가 완연하게 아직 남아 있다'라고 하였다. 『동국여지승람』의 用尺은 대부분 포백척을 사용하고 있으므로 이를 적용하면, 외성의 둘레는 6,739m이며, 내성의 둘레는 890m로 환산된다. 이로 볼 때 외성은 내성의 둘레에 해당하고, 내성은 궁성의 잔존부분을 측량한 수치로 파악된다. 그 이후 지리지에서도 이 수치를 그대로 수록하고 있는데, 『대동지지』에서는 외성의 둘레를 24,421尺으로 기록하였다. 1만 수치단위에서 잘 못 표기한 것이 아니라면 내성의 둘레는 여타 지리지와 같은 1,905尺으로 기록하고 있으므로 용척은 포백척을 적용하여도 무방하다고 하겠다. 따라서 이를 환산하면 외성의 둘레는 11,412m가 된다.

일제강점기 당시의 잔존규모를 언급한 것은 1942년 조선총독부에서 간행한 『조선보물고적조사자료』이다. 이 자료에 의하면, '철원도성의 외성은 흙과 돌을 섞어 쌓았고 높이는 4~12尺이며, 폭은 2~6間이고, 둘레는 약 6,000間이다. 내성은 높이가 7尺, 폭은 12尺이며, 둘레는 약 400間이고 토성이다.'라고 하여 축성재료와 규모에 대하여 설명하고 있다. 이에 의하면, 외성의 길이는 12.000m, 높이는 최대 2.4m, 너비는 최

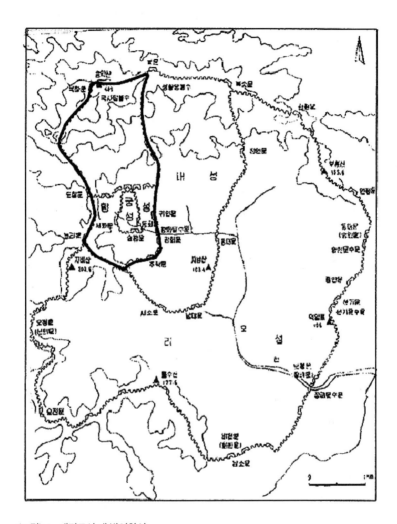

〈그림〉2 . 개경도성 내 발어참성

대 12m이고, 내성은 높이가 1.4m, 너비는 2.4m로 환산된다. 축조된 성벽의 규모가 외성 보다 내성이 적음을 알 수 있다.

철원도성의 현상에 대해서는 이재 등이 답사하고 철원문화원에서 펴낸 『철원의 성곽과 봉수』[11]에 답사 내용이 비교적 상세히 수록되어 있다. 비록 내, 외성에 대한 간략한 내용이지만 참고가 되고 있다. 이에 의하면, 경원선과 남벽이 교차하는 지점에서 확인한 외성 남벽은 길이 50~60m 정도의 성벽이 확인되는데 외성 남벽 끝부분에서의 잔존상태는 길이 20m, 하단 폭 6~7m, 높이 3~4m의 규모이며, 토성이 연결되는 선상에 현무암의 돌무더기가 연결되는 모습이 확인되었다고 한다.

또한, 이 지점에서 관찰된 내성 남벽은 길이 400~500m, 높이 2~3m 규모의 토성이 간간히 붕괴된 채 연결되어 있는데, 사이사이에 현무암들이 채워져 있었다고 한다.

경원선과 외성 동벽이 교차하는 지점에서 관찰된 외성 동벽의 현황은 가장 양호한 상태를 유지하고 있었다고 하며, 하단 폭 6~7m, 상단 폭 5m, 높이 1.2m 내외의 규모로 길이 130m 정도가 정연하게 연결되어 있었다고 한다.

이상의 답사기 형식의 내용과 국립중앙박물관에서 2009년에 펴낸 「철원 태봉국 도성 조사자료집」에 수록된 몇 장의 사진만으로 성벽 축조기법을 파악한다는 것은 위험한 발상이지만 발해 및 국내에서 유사 사례가 있어 이를 비교하여 언급하고자 한다. 『조선보물고적조사자료』의 철원도성에 대한 내용과 『철원의 성곽과 봉수』에 수록된 답사기의 내용

---

11) 철원문화원, 『철원의 성곽과 봉수』, 2006

〈그림〉 3. 지적도상의 철원도성

에 모두 외성은 흙과 돌로 쌓았다는 것이다. 답사 시의 현장 사진을 보면 돌과 흙이 교대로 축조된 것을 볼 수 있다. 이와 같이 축성 재료가 다른 돌과 흙을 교대로 펼치고 다진 것을 교전교축(交塡交築)[12]이라고 한다. 이와 같은 교전교축으로 축조한 성곽에 경주 월성, 충주 탄금대토성, 제주 항파두리성, 부분적이지만 강화 중성과 외성, 경주읍성[13], 수원 화성[14]이 현재까지 확인된 상태이고, 발해 상경성 외성과 팔련성 외성 남문지에서 확인되고 있다. 그리고, 최근에 조사가 완료된 한산읍성[15]과 당진 성산리산성[16]이 이에 포함된다고 하겠다. 이들 성곽에 대한 조사가 제한적으로 이루어졌기 때문에 성벽 전 구간이 교전교축으로 축조되어 있는지는 확실치 않으나 조사된 구간에서 체성 전체 또는 기저부, 그리고 내탁부에서 확인되고 있다. 현재까지는 신라의 경주 월성과 한성백제 시기에 축조된 탄금대토성과 당진 성산리산성이 시원적 형태라 파악되며, 발해 상경성과 팔련성, 태봉 철원도성, 고려시대 강도 및 삼별초 항쟁지인 항파두리성 등 중세에 시도된 축성기법이 중종대의 한산읍성과 영·정조시기의 경주읍성과 수원 화성에서 나타난 상황이라 하겠다. 앞으로도 교전교축에 의한 축조기법은 발굴조사가 점차 시행되는 과정에서 더 이상 확산될 가능성이 크다고 하겠다.

평면 방형계 성곽에서 가장 취약한 점은 방어상의 문제점이다. 외적이 성문으로 공격하거나 성벽 하부로 접근하여 성벽을 타고 올라올 때

---

12) 水原市, 『華城城域儀軌』上 圖說, 1977
13) 한국문화재재단, 「경주읍성 복원정비사업부지(3 4구간)내 유적 발굴조사 약식보고서」, 2015,
14) 김왕직, 『수원 화성의 기초공법 고찰』 한국건축역사학회 2007 춘계학술발표대회, 2007
15) 충남역사문화연구원, 「서천 한산읍성 남문지 시굴조사 개략보고서」 2019
16) 금강문화유산연구원, 「당진 성산리 산성 발굴조사 학술자문회의 자료」 2019

방어하기가 쉽지 않다. 그래서 성문 전면에 옹성을 축조하거나 성문 좌우에 적대를 시설하고, 성벽에는 일정 간격으로 치성(雉城)을 설치하여 방어력을 높여야 한다. 그러나, 현 상태에서는 철원도성에서의 옹성이나 적대 및 치성을 확인하는 것은 쉽지 않다고 하겠다.

발굴조사가 이루어지면 철원도성의 축조기법과 부대시설은 명확하게 확인이 될 것으로 축성사적으로 매우 기대가 된다고 하겠다.

## 2. 철원도성의 공간구성

궁성은 평면 사다리형태를 하고 있다. 궁성의 입지적인 조건이 풍천원 구릉의 가장 높은 평탄 대지에 축조되었다. 궁성의 동벽과 서벽 외곽에 자연 구(溝)가 형성되어 해자 역할을 하고 있는데, 이 자연 해자의 지형적 영향으로 평면 방형 형태를 띠지 못하고 사다리형태를 하게 되었다.

내성에서 궁성 내로 연결되는 도로는 남벽에서 중심부와 남벽에서 좌편재하여 2개소에 도로가 개설되어 있고, 서벽에서 중심부에 1개소, 북벽 중심부에서 동측으로 이격하여 1개소에 도로가 개설되어 있다. 이들 도로 개설로 인하여 성벽이 절개된 지점에는 성문이 시설되어 있을 것으로 파악된다[17]. 다만, 남벽에서 서남모서리와 연접하여 개설된 도로는 발굴조사를 시행하여야 정확하게 확인이 되겠지만 후대에 파괴하고 개설된 것이 아니라면 암문이 개설되었을 가능성도 배제할 수 없다. 왕건 일파가 쿠데타를 일으켜 궁예를 축출할 시 궁성의 남문으로 진입한

---

17) 궁성의 성문은 남문, 서문, 북문이 설치되었을 가능성이 있다고 한다.(유병하, 2015, 「궁예도성과 견훤도성」 7쪽)

〈사진〉 1. 남벽 체성

〈사진〉 2. 남벽 체성 기저부

〈사진〉 3. 동벽 체성

것으로 보이며, 궁예는 미복으로 궁성 북문으로 벗어나 전전하다가 부양(斧壤) 백성에게 해를 입었다고 하는데, 『여지도서』에는 궁예묘가 안변도호부 서남 120里 지점에 있다고 실려있다.[18]

남, 서, 북문으로 진입하여 성내에서 만나는 삼각지점에서 동측으로 일직선으로 도로가 개설되어 있는데, 동벽 외곽으로 개설된 도로와 연접되어 있지 않아 성문은 개설되지 않은 것으로 파악된다.

궁성 내에는 가로망과 세로망으로 잘 구획되어 있어서 궁전건축이 정연하게 배열되어 있었던 것으로 판단된다.

태조 왕건은 918년 6월 철원에서 궁예를 몰아내고 '포정전(布政殿)'에서 즉위하였다.[19] 이에 견훤이 8월에 일길찬 민합(閔郃)을 파견해 즉위를 축하하였는데 왕건이 '대중전(大中殿)'에 나아가 하례를 받고 후하게 예우하여 보냈다.[20] 조회와 사신 접대가 정전의 주요 기능임을 고려할 때 축하사절을 맞이한 대중전은 정전으로 파악된다. 정사를 보는 것이 편전의 주요 기능임을 고려할 때 '정사를 선포하는 전'이라는 의미를 지닌 포정전은 편전으로 파악된다.(김창현 2002)

왕건은 원년 9월에 상주 아자개가 사절을 파견해 귀부하자 구정(毬庭)에서 맞이하는 의례를 연습하도록 하였다.[21] 그리고, 11월에는 신라와 태봉의 관례를 따라 구정에 팔관회를 베풀고 의봉루(儀鳳樓)에 나아가 관람하였다.[22] 『고려사』의 의봉루를 『고려사절요』에는 팔관회와 관련하

---

18) 『輿地圖書』下 咸鏡道(關北邑誌) 咸鏡南道安邊都護府邑誌 陵墓條 '弓裔王墓在府西南百二十里'
19) 『고려사』 권1, 태조 원년 6월 병진조
20) 『고려사절요』 권1 태조 원년 8월조
21) 『고려사』 권1 태조 원년 9월 갑오조
22) 『고려사』 권1 태조 원년 11월조

〈사진〉 4. 경주 월성 서벽 외벽

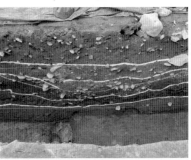

〈사진〉 5. 경주 월성 서벽 단면

〈사진〉 6. 탄금대토성 중심토루 하부 모습

〈사진〉 7. 성상리산성 성벽 단면 모습

여 위봉루(威鳳樓)로 기록하고 있다.[23] 그러나, 팔관회에 대한 의식행위가 상세하게 수록되어 있는 『고려사절요』의 위봉루(威鳳樓)가 맞지 않을까 한다. 그리고 고려 초기 송악의 궁궐 전각에 궁예가 사용했거나 태조가 계승하여 시설했을 위봉루와 구정이 보이고 있어 더 신빙성이 있어 보인다.

궁예와 왕건이 사용한 철원 궁궐은 정전인 대중전, 편전인 포정전,

---

23) 『고려사절요』 권1 태조 원년 11월조

〈사진〉 8. 제주 항파두리성 서벽          〈사진〉 9. 발해 팔련성 남문지 초석 적심상태

〈사진〉 10. 한산읍성 남벽 적심부          〈사진〉 11. 경주읍성 동벽 내탁부

대중전 앞에 위봉루, 위봉루 앞의 구정으로 이루어져 있었으며 그 외에
도 침전 등 다양한 시설들이 갖추어져 있었을 것이다. 이러한 구조와 명
칭은 개경 정궐에 상당한 영향을 끼쳤는데, 특히 위봉루와 구정은 왕건
에 의해 곧바로 재현되었다.(김창현 2002)

  궁예는 광평성 등 관부를 설치하였는데, 특히 주목되는 것은 금서성
(禁書省)이다. 이 금서성은 고려시대에 비서성(秘書省)으로 명칭이 바뀌는
데, 모두 금(禁)자와 비(秘)자를 사용하여 비밀스런 관부임을 드러내고 있
는 것이다. 이에 대하여 다음 기사내용이 해명하고 있다.

(정조가) 전교하기를,

"우리나라의 경적(經籍) 인쇄는, 국초에 고려의 옛 제도를 따라서 교서관(校書館)을 두어 관장하게 하였었는데, 고려에서는 이를 비서성(秘書省)이라고 하였고, 궁예(弓裔) 때에는 금서성(禁書省)이라고 하였으니, 최초에는 궁중에 설치하였었다는 것을 알 수 있다. 태종(太宗) 3년에 별도로 주자소(鑄字所)를 궁중에다 설치하고 고주본(古註本)《시경》·《서경》·《좌전》을 본으로 구리로 활자를 만들어 전적(典籍)을 널리 인쇄하였으니, 이것이 또한 처음으로 글자를 주조한 유래이다. 세종조(世宗朝)에는 경자자(庚子字)·갑인자(甲寅字)가 있었고, … 그러나 그 명칭은 내가 일찍이 지어 주지 않았기 때문에 각신들이 우선 감인소(監印所)라고 불러 왔다."하고, 이때에 와서 국초에 설치하던 때의 옛날 호칭을 그대로 써서 주자소(鑄字所)라고 부를 것을 명하였다.(『정조실록』45권, 정조 20년 12월 병술조)

궁예가 설치한 금서성(禁書省)은 우리나라 최초로 금속활자로 경적을 인쇄한 관부로 조선시대의 주자소였던 것이다. 그리하여 비밀스런 관부 명칭을 사용하고 궁중에 설치한 것이다. 그리하여, 2015년 11월 남북한 공동발굴단이 만월대 서부건축군 최남단 지역 신봉문터 서쪽 255m 지점에서 1점을 수습하였다고 하며,[24] 2016년 서부건축군 남쪽부분에 대한 발굴조사 시에 수습된 금속활자 4점[25]이 수습되었다고 한다.

만월대 서부건축군은 고려 초기 궁궐 전각인 정전인 천덕전(天德殿), 편전인 상정전(詳政殿), 중광전(中光殿), 침전인 신덕전(神德殿), 그리고 위

24) 경향신문 2018년 9월 13일자 [이기환의 흔적의 역사]
25) 이번에 발굴된 활자는 칙(湢), 조(糟), 명(名), 명(明) 등이라 한다.(통일뉴스 2016년 5월 18일자 기사)

봉루(威鳳樓), 구정(毬庭) 등으로 천덕전은 성종(成宗)대에 건덕전(乾德殿)으로 명칭이 변경되었는데, 최근 만월대 발굴조사에서 건덕전터로 추정되는 건물지가 확인되었다. 이 건물지는 왕건 자신이 축조한 발어참성과 궁예가 이용했던 시설물을 그대로 사용했거나, 새로 지었을 것으로 보고 있다.(홍영의 2010 : 295)

이를 볼 때, 2015년과 2016년에 수습된 금속활자 5점은 모두 만월대 서부건축군 남쪽부분에서 수습된 것으로 유구의 층위는 확실하지 않지마는 궁예가 궁성 내에 설치한 금서성(禁書省) 구역에서 출토되었을 가능성도 배제할 수 없다. 앞으로의 발굴조사에서 층위가 확실히 드러난다면 1447년에 발명한 구텐베르크의 금속활자 보다 무려 542년 앞서 궁예의 고려에서 금속활자를 사용한 최초의 사례가 될 것으로 보인다.

그리고, 고려시대 한림원인 원봉성(元鳳省)은 고려시대의 사례로 볼 때 궁성 내에 입지하였을 것으로 보인다.

이상의 궁궐 전각 및 구정과 금서성(禁書省) 및 원봉성은 철원도성의 궁성 내에 입지하고 있었을 것으로 보인다. 앞으로 남북 공동으로 발굴조사가 이루어지면 그 실체가 확인될 것으로 기대된다.

내성은 7.7㎞에 달하는 방대한 규모로 성문은 남벽에 1개소, 동벽에 2개소 서벽에 2개소, 북벽에 3개소가 개설되었을 것으로 보인다. 궁성 북문과 연결되는 내성 북문을 벗어나면 서쪽으로 우회하는 도로가 개설되어 있는데, 이 도로는 바로 내성으로 연결되고 있다. 이 도로와 연접하여 내(川)가 흐르고 있는데 체천으로 파악된다. 『여지도서』철원도호부 산천조에는 '양천(涼川)은 철원도호부 서쪽 20리에 있는데, 근원은 평강현 돼지골짜기(猪洞)에서 나와 큰 들판 가운데에 못을 이루어 머물다가 체천

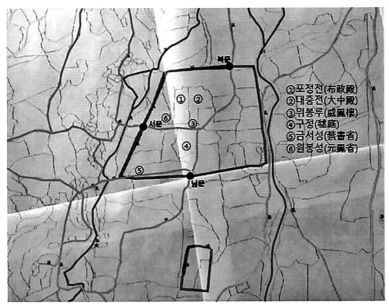

그림 3. 지적도상의 궁성 형태 및 추정 전각 위치도

①포정전(布政殿)
②대중전(大中殿)
③위봉루(威鳳樓)
④구정(毬庭)
⑤금서성(禁書省)
⑥원봉성(元鳳省)

(砌川)[26]으로 들어간다. 전해오기를 궁예의 놀며 보는 곳이라 한다.'고 하고 있어 후원으로 판단된다.

내성(內城)에는 광평성 등 관서가 자리했을 것이다. 궁예열전에 의하면, 송악 도읍 시에 국사(國事)를 총괄하는 관청으로 광평성(廣評省)을 설치하고 그 책임자로 匡治奈(뒤의 侍中)를 두고, 徐事(뒤의 侍郎)·外書(뒤의 員外郎) 등의 관직을 두었으며 그 밑에 兵部·大龍部(뒤의 倉部)·壽春部(뒤의 禮部)·奉賓部(뒤의 禮賓省)·義刑臺(뒤의 刑部)·納貨府(뒤의 大府寺)·調位府(뒤의 三司) 등의 실무 부서를 설치하였다. 또 이 밖에 內奉省(뒤의 都

26) 체천은 탁천으로도 불리운다.(『미수기언』권35 외편 동사4 지승 '동주 풍천원은 궁예가 웅거하던 곳으로 넓은 들이 3백리에 사방이 막혀 험조함이 많고 탁천(濁川)이 있다.')

省)·禁書省(뒤의 秘書省)·南廂壇(뒤의 將作監)·水壇(뒤의 水部)·元鳳省(뒤의
翰林院)·飛龍省(뒤의 大僕寺)·物藏省(뒤의 少府監)·史臺(譯語 管掌)·植貨府
(菓樹栽植 管掌)·障繕府(城隍修理 管掌)·珠淘省(器物製造 管掌)을 설치하였
으며, 正匡·元輔·大相·元尹·佐尹·正朝·甫尹·軍尹·中尹 등 9품관등을
정하였다. 이 관서들은 설립 취지 및 성격에 따라 철원도성 궁성과 내성
에 그대로 설치하였을 것이다.

그리고, 철원시전(鐵圓市廛)[27]이나 유시(油市)[28] 등으로 볼 때, 철원
성 내에는 왕실 물품을 조달하는 시전 및 당시 활발한 유통을 파악할 수
있는 시장 개설과 기름만을 전문적으로 판매하는 전문 시장도 개설되어
있었음을 짐작할 수 있다. 내성의 규모로 볼 때 상급관리들의 저택은 이
곳에 있었을 것으로 보인다. 다만 왕건의 옛집이 철원도호부 남쪽 3里
지점인 향교자리[29]에 있었다는 것이다. 철원도성이 부 북쪽 27里 지점
인 것을 감안하면 왕건은 철원도성에서 30里 이격된 저택에서 출사(出
仕)하여야 하는 번거로움이 있었을 것으로 보인다.

외성(外城)의 둘레는 12.5㎞로 남벽이 내(川)의 흐름으로 서쪽으로 더
뻗어가지 못하고 둔각을 이루며 서벽으로 연결되고 있어 평면형태는 5
각형을 이루고 있다. 도로망으로 본 추정문지는 남벽에 3개소가 개설되
었을 것으로 보이는데, 남서문에서 진입한 도로가 내성을 거쳐 궁성까지
연결되고 있으므로 정문으로 파악된다. 남동문은 1918년 지도에 '남대문
지'로 표시되어 있는데, 문지 밖으로 '궁예시대석탑'이 명시되어 있어 사

---

27) 『삼국사기』 『열전』 궁예조
28) 『삼국유사』1 왕력1 후고려조
29) 『동국여지승람』 철원도호부 학교조

〈사진〉 8. 2016년 출토 금속활자(통일뉴스 2016년 5월 18일자 전재)

찰로도 연결되는 도로로 보인다.

　그 외 개설된 성문은 동벽에 4개소, 서남벽에 2개소, 서벽에 2개소, 북벽에 1개소가 개설되었을 것으로 추정된다. 외성 내에서는 하급관리와 일반 백성들이 거주했을 것으로 보이는데, 2019년 1월 DMZ 내 답사 시의 물길과 도로망으로 볼 때 정연한 조방제가 시행되었는지 여부는 파악하기 어려운 상태다.

# Ⅳ. 맺음말

태봉국의 도성이 입지한 철원은 '비록 땅이 메마르지만 넓은 들과 낮은 산을 가지고 있어 두메 속에 하나의 도회지를 이루었다'는 『택리지』의 기록처럼 넓은 평야지대로 이루어져 있다. 이러한 사정은 궁예가 철원에 도읍하기 30년 전에 만들어진 도피안사 비로자나불 명문을 통해서도 확인할 수 있다고 하여, 궁예가 903년에 도읍을 선정하기 위하여 순행할 시에 이러한 입지적인 조건이 풍천원터로 결정하는데 우선적으로 작용하였을 것으로 보인다.

철원도성의 초기 plan은 발어참성을 모본으로 하여 궁성과 내성으로 구획된 형태를 하였을 것으로 파악된다. 그 후 외성이 다시 축조되면서 초창기의 궁성과 내성의 이중성곽은 비로소 '回'자형 3중 성곽으로 형성되었을 것으로 판단된다. 철원도성으로의 천도 배경은 고구려 고지(故地) 탈환에 만족하지 않고 후삼국을 통일하여 동방의 대국을 건설하겠다는 궁예의 야심에서 출발한 것으로 이 야심의 귀결점이 외성 축성으로 판단되는 것이다.

외성 남벽에는 3개소에 성문이 개설되어 있었을 것으로 파악되는데, 남서문에서 내성 남문을 거쳐 궁성 남문까지 거의 일직선상으로 연결되는 것으로 보아 남서문이 주 성문으로 판단된다.

철원도성의 축조기법은 『조선보물고적조사자료』의 철원도성에 대한 내용과 『철원의 성곽과 봉수』에 수록된 답사기의 내용에 모두 외성은 흙과 돌로 쌓았다는 것이다. 답사 시의 현장 사진을 보면 돌과 흙이 교대로 축조된 것을 볼 수 있다. 이와 같이 축성 재료가 다른 돌과 흙을 교대로

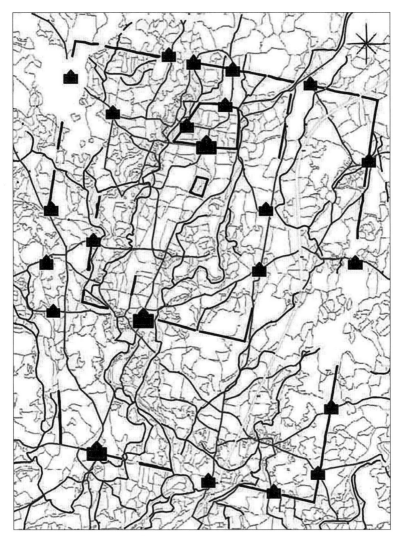

그림 2. 철원도성의 추정 성문 위치

태봉 철원도성 연구

펼치고 다진 것을 『화성성역의궤』에는 교전교축(交塼交築)이라 하고 있다. 이와 같은 교전교축으로 축조한 성곽에 경주 월성, 충주 탄금대토성, 당진 성산리산성, 제주 항파두리성, 부분적이지만 강화 중성과 외성, 한산읍성, 경주읍성, 수원 화성, 발해 상경성 외성과 팔련성 외성 남문지에서 확인되고 있다. 아직 발굴조사가 이루어지지 않은 상태에서 단정짓기는 어렵지만 잠정적으로 철원도성도 교전교축에 의한 축조기법 범주에 넣고자 한다.

태조 왕건은 919년 1월 송악으로 천도하면서 송악을 개주(開州)로 고치고 이에 대비되는 철원도성은 동주(東州)로 고쳤다. 도읍으로서의 기능은 사라졌으나 동쪽의 도읍 같이 한동안 유지되었음을 짐작할 수 있다.

『고려사절요』에는 우왕 3년에 정당문학 권중화(權仲和)를 철원에 보내어 집터를 살펴보게 하고, 궁성을 쌓도록 하였으나 최영이 만류하여 중지하였다고 한다. 이를 보면 궁예가 철원에 도읍한 것은 수운의 불편함은 있었어도 고려 말에도 도읍지로 선호되고 있었다고 하겠다.

또 하나 주목되는 것은 우리나라에서 최초의 금속활자는 이미 궁예에 의하여 건립된 금서성(禁書省)에서 주조하였다는 것이다. 2015년과 2016년에 수습된 금속활자 5점은 모두 만월대 서부건축군의 남쪽부분에서 수습된 것으로 궁예시기에 천덕전(天德殿) 등 궁궐 전각이 있었던 구역이다. 앞으로 남북공동으로 발굴조사가 이루어진다면 철원도성의 정확한 규모 및 축조기법과 함께 궁성 내 금서성(禁書省) 범위에서 금속활자가 출토될 것으로 기대된다. 남북공동 발굴조사의 당위성이 여기에 있다.

참고문헌

『삼국사기』

『삼국유사』

『고려사』

『고려사절요』

『동국여지승람』

許穆, 『眉叟記言』卷35 外篇

『여지도서』

『정조실록』

『대동여지도』

『청구도』

『대동지지』

水原市, 『華城城域儀軌』上, 1977

전용철, 「고려의 수도 개경성에 대한 연구(1)」, 『력사과학』2, 1980

이우종, 「중국과 우리나라 도성의 계획원리 및 공간구조의 비교에 관한 연구」, 『대
        한건축학회논문집』10권 11호, 1994

심정보, 『한국 읍성의 연구』, 학연문화사, 1995

육군사관학교 육군박물관, 『강원도 철원군 군사유적 지표조사보고서』, 1996

丁善溶, 「弓裔의 勢力形成 過程과 都邑 選定」, 『한국사연구』97, 35~64쪽, 1997,

육군사관학교, 『철원 성산성 지표조사보고서』, 2000

김창현, 「고려 개경 궁성의 건물 배치와 그 명칭의 의미」, 한국사연구회 228차 월
        례발표회 발표문, 2002

심정보, 『백제산성의 이해』, 주류성, 2003

육군사관학교 화랑대연구소 국방유적연구실, 『철원 동주산성 지표조사보고서』, 2005

철원문화원, 『철원의 성곽과 봉수』, 2006

김왕직, 「수원 화성의 기초공법 고찰」, 한국건축역사학회, 2007, 춘계학술발표대회, 2007,

魏存成, 『渤海考古』, 2008

이상준, 「고려궁성 '서편건축군'가~다 건물지의 성격」, 『개성 고려궁성』, 국립문화재연구소, 2009

국립중앙박물관, 「철원 태봉국도성 조사자료집」, 2009

중원문화재연구원, 『충주 탄금대토성 I』, 2009

홍영의, 「고려시기 개경의 궁궐 조영과 운영」, 『한국중세사연구』28, 2010

국립문화재연구소, 「고려수도 개경과 동아시아의 도성문화」, 2011

국립문화재연구소, 『한국고고학전문사전(성곽·봉수)』, 2011

趙虹光, 『渤海 上京城 考古』, 2012

심정보, 「한국성곽의 구조와 성격」, 『한국과 국제성곽건축 비교연구』, 2012 남한산성 국제학술심포지움, 2012

국립문화재연구소, 『개성 고려궁성 남북공동 발굴조사 보고서 I 』, 2013

정호섭·구문경, 「태봉국 도성 복원의 추진방안」, 2014

유병하, 「궁예도성과 견훤도성」, 2015

한국문화재재단, 「경주읍성 복원정비사업부지(3 4구간)내 유적 발굴조사 약식보고서」, 2015,

남북역사학자협의회, 「DMZ 평화적 이용과 남북 역사문화교류」, 2015

남북역사학자협의회, 「철원 DMZ 궁예도성 남북공동발굴 추진 정책 세미나」,

2018

박성진, 「고려 정궁지의 발굴조사와 건축유구의 특징」, 혜음원지 고려 행궁의 건
　　축 원형 탐색 - 파주·개성·평양 세 도시의 12세기 고려 궁궐건축의 연속성
　　-, 2018

태봉학회, 『남북공동의 문화유산-DMZ 태봉 철원도성』, 2018 태봉학술대회 자료
　　집, 2018

심정보, 「태봉국 철원도성의 축조기법과 공간구성」 ' DMZ 문화재 보존 및 조사연
　　구 발전방안 학술심포지움, 2018

심정보, 「태봉국 철원도성 발굴조사」 『내일을 여는 역사』, 2019

금강문화유산연구원, 「당진 성산리 산성 발굴조사 학술자문회의 자료」, 2019

태봉학회 총서 **1**

태봉
철원도성
연구

CHEORWON
DOSEONG :
THE CAPITAL CITY
OF TAEBONG
KINGDOM

泰封國 鐵圓都城

# 제3부

# 자료

# 弓裔王의
# 옛 서울을 밟고

小春

어떠케 하면 鐵原에 弓裔王의 옛서울을 밟고 三防에 弓裔王의 不幸하던 곳을 차즐가 함은 京元列車에 몸이 실릴 때마다 願이엇다. 뜻이 잇는 者는 그 일을 이루게 되는 法인가보다. 이제 내가 그 두 곳 中의 한 곳을 볼 機會가 생기엇다.

月前 나는 어떠한 일로 畏友인 李東求兄과 가티 江原道 嶺西一帶에 계신 우리 父老兄弟를 찾게 되엇다. 이 길에 처음 들런 곳이 鐵原이엇스며 特別 事情으로 因하야 鐵原에 一日을 加留하게 되엇나니 이 加留의 一日이 卽 언제부터의 願이던 弓裔王의 옛 서울을 찾는 날이 되엇다. 弓裔王의 古都는 이골 北面 古闕里에 在하니 邑內에서 約 30里이다. 우리 두 사람은 그 地方에 계신 故老 한 분을 모시고 아츰 열시쯤 鐵原邑 北

便을 나와 故闕里로 直向하얏다. 이날 (11月18日)은 宿雨가 곱게 개이고 溫氣가 纔動하야 日氣 溫順키로 有名한 今年初 冬中에도 第1等이 될만한데 秋收에 冬藏까지 다 行한 農村에는 行人조차 稀少하고 오즉 川邊에 물방아 찟는 소리가 小春 가벼운 空氣에 波動을 일이킬 뿐이엇다. 우리는 모시고 오는 老人께 그 곳에서 傳하는 弓裔王 古事를 늑김잇시 들으며 月井里 停車場을 지나여 京元線路를 南으로 두고 月井村으로 向하얏다. 이 때에 老人은 月井里 入口에 보이는 좀먹은 石垣을 가르치며 이 것이 弓裔王 時의 外城이라한다. 仔細히 보니 確實한 石城이며 비록 얼마가 남지 못하얏스나 相當 人工을 加하야 築上한 것이 分明하얏다. 그런데 그 外城의 周圍는 約 20里 假量이라 한다. 우리의 只今 들어서는 이곳이 當時 南大門터가 아니엇는가하며 그 압헤 바로 잇는 月井里 거리가 아조 南大門 거리로 보엿다. 그리고 이제 얼마만 들어가면 九重宮闕에 儼然히 안즌 弓裔大王을 보일 것 갓고 鍾路 큰 거리에 어물어물하는 그 光景을 對할 것 가탓다.<70> 멀리 바라보면 느티나무 數株가 曠野에 우뚝 놉하 다 늙은 단풍입히 한 幅 그림을 이 는데 가티온 老人이 손가락으로 가르치며 그 마즌 쪽이 弓裔王의 故闕 터라 한다. 茫然히 바라고 默然히 想한 우리는 보기에 先하야 感慨이엇다. 月井里의 이름잇는 다래우물(月井)에서 어린 색씨의 공손히 주는 물을 마시고 十步九思로 故闕里 차저드니 멀리 보이던 그 느티나무 미테는 세 네집 村家가 잇고 또 그 압헤는 빨래하기 足할만한 小川이 잇스며 그 川邊에는 幾多의 雜木과 보기 凶한 가시ㅅ덩굴이 엉키엇섯다. 모르거니와 그 小川도 自今 千年前의 그 때에는 滿都婦人의 浣紗處가 되엇슬 것이며 딸아 그 넓다라한 바위와 놉흔 언덕은 滿都人士의 濯足消風의 자리도 되엇슬 것이

다. 느티나무 바루 미테 잇는 집에서는 그 때에 벼(稻)마당을 차리고 벼
치기에 奔走하는데 우리는 한 便에 밀어 노흔 稻藁우에 주저안저 벼집
채질하는 限 30假量의 한 분에게 故闕里의 古事를 무러 보앗다. 勿論 그
네라고 仔細히 알 리는 업다. 더욱 그 洞里에는 本來 살던 사람은 하나
도 업고 最近에 모다 갈아든 사람 뿐이라한다. 들은대로만이라도 말을
하야 주엇스면 깃브겟다한즉 그는 우리의 밟바온 압길 언덕을 가르치
고 그 곳이 東大門자리라 하며 느티나무 밋땅에 半만 무친 돌성을 가르
치며 그것이 宮城 담자리라 하고 그 뒤 밤나무 드믄드믄 보이는 곳이 眞
正 故宮殿基址라 한다. 그는 「우리도 모르지요마는 이 말을 前提로 하
고 다시 잇대여 말하되 이 뒤 栗木里村에 鍾路터와 鍾閣터가 잇고 故闕
西에 御水井이 잇고 그 밧게 石塔이 잇다한다. 우리는 그네들에게 謝意
를 表하고 밤나무 드믄드믄한 곳에 故闕터를 차즈니 그 터는 언제부터
田으로 化하야 明年 春3月을 기다리는 麥芽가 正히 푸르럿고 그 中에
는 히끔히끔한 柱礎돌이 다못 距離 整然하게 남앗스며 밧머리에는 각담
(石의 積置)이 여긔저긔 널리엇는데 그 돌은 모다 當時 宮殿의 一部를 成
한 村이엇슬 것이다. 우리는 넉일흔 사람 가티 밀 밧 속으로 왓다갓다하
며 이 柱礎돌 저 柱礎돌에 발을 멈을다가 이미 븜에 나서 영글고 그 씨가
떨어저 여름에 다시 나 두번째 영글고저 하는 한 줄기 귀밀과 어질어이
허터진 瓦片 數個를 집어 들고 當年의 宮城이엇는 듯한 土城 터진 곳을
넘어 西으로 出한 즉 一座 石塔이 가튼 밀밧 속에 외로이 서 잇는데 是
가 即 弓裔王 古塔이엇다. 그 塔은 全部 6層으로 成하야 高은 3丈에 不
過하고 무슨 彫刻 가튼 것도 無하나 그 體가 뚱뚱하고 苟且한 技巧를 不
加한 것이 對하는 사람에게 무슨 毅力을 敎하는 듯하엿다. 千年前 弓裔

王의 그 人格·그 精神을 <71> 그가 호올로 暗示하는 듯하엿다. 우리 一行은 처음 向하야선 그대로 한참동안이나 그 塔을 말업시 보다가 李兄은 塔의 北便으로 나는 그 西便으로 그냥 쓸어저 안젓다. 그 밧 一面에는 盖瓦의 破片이 海邊에 조개껍질 가티 散亂하얏스며 저便 故闕基址에서 본 것과 가튼 柱礎石이 여긔저긔에 들어낫다. 그런데 나의 눈에는 破片과 殘礎는 다 各各 보이지 안는 무슨 形體를 具한 듯하얏고 그 千萬의 形體는 덩그러케 서잇는 一座의 그 荒塔을 지키고 잇는 것 가티 보엿스며 그 荒塔은 4圍의 모든 形體와 더불어 우리에게 무엇을 號訴하는 듯하얏다. 그래서 나의 쓸어저 안즌 몸은 다시 쓸어저 업디고 말앗다. 兄弟들아 그리 쓸어진 以後의 如何를 구타여 나에게 뭇고저 하지마라. 老人(가티 뫼시고 온)의 催促으로 몸을 일어 겨우 情緖를 收拾하니 日色은 이미 西으로 기울어 石塔의 그림자가 자못 길엇는데 그림 가튼 故南山(當時의 宗南山이니 鐵原邑 南에 位在)이 저녁 烟霞에 熹微하며 부는 듯 마는 듯한 빗긴 바람이 우리 胸懷에 들어올 뿐이엇다. 아아 山이 依然하고 바람이 그러하것마는 當年의 盛事가 而今에 安在아(徘徊千古問無人, 唯有荒塔泣風前」 우리의 눈은 다시 흐리고 우리의 발은 다시 멈추지 아니치 못하얏다. 게다가 山岳가튼 巨軀에 龍獅가튼 毅勇으로써 出將入相에 一世를 號令하던 그가 牛頭白하고 馬頭角하며 石面盡하는 不吉의 어느 날에 외로이 城門을 脫出하야 戰衆平野에 밀이삭을 줍다가 三防驛 건느편 어느 골 안에서 平康頑民의 斧刃下에 最後를 告한 그 運命을 삿삿이 追想한 當時 우리의 心情은 또한 如何하얏슬가. 松京에 滿月臺, 浿城에 崇靈殿을 우리가 찾지 안함은 아니엇스나 그 때는 事實이 이와 가튼 悽切感極의 地境은 아니엇다. 우리는 그 곳을 참아 떠날 마음이 업섯스며 또 鍾路

터, 御水井을 낫나치 찻고저 하얏스나 그날 저녁 鐵原邑에 돌아가지 아니치 못할 約束을 가젓슴으로 故闕里와 別을 告치 아니치 못하얏다. 그런데 무엇무엇보다도 그 石塔을 떠나게 됨이 섭섭하고 슘허서 보고 또 보고 가다가 또 돌려다 볼새 1里를 지나고 2里를 지나 그의 形體가 흐릿하여 질 때는 나의 눈이 또한 흐리엇섯다. 그와 나는 암만하야도 아니 告別치 못할진대 차라리 速히 斷念함이 낫겟다 하얏더니 月井里驛에서 李兄이 「여긔서도 그 塔이 보이는걸이요」하는 말에 문득 그 便을 보니 果然 그 얼굴이 히끔하게 보이는 듯 하얏다.

아아 우리는 간다마는 따수한 故鄕의 옛집으로 우리는 잘 간다마는 그가 風雪차고 行人도 끈힌 平康高原에서 저 혼자 어찌살가, 그가 어떠케 사나!!

아아 主人업고 동무업는 그가 저 혼자가 過去의 千年을 어떠케 지냇스며 未來의 먼 時日을 또 어떠케 지내갈가나, 어떠케 지나갈가나!?

# 궁예의 옛터를 찾아서

### 구라사와 도자부로(倉澤藤三郎)

 

신라의 전성기도 꿈처럼 지나가고, 제51대 진성여왕의 말기, 세상이 다시 전쟁터가 되자, 각지에서 호족군웅이 일어났다. 이 중에서 가장 걸출한 인물로 역시 궁예를 지목하지 않을 수 없다.

걸사 궁예의 옛터, 그곳은 너무나 비참한 상태였는데, 여름 햇살이 강하게 내리쬐는 오후 한때, 나는 황 군과 함께 옛터의 성벽에 섰다. 멀리 바라보면 한눈에 바라보이는 광야의 한가운데에 삼중의 성벽은 여기저기 흙이 무너지고, 그 윤곽조차 분명하지 않았다. 문명의 혜택인 수리사업으로 웅걸한 옛터도 논으로 바뀌고, 지금 남아 있는 것은 1장(丈) 남

---

번역 : 최경선(경희대 한국고대사 · 고고학연구소 객원연구원)

짓의 석탑과 파괴된 석불, 그리고 반쯤 묻힌 옛 우물뿐이다.

궁예의 탄생은 분명한 사실이 아니라고도 하지만, 신라 제47대 헌안 왕의 아들이라고 전해진다. 그가 태어났을 때 지붕 위에 하얀 빛이 있어 하늘에 닿아 무지개와 같이 되었다. 그래서 일관이 왕에 아뢰기를, 이 아이는 중오(重午)의 날에 이빨을 가지고 태어났으며, 빛을 발하였는데, 이는 국가에 이로운 바가 아니므로 거둬들이지 않는 것이 좋다고 하였다. 그래서 왕은 사자를 보내 그를 죽이려고 하였다. 사자는 포대기에서 아기를 빼앗아 다락 아래로 던졌는데, 유비(乳婢)가 그를 불쌍히 여겨, 몰래 정성껏 키웠다고 한다. 그는 이와 같이 자라나 남달랐다. 따라서 어려서 불교에 귀의하여 선종(善宗)이라고 법호를 지었는데, 장성하여 이에 만족하지 않고, 진성여왕 6년(892)에 마침내 지금의 강원도 원주에 웅거한 도적 양길의 휘하에 들어가서 곧 영월, 평창, 울진, 인제, 김화, 금성, 철원 등 강원도의 대부분을 복속시켜 세력이 매우 커졌다. 그후 개성 사람인 왕건을 부하로 삼아 철원의 태수로 삼고, 이 지방을 다스리게 하였고, 자신은 경기도, 충청도 등의 지역을 평정하여 영토를 넓혔다. 효공왕 5년(901) 스스로 후고구려왕이라고 칭하고 국호를 마진이라고 하며, 연호를 무공(武泰)라고 하고, 이에 국가의 체재를 정비하고 도읍을 철원으로 옮겼던 것이다.

삼중의 성벽은 너무나도 평범했다. 지리적 이점을 얻지 않은 성곽, 무엇 때문에 이처럼 평야 한가운데를 선택하여 지은 것일까? 그가 자립한 지 겨우 38년 만에, 애석하게도 영웅의 슬픈 말로를 생각하면, 사람의 마음을 얻지 못한 폭군 궁예는 신하의 반란에 맞닥뜨리고 이 자연의 방비가 결여된 곳에서 어찌할 바를 모르고, 마침내 미복 차림으로 산 속에

궁예의 옛 도읍

들어가 숨었다가 평강의 주민에게 살해당하였다. 영고성쇠(榮枯盛衰)의 빠름은 어째서인가. 지금 그 흔적를 찾았는데 자취를 남긴 것은 논에 수많은 천 무늬가 찍힌 기와편이다. 성 안으로 인정되는 곳은 물론 성 밖의 각지에도 기와 파편이 가득한 것을 생각하면, 그 당시 일시의 번영이라고 하지만 상당히 번성했음을 상상할 수 있다. 게다가 지금은 기와지붕의 집이라고는 집 한 채 있을 뿐으로, 초가지붕의 꾸밈없는 촌락 200호가 가득 차 있다. 노인의 말에 따르면, 모두 지금으로부터 3백 년 전 무렵에 왕래하였을 것이므로, 그 당시 주민과는 아무런 관계가 없는 사람들이라고 한다.

탑은 조악하고 이끼가 낀 낡은 것이지만, 그 당시를 회상하기에 충분한 유일한 것이다. 들은 바에 따르면, 성벽의 남문지에 해당한다고 한다. 탑의 부근에서 경작하다가 최근 솥 한 개가 발굴되었다. 현재 철원 경찰서에 보존되고 있다. 궁성지에 해당하는 곳에 석불이 4개 있다. 모두 팔하나가 부서졌고, 머리가 맞지 않는 것 등으로, 유일하게 완전에 가까운, 등을 맞대고 반대방향을 향한 몸이 두 개인 불상 1개가 있다. 궁예가 교만하여 스스로 미륵불이라고 칭하고, 자신의 아들을 보살이라고 할 정도이기 때문에, 이 불상도 항상 그가 궁녀들을 데리고 여기에 참배하게 하였다는 이야기가 전해진다. 옛날에는 불상의 수가 매우 많았지만, 차차 가져가서 지금은 이렇게 얼마 안 남게 되었다고 한다. 이 부근에서 희귀하게 신불[御影]의 초석 몇 개를 보았는데, 이것도 그 당시의 건물에서 사용된 것으로 생각된다. 다수는 그 부근의 민가에 옮겨져 점점 옛터의 모습을 잃게 되었다. 옛 우물이라고 불리는 것은 현재 3길[尋] 정도의 깊이인데, 5·6년 전에는 5·6길이었다고 임(任) 구장(區長)은 말하였다. 물은 논으로부터 이 우물로 흘러서 다른 논으로 옮겨지기 때문에 몇 년 간 충분하지 않아 우물도 자연히 메워지게 되었을 것이다. 그렇게 하여 흔적도 없이 사라져갈 것이다.

궁예의 말로가 쇠퇴하였던 것은 너무나 그의 의심이 많고 불같은 성격 탓일 것이다. 용맹한 신하인 왕건이 용케 임금의 성격을 깨닫고 삼가고 겸손하여 그 독니를 피하였고, 항상 뭇사람의 마음을 얻는 데 힘썼다. 그렇지만 어쩌다 반역의 죄를 뒤집어쓰고 주살 당할 뻔한 일도 있었다. 그래서 왕건은 늘 왕을 조심하였으며, 또한 자신이 자신만만해 하는 해전에서 그 기량을 보이려고 특별히 청하여 수군을 거느리고 남해경로에 힘썼고, 나주를 차지한 것은 매우 시의적절한 일이었다.

이처럼 궁예의 폭정은 점점 심해지고, 무고한 부하와 백성을 죽이는 일이 그 수를 헤아릴 수 없었다. 마침내 자신의 부인과 아들을 살육하기에 이르렀다. 인심이 이반하는 것은 당연한 이치라고 할 수 있다.

여기서부터 몇 정(町) 떨어진 약간 높은 곳에 세 아이[三兒]의 무덤이라고 전해지는, 흙으로 봉분을 쌓은 무덤 세 개가 있다. 소나무 몇 그루가 있어서 이곳을 능림(陵林)이라고 이름 붙이고 당국은 보존에 마음을 쓰고 있다고 한다. 황후의 무덤은 경기도 포천군 영평면에 있는데, 강 씨의 봉우리라고 부른다는 소문이다.

만약 경원선을 타고 경성에서 온다면, 철원역 다음 역인 월정리를 약간 지나서, 왼편의 평원에서 그 터를 볼 수 있을 것이다. 더 나아가서 그곳을 찾아가려면, 월정리역에서 내려 약 30정, 중앙 수리의 수로를 따라서 북쪽을 가면 된다.

## 충식석(蟲喰石)의 전설

철원을 중심으로 하여 5리 내지 7, 8리 되는 곳에는 흑색을 띠며 구멍이 많은 돌이 무수히 있다. 사람들은 충식석이라고 부른다.

궁예의 말기, 왕의 흉악함은 날로 심해졌고, 신하의 간언은 거의 듣지 않았다. 어느 날 나랏일을 걱정하는 신하들이 모여 왕에게 아뢰기를, "국정이 어지러워 민망(民望)이 없고, 인심이 떠나며, 이웃 나라 또한 그 기회를 엿보고 있습니다. 만일 이대로 정치를 바꾸지 않는다면, 머지않아 나라는 망하게 될 것입니다."라고 하며, 개혁을 재촉하였다. 그러나 궁예는 그러한 말에 귀를 기울지 않았다. 태연하게 "그런 걱정은 하지 말라. 벌레가 돌을 먹어버리는 때가 오지 않는다면 우리나라가 멸망할 일은 없을 것이다."라고 하며 오히려 개선할 마음이 없었다. 그날 밤 중에 왕궁 부근을 비롯하여 철원 지방 일대의 지표에 있던 모든 돌을 벌레가 먹어버려서 구멍이 생기게 되었다. 게다가 그 밤에 이 지방 사람들은 벌레가 돌을 먹는 소리가 크고 소란스러워 아무도 잠을 자지 못했다는 이야기이다. 다음날 신하는 다시 왕을 뵙고는, "살피소서, 어제 말씀하신 대로 돌을 벌레가 먹어버리지 않았습니까? 부디 마음을 바꾸셔서 선정을 베푸시기 바랍니다."라고 간언을 멈추지 않았다. 그러나 궁예는 도리어 깨닫지 못하고, "전날 짐이 말한 것은 실수이다. 새의 머리가 하얗게 되지 않는다면 우리나라는 멸망할 일이 없을 것이다."라고 말하고 술과 음식을 즐겼다. 일이 이상하게도 다음날 머리가 하얀 새가 무수히 궁중에 날아와 슬픈 소리로 울었다고 한다.……그로부터 얼마 안 있어 왕건의 의기(義旗)를 만나 마침내 이름 없는 백성에게 살해된 궁예의 멸망을 보기에 이르렀던 것이라고 한다.

# 궁예와 태봉의 도성지

다보하시 기요시(田保橋 潔)

**목차**

## 1. 태봉 국왕 궁예

신라의 이른바 하대에는 용렬한 군주[庸主]가 번갈아 재위하였고, 종실(宗室)은 찬탈을 거리끼지 않았으며, 중신은 반란을 꾀하였고, 그에 더하여 가뭄·누리·수해의 피해[旱蝗水災]가 잇따랐다. 이렇게 나라 안이 어지러울 때, 제49대 헌강왕(재위 875~886) 정(晸)은 재위 12년에 훙서(薨逝)하였고, 왕제인 제50대 정강왕(재위 886~887) 황(晃)이 왕위를 계승하였다. 그러나 정강왕은 재위 2년만인 887년에 후사가 없이 훙서하였고,

번역 : 최경선(경희대 한국고대사 · 고고학연구소 객원연구원)

왕의 누이인 제51대 진성왕(재위 887~897) 만(曼)이 왕위에 올랐다. 여왕은 행실을 바르게 하지 않았고, 아첨하는 신하[嬖臣]를 중용하여 국정을 어지럽게 했다. 나라 안의 주군(州郡)도 공물과 부세[貢賦]를 보내지 않아, 창고가 텅 비어 나라를 유지할 수 없었다. 망국의 징조가 이미 역력하였다. 그러하였으므로 도처의 호걸(豪傑)은 각자 자립에 뜻을 두고 군사를 일으켰다. 그들은 신라의 쇠퇴를 기회로 삼아 삼국의 부흥을 기도하는 듯하였다. 그 중에서 태봉(泰封)의 국왕 궁예(弓裔)와 후백제(後百濟) 국왕 견훤(甄萱)이 가장 저명하였다.

『삼국사기』에 의하면, 궁예는 신라의 종실로 신라 제47대 헌안왕(재위 857~861) 의정(誼靖)의 서자였다고도 하고, 제48대 경문왕(재위 861~

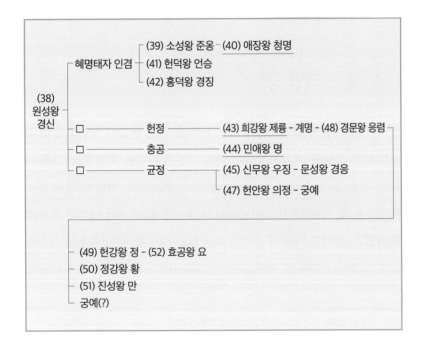

875) 응렴(膺廉)의 아들이었다고도 이야기된다. 그의 세계(世系)를 『삼국사기』 신라본기에 따라 제시하면 아래와 같다.

왕명에 밑줄을 친 것은 시역(弑逆)을 당한 경우이다. 이 계보를 보더라도 신라 말기의 왕위계승의 복잡함과 찬탈이 용이하게 행해진 이유를 이해할 수 있을 것이다. 궁예가 헌안왕의 아들인지, 경문왕의 아들인지 『삼국사기』 외에 근거할 사료가 없다. 궁예가 활동한 연대를 고려하여 전자에 진실성을 두는 경향이 있을 것이다.

궁예는 헌안왕의 아들이라고 하더라도 어머니가 후궁으로 성씨는 불분명하다. 외가에서 태어났을 때, 이미 이가 났고, 날은 단오(端午)에 해당하였으며, 지붕 위에 무지개와 같은 빛이 나타나 천상에서 이른 것과 같았다. 일관(日官)은 불길하다 여겨 장래에 아마도 국가에 해가 될 것이라고 아뢰었다. 경안왕은 그를 믿고, 중사(中使)에게 명하여 죽이라고 하였으나, 유모가 정으로 몰래 목숨을 구하여 양육하였다. 이러한 고난으로 한쪽 눈이 멀었다고 전해진다. 10여 세가 되어서 아이들과 노는데 광망(狂妄)함이 지나쳐서 유모는 몹시 그를 걱정하고 살그머니 왕손이라는 사실을 알려주었다. 만일 스스로 신중히 하지 않는다면, 사람들에게 알려져 모자가 모두 어려움을 면치 못할 것이라고 타일렀다. 처음으로 혈통을 알게 된 소년 궁예는 울면서 길러준 은혜에 감사하고 고난을 피하기 위해 유모와 결별하였다. 풍덕(豊德) 흥교사(興敎寺)에 이르러 머리를 깎고 승이 되어 선종(善宗)이라 법호를 하였다. 나이가 들자 계율에 구애받지 않고, 호기(豪氣)를 자부하는 바가 있었다고 한다. 어느 날 재(齋)에 참석하러 갈 때, 까마귀가 무언가를 물고 날아와서 바리때 안에 떨어뜨렸다. 궁예는 그것을 취하여 보니 상아로 만든 점대에 '왕(王)' 자가 쓰여 있었다. 궁예는 꼭꼭 숨기고 다른 사람에게 말하지 않고, 몰래 스스로 기대하는 바가 있었다.

진성여왕이 즉위하고서 국정이 문란하고 원근의 도적들이 일어나자, 궁예는 호기를 만났다고 생각하여, 891년 죽주(경기도 죽산) 적괴 기훤(箕萱)의 밑에 들어갔으나, 기훤은 자만하여 궁예를 예우하지 않았다. 궁예는 기훤을 떠나 다음해인 892년에 북원소경(원주)에 근거한 적괴 양길(梁吉)에게 의탁하였다. 양길은 궁예를 중용하고 병사를 나누어 거느리게 하여, 동쪽의 땅을 공략하게 하였다. 궁예는 진격하여 예천, 나성(奈城), 울오어진(鬱烏御珍)[1] 등 오늘날의 강원도 동남쪽의 영월, 울진 지방을 항복시키고, 일단 북원에 귀환하였다. 894년에 다시 북원을 떠나 하슬라(강릉)에 들어갔다. 이때에 궁예를 따른 자가 3,500명에 이르렀다. 궁예는 이를 14개 부대로 나누고 사졸과 고난을 함께 하고, 전리품은 반드시 공평하게 분배하여서 부대는 매우 궁예를 경애하고 장군으로 추대하였다고 한다. 궁예는 다시 강릉에서 출발하여 서쪽으로 진격하여, 저족(猪足, 인제), 성천(狌川, 화천), 부약(夫若, 김화), 금성(金城), 철원 등 여러 현을 항복시키고, 강원도의 대부분을 평정하였다. 군세가 매우 성대하여서 대동강 서쪽의 도적들이 궁예에게 많이 내부하였다. 한주 송악(개성)의 우두머리인 왕건이 궁예에게 귀속한 것도 이러한 상황에서였다. 궁예는 왕건을 중용하고, 철원부[2] 태수에 임명하였다. 궁예는 세력[部衆]이 크므로 개국군(開國君)이라고 칭할 만하다고 생각하였다. 곧 내외관직을 두었다.

---

1) 田保橋 潔은 '鬱烏御珍'을 하나의 지명으로 표기하였는데, '鬱烏'와 '御珍'은 각각 오늘날의 평창과 울진으로 비정된다(鄭求福 외, 1997 『譯註 三國史記 2 - 번역편』, 韓國精神文化硏究院, 830~831쪽).
2) 『삼국사기』 열전에는 철원군 태수로 기록되어 있다.

궁예는 그때까지 주로 강원도를 공략하였는데, 왕건의 복속을 계기로 그보다 한강 하류 지방에 진출하였고, 897년에 한주 송악을 취하여 도읍으로 삼았다. 이 전투에서는 왕건의 공이 컸을 것이다. 정기대감(精騎大監)을 제수하고, 또한 아찬(阿湌)의 직에 임명하였다.

궁예의 세력이 날로 커지자 북원의 웅수(雄帥) 양길은 강한 군사를 거느리고 토벌하려고 하였다. 그러나 궁예가 역습하여 크게 양길의 군대를 격파하였다. 이때부터 종전에 양길에게 속하였던 강원도 남부부터 경기도 남부에 이르는 지방은 모두 궁예에게 귀속하였다.

이보다 먼저, 진성여왕은 오빠 헌강왕의 서자인 요(嶢)가 민간에 있음을 듣고 찾아서 태자로 삼았다. 재위 11년이었던 897년에 왕위를 요에게 물려주었으니 그가 효공왕이다. 효공왕도 또한 어리석고 나약해서 폐행(嬖幸)에게 빠져 국사를 돌보지 않았다. 신라의 국세는 날로 흔들리게 되었고, 궁예는 많은 병사를 보내 남쪽 충청도를 공략하고 다시 죽령을 넘어서 신라의 옛 땅에 침입하여 상주를 점령하였다.

901년 궁예는 스스로 왕호를 칭하고 904년 국호를 마진(摩震)이라고 하였으며, 연호를 세워서 무태(武泰)라고 하였다. 또한 백관을 두고, 국도를 송악에서 철원으로 옮겼다. 다음해인 905년에 연호를 고쳐 성책(聖冊)이라 하였다. 911년 다시 국호를 태봉으로 고치고, 연호를 수덕만세(水德萬歲)라고 고쳤으며, 914년에 세 번째로 정개(政開)라고 개원하였다.

태봉의 전성기에 그 영토는 대동강에서 경상도 북부에 이르렀고, 동해에서 서해로 이르는 한반도의 중앙부, 즉 옛 고구려의 옛 땅을 대략 차지하게 되었다. 즉 궁예는 고구려왕의 유지를 계승하는 데 뜻을 두었음이 확실하다. 『삼국사기』 궁예전에는 천복 원년(901) 신유에 선종(궁예)이 스스로 왕을 칭하였다. 사람들에게 말하기를, "지난날 신라가 당에 군사를 청하여 고구려를 깨뜨려서 평양 옛 도읍은 잡초가 무성하게 되었다. 나는 반드시 그 원수를 갚겠다."라고 하였다. 아마도 태어나서 버림받은 것을 원망하여 이런 말을 한 듯하다. 일찍이 남쪽으로 순행하여 흥주 부석사에 이르렀다. 벽에 그려진 신라왕의 초상을 보고 칼을 뽑아 그것을 쳤다. 칼자국이 지금도 남아 있다.[3]

이 기사에 따르면, 궁예가 고구려를 계승한다는 뜻을 세웠다는 것은 신라의 종실로 태어나 유기되어 왕위를 계승할 수 없음을 원망하였기 때문이라고 해석된다. 이것이 사실일 수 있다. 그러나 원래 신라의 쇠퇴와 함께 군웅이 옛 삼국을 되살린다는 것을 표방함은 당연한 현상이다. 현재 남쪽 완산(完山, 전주)에 근거한 견훤은 마한백제를 계승함을 표방하고, 후백제왕이라고 칭하였다. 궁예가 고구려의 옛 땅에 근거하여 그 유업(遺業)을 계승하려고 하였던 것은 개인적인 감정에 의한 것뿐만 아니라 왕건 이하 그 세력의 공통된 바람이었다고 생각된다. 마진 혹은 태봉이라는 국호에 고구려의 의미는 없지만, 궁예로부터 왕위를 찬탈하였던 왕건이 국호를 고려라고 칭하고, 신라·백제를 피하여 고구려의 옛 땅에 도읍을 정하였던 것은 결코 의의가 없지 않을 것이다.

철원 도읍 시대가 태봉의 전성기이다. 남으로는 상주·공주를 거느리고, 북으로는 평양을 취하고, 또 장군 왕건을 보내 견훤과 싸워, 누차 견

---

3) 天復元年辛酉 善宗自稱王 謂人曰 往者新羅請兵於唐 以破高句麗 故平壤舊都鞠爲茂草 吾必報其讎 蓋怨生時見棄 故有此言 嘗南巡至興州浮石寺 見壁畵新羅王像 發劍擊之 其刃迹猶存(『삼국사기』 판본에는 在).

휜을 격파하고 후백제의 내지에 깊게 침입하여 나주·광주 지방까지 점령하였다. 궁예는 또한 평소에 신라를 병탄하겠다고 큰소리치며, 국인들에게 신라를 멸도(滅都)라고 부르게 하였다. 신라 경애왕 4년(926)[4] 견휜의 경주 침략의 경우를 생각하고 태봉의 군세를 고려한다면 경주 침략은 쉬운 일이었겠지만, 어째서인지 궁예는 이를 실행하지 않았다.

궁예의 말년은 왕건의 왕위 찬탈의 역사이다. 궁예는 나라가 강성해지자, 부세를 무겁게 하고, 궁실을 화려하게 하고, 사치와 음학(淫虐)이 지나쳤고, 백성이 도탄에 빠져도 살피지 않았다. 부인 강 씨가 이를 간하였다가 두 아들과 함께 갑자기 폭살(暴殺)되었다. 궁예의 여러 장수들이 복종하지 않고, 918년에 대의를 들어 왕건을 설득하여 왕위에 오를 것을 청하였다. 왕건은 단호히 이를 사양했으나, 부인 유 씨의 말을 따라 수락하였다. 궁예는 군민(軍民)이 궁문 밖에서 북을 두드리는 소리를 듣고서, 왕건의 찬탈을 알아채고, 놀라 미복 차림으로 북문을 나가, 부양(斧壤), 즉 오늘의 평강으로 도망갔다. 따르는 자는 내인(內人) 청궁(清宮)이 유일하였으며,[5] 바위골짜기에 숨어, 보리이삭을 구해 겨우 배고픔을 견뎠다가 마침내 발견되어 지방민에게 살해되었다. 『신증동국여지승람』 권47, 강원도 평강현조에 갑천(甲川)의 전설이 기록되어 있다.

갑천(甲川) 현 서쪽에 있다. 세상에서 전하는 말에 궁예가 변란을 듣고 도망하여 이 냇가에 이르러 갑옷을 버리고 달아났기 때문에 갑천(甲川)이라

---

4) 경애왕 4년은 927년이다.

5) 『고려사』 세가 권1, 태조 총서, 정명 4년 6월 을묘. "內人清宮以迎." 다보하시 기요시는 내인 청궁이 궁예를 따랐다고 해석했지만, 이 구절을 '나인(內人)들이 궁궐을 깨끗이 하고 (새 왕을) 맞이하였다'라고 해석된다.

고 부르게 되었다고 한다. 궁예가 여기에서 바위 골짜기로 도망하여 이틀 밤을 머물렀는데, 굶주림이 심하여 보리이삭을 뜯어 먹다가 부양(斧壤) 백성에게 살해되었다고 한다.[6]

5만 분의 1 지도(옥동리)에는 갑천을 더 구체화한 갑기천(甲棄川)이라는 이름이 표기되어 있어, 이러한 옛 전설의 존재를 뒷받침하고 있다. 이러한 지명으로 판단한다면, 궁예의 종언에 관한 전설과 관련된 곳은 현재의 강원도 평강군 평강면 상갑리일 것이다.

궁예는 895년 자립하여 그로부터 23년 뒤인 918년에 멸망하였다.

『삼국사기』 궁예전과 『고려사』 태조 세가에는 궁예의 사치와 음학을 상세하게 기록하고 있어, 궁예가 폭군이라는 인상을 준다. 『삼국사기』는 말할 필요도 없이 고려 왕조에서 편찬된 것이기 때문에, 가능한 한 이전 왕조의 폭학을 과장하고, 그럼으로써 태조 왕건의 찬탈을 분식하려는 경향이 강한 것은 당연하다. 『삼국사기』에는 '탕무방벌(湯武放伐)'을 이상으로 하는 유교사상이 노골적으로 드러나 있다. 한반도에서 성리학이 가장 성행한 조선 왕조에서 편찬된 『고려사』가 유교의 가면 아래 행해진 왕건의 찬탈을 시인한 것도 당연하다.

폭군이라는 가면을 벗긴 궁예를 재현시킬 수 있는 가능성은 물론 적다. 그렇지만 그는 소년일 때 왕손이라는 사실을 알게 되자, 몸을 숨겨 불문에 투신하였고, 기회를 보아 세력을 일으켜 질풍과 같이 태백산 이북을 석권하였다. 평상시 사졸과 고락을 함께 하고, 여러 사람의 마음을

---

6) 『신증동국여지승람』 권47, 강원도 평강현, 고적조. "甲川 在縣西, 世傳弓裔聞變, 逃至川上, 棄甲而走, 故名, 裔自此遁于巖谷, 信宿飢甚, 採麥穗而食, 爲斧壤民所害."

많이 얻었고, 사물을 꿰뚫어보는 신불(神佛)과 같아 교만하고 제멋대로 구는 부장(部將)을 전율시키기에 충분한 면이 있었다. 전성기에는 한반도의 반 이상을 점령하여 신라는 물론 후백제왕 견훤의 영토를 훨씬 능가하였다. 게다가 궁예의 영토는 당시 신라의 권력이 사실상 도달할 수 없었던 변경 지역을 아우른 것으로, 견훤과 같이 바로 신라의 본토를 침략한 것이 아니었다. 이상의 점을 종합하면, 궁예에게 음사(淫肆)의 잘못이 있다 하더라도, 당대의 호걸임에는 틀림없으며, 왕건의 창업이 이처럼 쉽고 또 원활하게 진행되었던 것은 궁예의 영토를 계승하고 그 유책(遺策)을 답습하였기 때문일 것이다.

## 2. 풍천원(楓川原) 도성지

태봉의 도성인 한주 철원은 철원 또는 철성이라고 불리며, 고려에서는 동주(東州)를 설치하고, 여말에 이르러서는 철원부로 복원되었으며, 고종의 갑오개혁으로 군(郡)으로 바뀌었다. 그리고 태봉의 도성지가 경원본선(京元本線) 월정리역의 북쪽 철도 연선(沿線)에 있다는 사실은 누구나 다 아는 사실로, 현장에 가서 조사한 사람도 적지 않았다고 생각한다. 그러나 나는 과문하여 그 보고가 발표된 것을 보지 못하였다. 고(故) 이마니시(今西) 교수는 철원 고석정(孤石亭)을 조사하고, 상세한 기록을 남겼으나, 풍천군 도성지에는 미치지 못하였다. 실은 나는 1931년 8월 14일 저녁에 이마니시 교수를 경성역에서 만나, 병을 앓고서 여름에 실지 답사를 하는 것은 무모하다 말하고, 넌지시 자중할 것을 희망하였는데,

후진의 나약함을 비웃는 것인지 마음에 두지 않는 듯하였다.

　이러한 연유도 있어서 철원에는 꼭 가보려고 생각하면서 기회가 없었다. 그런데 이번 1940년 11월 조선교육회의 부탁을 받아, 기원 2600년과 교육칙어 환발(渙發) 50주년 기념회에 출석하기 위해 철원에 가게 되어서, 호기를 놓치지 않고, 다년간의 숙원을 이룰 수 있었다.

　출발하기에 앞서서 바쁜 와중에 문헌을 조사해 두었다. 『신증동국여지승람』 권47 철원도호부조에,

　풍천원 궁예가 도읍한 곳이다. 부의 북쪽 27리에 있다. 외성의 둘레는 14,421척이며, 내성의 둘레는 1,905척이다. 모두 토축이며, 지금은 반쯤 퇴락하였으나, 궁전터는 완연하게 남아 있다.[7]

　라고 보이며, 『증보문헌비고』 권28, 여지고16, 관방4, 성곽4, 강원도 철원조에,

　궁예 도성 북쪽 27리 풍천원에 있는데, 흙으로 쌓았다. 외성(둘레가 14,421척이다.), 내성(둘레가 1,905척이며, 지금은 다 무너졌다.)[8]

　라고 보인다. 『문헌비고』의 기사는 『여지승람』을 그대로 인용한 것인데, 내성이 '半頹落'했다는 것을 '盡頹'로 수정하였으므로, 전혀 무책

---

7) 楓川原 弓裔所都 在府北二十七里 外城周一萬四千四百二十一尺 內城周一千九百五尺 皆土築 今半頹落 宮殿遺址宛然猶存

8) 弓裔都城在北二十七里楓川原 土城外城<周一萬四千四百二十一尺> 內城<周一千九百五尺 今盡頹>

임한 기사라고 생각되지 않다. 성종 또는 중종 당시에는 내성 유지(遺址)의 흔적이 아직 확인되는데 250년 내지 300년이 지난 시기에는 완전히 퇴락하여 그 흔적조차 확인하기 어렵게 되었음을 상상할 수 있다. 또 경원선을 통과할 때마다 철원역 이북 연선을 예의주시하였지만, 그 유지 같은 것을 확인할 수 없었다. 더구나 『여지승람』, 『문헌비고』 모두 간략해서, 유적을 실상을 알기에 매우 부족하여 『철원부지』를 구하였는데, 규장각 문고에는 소장되어 있지 않았고, 후에 기하라(木原) 철원군수에게 물었으나 철원군에도 없다고 하였다.

1940년 11월 6일 강연회장인 철원남소학교에서 향토사 편찬에 종사하고 있는 마쓰오카(松岡) 훈도로부터 유적지의 현 상태에 대해 설명을 들었다. 그에 의하면 내성 밖과 토성이 퇴락하여 크게 파괴된 상황임을 알 수 있었다.

궁예 도성지는 상술한 것처럼, 경원본선 월정리역의 북쪽 약 500m에 위치한 소위 풍천원에 있다. 11월 7일 이른 아침, 몸을 찌르는 듯한 매서운 북서풍을 맞으며, 철원역을 출발하였다. 지도, 사진기, 쌍안경, 모눈종이 노트를 준비했는데, 줄자만 몇 개 찾아봐도 보이지 않았다. 경성을 출발하기까지 상당히 바빴기 때문에 단념하였다. 안내를 약속한 마쓰오카 훈도는 끝끝내 모습을 나타내지 않았다.

월정리역에서 하차하였다. 온통 논과 산재한 부락뿐으로 목표로 할 만한 것이 없어 조금도 짐작이 가지 않았다. 이른 아침이라서 길에 사람도 없고, 두세 명의 마을 사람에게 물었는데, 요령부득이었다. 지도로 짐작하여 벼를 베고 난 논을 돌아다니고, 조금 높은 둑방에도 올라 주변을 둘러보았다. 다행히 강력한 프리즘을 통하여 하얀 석등이 흑회색의 고지를 배경으로 하여 작게 서 있는 것을 발견하였다. 5만 분의 1 지도(철원)에서 남대문지(?), 궁예시대 석탑이라고 보이는 것이 그것이었다.

　석등은 어림잡아 총 높이 2.50m, 갓돌은 땅 위에 굴러 떨어져 있었다. 신라시대에 일반적으로 보이는 양식인데, 그 수법은 매우 원시적이며, 한 덩어리의 화강암을 그대로 깎아낸 듯하였다. 갓돌은 또한 불균형하게 큰 것이어서 만일 이를 원래 모양으로 복원한다면, 송이버섯 같은 모습의 엉뚱한 것이 되리라고 생각되었다. 중대석·간석(竿石) 모두 조각은 전혀 없다. 그 뒤에 커다란 귀부가 있었다. 그것도 또한 석등과 마찬가지로 거친 수법으로 가까스로 이수(螭首) 같은 것이 튀어나와 있어서 귀부임을 알 수 있는 정도였다. 비신, 갓돌 모두 소재를 알 수 없었다(후에 사진을 확대해서 보니, 귀부의 왼편 위쪽에 방추형의 갓돌 같이 생긴 돌덩이가 보였다. 당시에는 알아차리지 못하였는데, 이후에 조사한다면 주의하여 살피고 싶다.).

　석등과 귀부가 존재하는 이상 절터라는 것이 분명하므로, 주춧돌과 기와가 분명히 있을 터였다. 기와 파편은 상당히 대량으로 흩어져 있었는데, 문자나 문양이 있는 것을 발견하지 못하였다. 초석의 경우에는 큰 화강암 돌덩이가 산재하여 있었는데, 초석이 틀림없다고 생각하였다. 대체로 이 지방에는 크고 작은 돌덩이가 무수히 흩어져 있는데, 모두 현무암이기 때문에 화강암은 건축용 자재로서 다른 지방에서 운반하여 왔을 것이 명백하다. 그런데 이 화강암 돌덩이는 그 배치가 별로 정연하지가 않고, 기둥 구멍도 없었다. 배치의 경우, 후세에 경작하면서 방해가 되어 옮겼다고 보더라도 기둥 구멍이 없다는 사실은 초석으로 인정하기 어렵다. 석등의 서북쪽 약 30m 떨어진 지점에 네모났고 평평한 화강암이 6

개, 3개씩 2열로 나란히 있다. 그 사이 거리는 약 3m이다. 이것이 바로 초석이며, 문지일 것으로 생각된다.

이 석등의 소재 지점으로부터 북쪽 50m 사이, 점점 올라가는 듯하며, 그 고지의 능선에 토성이 동서로 길게 늘어져 있다. 『동국여지승람』에서 이르는 외성일 것이다. 조선의 토성에서 다수 보이는 것처럼 외부가 높이 약 3m, 내부는 2m에 미치지 않는다. 토성은 도로 혹은 수로를 따라 여러 번 절단되어 있는데, 동쪽으로는 비교적 잘 보존되어 있고, 서쪽 철도선로에 접해서는 소멸되어 있다. 대략 중앙에 해당하는 부분에 도로를 연결하는 개구(開口)를 지도에서는 남대문지(?)라고 표기하고 있다. 마쓰오카 훈도의 말에 따르면, 이는 마을 사람의 말을 그대로 기록한 것이라고 한다. 토성은 예상보다 보존 상태가 양호하여, 평양부 밖 대동면 낙랑토성지에 견주어 그다지 뒤떨어지지 않는다. 보리밭의 경계에 현무암의 크고 작은 돌덩이가 순서대로 잘 쌓여 있는데, 이 돌덩이는 자연히 이루어진 것이라고 믿기지 않는다. 조선의 석성은 비교적 큰 석재를 외부에 쌓아올리고, 부순 자갈과 흙을 섞어 내부의 빈틈을 채우는 구축법으로 만드는데, 시공이 매우 유치하며, 크고 작은 돌덩이를 섞어서 쌓아올린 것에 지나지 않는다. 따라서 무너지기 쉬우며, 큰 돌덩이가 아래로 떨어지고, 작은 돌덩이는 흩어져 토질을 노출하는 것이 일반적이어서, 토축인지 석축인지 의심스러운 경우가 없지 않다. 이 성벽도 본래는 앞서 서술한 것과 같이 석축이었는데, 붕괴된 상태인 것을 농민이 경작에 방해가 되어서 전부 운반하여 경계선에 쌓아올려 둔 것은 아닐까 의심된다.

남대문지 일대를 조사한 후, 서쪽 철도선로를 넘어서 풍천원으로 갔다. 남대문지 부근은 구릉을 이루고, 또한 크고 작은 돌덩이가 땅 위에 흩어져 있어 걷기에 곤란한 감이 있으며, 논으로 만들지 않았기 때문에 토성의 보존상태도 비교적 꽤 좋다. 그런데 풍천원 일대는 철원수리조합의 몽리구역으로 소수로(疏水路)가 넓게 연결되고, 잘 개간된 논으로 토성은 완전히 논두렁과 혼재되어 거의 찾아보기 어려웠다. 게다가 광대한 도성지 내부에는 낮은 구릉이 연속되고, 부락이 산재하여 있어서, 지나치게 전망을 방해하였다. 지도에는 토성을 명료하게 표기하고 있는데, 1917년 측량 당시에 비해서 도로와 수로에 상당한 변화가 있어서 현재에는 확실히 확인하기가 곤란하다.

시간 낭비를 피해서 풍천원 중앙부의 석등을 찾았다. 좀체 발견되지 않았다. 마을 사람에게 묻고, 프리즘의 힘을 빌려서 겨우 찾기까지 상당한 시간이 필요하였다. 석등은 높이 약 3.5m, 양질의 화강암으로 제작되었으며, 보존 상태는 양호하였다. 양식은 도판에 보이는 것과 같이 복잡하며, 갓돌은 팔작지붕과 같은 모양을 하고 있으며, 화사석(火舍石)은 통상의 육각형이며, 중대석은 2단으로 되어 있고, 하단에는 연꽃잎을 새겼다. 간석은 3단으로 나뉘어 있는 것이 특징인데, 구름 문양을 새겼다. 주춧돌은 육각형이며, 구름 문양을 새겼으며, 지표에 노출되어 있다(이 사실로 석등이 다른 장소에서 옮겨졌음을 상상할 수 있다). 수법·기공(技工) 모두 매우 우수하며, 내가 본 신라의 석등 중 제1위에 있다고 해도 좋을 것이다. 이 석등은 1934년 8월 27일 조선보물에 지정되었다. 또한 도판에 보이는 것처럼 석등에서 조금 떨어져 동일한 화강석으로 된 석고(石鼓)와 같은 것이 있는데, 무엇에 사용된 것인지 혹은 무언가의 석조 구축물의 부품을 그대로 쌓아놓은 것인지 불분명하다.

석등은 내성의 대략 중앙의 조금 솟아오른 유지에 있는데, 도성지의 전모를 전망하기에 절호의 지점이다. 북쪽은 운마산(雲磨山)·남미봉(嵐眉峰)·장자산(莊子山)에 이르는 봉우리가 잇달아 솟아오르고, 남쪽은 고대산(高臺山)·대득봉(大得峰)·명성산(鳴城山)으로 경계 지워지는 철원 평강 고원이 한 눈에 들어와, 프리즘의 힘을 빌리면 평강역을 발착하는 열차까지 보인다. 뿐만 아니라 도성의 중앙에는 북쪽 봉래호(蓬萊湖, 강원도 평강군 평강면)에서 흘러내려오는 역곡천(驛谷川)의 지류가 관류하며, 맑은 물이 뒤섞여 마를 일이 없다. 이 자연 경관은 경주의 경관에 비해 나으면 낫지 못하지 않았다. 신라의 종실인 궁예가 고구려의 옛 땅을 손에 넣고, 왕도를 구함에 있어 이곳이 바로 이상적인 땅이었을 것이다.

끝으로 논해야 할 바는 궁예 도성의 최대유적지인 토성일 것이다. 나는 외성의 남변과 동변의 작은 일부, 아울러 내성의 한쪽을 조사하였을 뿐 전체에 걸쳐서 실측을 한 것이 아니기 때문에 명확한 결론을 내리는 것은 물론 피하지 않을 수 없다. 단 5만 분의 1 지도(철원·옥동리)에는 유적 전체가 대단히 잘 보여서 이에 의거하여 추정한 수준이다. 이에 의하면, 풍천원 도성지는 강원도 철원구 북면과 어운면(於雲面) 사이에 있으며, 정확히 남북으로 장방형을 이루고, 내성·외성으로 구별된다. 외성은 동서 약 4,300m, 남북 3,000m, 둘레 약 14,600m, 내성은 외성보다 조금 솟아오른 고지에 있으며, 외성의 중앙보다 조금 북쪽에 위치하며, 그 형상은 자연 지형 때문에 북변과 동면이 다소 부정형인데, 서변은 약 1,550m, 남변은 약 1,500m이다. 전체 평면은 당제(唐制)의 도성제를 취한 것이기 때문에 궁예 당시에는 방리(坊里)가 동서남북으로 곧게 뻗어 있었을 것인데, 지금은 밭두둑 사이에 묻혀서 전혀 알 수 없다.

내성의 중앙 유지에 앞서 말한 조선보물 석등이 있다. 그 외에도 상당히 높은 유지가 확인되는데, 이는 『동국여지승람』에 궁전지가 완연하게 남아 있다는 기록과 부합한다. 또한 토성 둘레는 『동국여지승람』에 외성 14,421척, 내성 1,905척이라고 되어 있는데, 이 척도를 영조척(營造尺)으로 볼 경우에는, 지금의 실측과 큰 차이가 발생한다. 혹은 내가 내성으로 본 것이 『동국여지승람』의 외성이고, 전지(殿址)로 본 것이 내성에 해당할지도 모르겠다. 그렇다면 『동국여지승람』의 기사와 실측의 차이는 비교적 근소하게 되는데, 그렇다고 한다면 현재 남대문지를 포함한 장대한 대토성은 어떠한 성질의 것일까? 태봉시대를 제외하고 이 멀리 떨어진 땅에 대공사를 일으킬 일은 생각할 수 없다.

바람은 잦아들고, 기온도 올라갔다. 보물 석등의 앞에서 지도를 펼치고, 노트의 숫자와 맞추어 보며, 혼자서 골똘히 생각했지만 해결되지 않았다. 또한 이른 아침부터의 강행군으로 피로와 배고픔을 느낀 몸을 태우고 철원으로 향할 열차는 벌써 이 고원의 북단에 모습을 나타내고 있었다. 재조사를 기약하고 남쪽에 까만 지붕을 한 월정리역으로 되돌아갔다.


## 3. 궁예의 문화

궁예가 자립하고서 멸망에 이르기까지 23년, 그리고 고려 태조 왕건은 왕위를 찬탈한 다음해인 919년에 도읍을 개성으로 옮겼기 때문에 이 1년을 합쳐서 24년을 문화사적으로 본 태봉시대로 하겠다.

태봉의 문화가 어떠한 특징을 가지고 있었는지, 이를 알 수 있는 사료가 적은데, 궁예는 신라의 종실이므로 신라문화를 계승하고 발전시켰다고 볼 수 있을 것이다. 다만 그가 경주와 먼 철원에 도성을 짓고 또한 고구려의 계승자로 임하였던 이상, 적지 않은 변화를 인정하지 않을 수 없다. 또한 『자치통감』에 의하면, 궁예는 멸망 전에 좌량위(左良尉) 김입기(金立奇)를 보내, 오월국(吳越國)에 조공하였다고 한다. 또한 왕건의 찬탈과 관련하여 당나라 상인 왕창근(王昌瑾)이 철원에 거주하였던 사실을 전하고 있다. 철원은 한반도 중앙부의 고원에 위치하고 교통은 편리하지 않으나, 태봉의 판도는 멀리 대동강·한강·금강 하류지역에 미치고 있었으므로, 당·오대(五代) 동안에 남중국과 교류가 이루어졌음을 상상할 수 있다.

태봉의 정치문화 가운데, 가장 주목할 수 있는 것은 제도일 것이다. 궁예는 당의 옛 제도를 채용하여 여기에 독자적인 개혁을 가미하였기에, 신라의 제도와는 매우 다른 면이 있었다. 먼저 당제의 중서성(中書省)에 해당하는, 백관을 거느리는 관부는 광평성(廣評省, 고려의 상서성)이라고 칭하고, 그 장관을 광치나(匡治奈, 고려의 시중), 차관을 서사(徐事, 고려의 시랑)라고 칭하고, 또 외서(外書, 고려의 원외랑)를 두었다. 군사를 관장하는 곳은 병부, 재정을 관장하는 곳은 조위부(調位府), 예의(禮儀)·제사·학교를 관장하는 곳은 수춘부(壽春部), 법률·소송을 관장하는 곳은 의형대(義刑臺), 노비의 부적(簿籍)·결송(決訟)을 관장하는 곳은 내봉성(內奉省), 제찬(制撰)·사명(詞命)을 관장하는 곳은 원봉성(元鳳省), 상객(常客)·연향(燕享)을 관장하는 곳은 봉빈부(奉賓部), 재화(財貨)·늠장(廩藏)을 관장하는 곳은 납화부(納貨部), 공기(工技)·보장(寶藏)을 관장하는 곳은 물장성(物藏省), 경적(經籍)·축소(祝疏)를 관장하는 곳은 금서성(禁書省), 여마(輿馬)·구목(廐牧)을 관장하는 곳은 비룡성(飛龍省), 외국어의 통역을 관장하는 곳은 사대(史臺)로 칭하였다. 관계(官階)는 문무를 나누지 않고, 정광(正匡)·원보(元輔)·대상(大相)·원윤(元尹)·좌윤(佐尹)·정조(正朝)·보윤(甫尹)·군윤(軍尹)·중윤(中尹) 등의 계급이 있었다.

태봉의 제도는 아마도 전부 왕건에 의해 거의 그대로 답습되어 이후 고려 500년 동안 관제의 기초가 되었다. 이를 생각하면 궁예와 그의 신료의 학식은 상당히 깊었고, 태봉의 문화는 의외로 높은 수준이었을 것이다.

태봉 문화의 특징으로는 불교문화가 있다. 신라는 불교가 매우 융성하였던 시대였으며, 궁예 자신이 오래 불문에 귀의했을 정도이므로, 태봉에서 특히 불교가 성행한 것도 당연하다. 궁예는 스스로 미륵이라고 부르며, 큰 아들을 청광보살(靑光菩薩), 둘째 아들을 신광보살(神光菩薩)이라고 부르고, 머리에 금책(金幘)을 쓰고, 방포(方袍)를 입고, 출입할 때에는 백마를 타고, 비단으로 갈기와 꼬리를 장식하고, 남자아이와 여자아이에게 번개(幡蓋)와 향화(香花)를 받들고 앞서 가게 하였으며, 비구니 2백여 명에게 범패(梵唄)를 부르며 뒤따르게 하였다. 또한 스스로 경전 20여 권을 찬술하였는데, 모두 요망한 말에 지나지 않았다고 전해진다.

태봉의 유산으로서 유명한 것은 팔관회이다. 이는 효공왕 2년(898) 겨울 11월 궁예가 아직 송악에 도읍을 두고 있을 때에 행하였으며, 이후 매년 중동(仲冬)에 이를 집행하고, 마침내 고려에서 그대로 답습하였던 것이다. 태봉에서 행해진 팔관회 의식은 기록이 보이지 않는데, 고려의 팔관회는 『고려사』 권69 예11 중동팔관의(仲冬八關儀)에 상세하다. 이 의식은 고려의 전성기에 제도가 가장 정돈되었을 시기의 것으로, 궁예 시기의 팔관회는 고려 태조 원년 11월 철원 도성에서 집행된 것과 같이 오히려 간소하였을 것이다.

태조 원년(918) 11월 유사(有司)에서 말하기를, "전주(前主)는 매년 중동(11월)에 크게 팔관회를 열어 복을 기원하였는데, 바라건대 그 제도를 따르시옵소서."라고 하자, 왕이 이를 따랐다. 마침내 구정(毬庭)에 윤등(輪燈) 1좌(座)를 설치하고 향등(香燈)을 사방에 진열하였으며, 또한 2개의 채붕(彩棚)을 설치하였는데 각각 높이가 5장(丈) 남짓 되었다. 앞에서는 백희가무(百戲歌舞)를 공연하였는데, 사선악부(四仙樂部)와 용·봉·코끼리·말·수레·배는 모두 신라의 고사(故事)였으며, 백관은 도포와 홀(笏)을 갖춰 의례를 행하니 관람하는 자가 도성에 넘쳐났다. 왕은 위봉루(威鳳樓)에 거둥하여 이를 보았다.[9]

중동팔관회는 상원등회(上元燈會)와 함께 불교 고려의 최대 민족적 제전으로 백관은 위의(威儀)를 바르게 하여 참렬(參列)하고, 뭇 백성과 즐거움을 함께 하였던 것이다.

궁예의 사업 중, 오늘날 남아 있는 것은 도성의 경영이다. 궁예는 처음 송악에 도읍하였는데, 효공왕 5년(901) 가을 7월 청주(충청도)의 인호(人戶) 1천을 철원성으로 이주시켜서, 이 땅에 새로운 도읍을 경영하였고, 효공왕 9년(905)에 이전하였다. 그 궁실은 자못 사치가 심하였다고 기록되어 있다. 철원의 토성·궁궐은 이 4년 동안에 완성된 것이며, 당의

---

9) 『고려사』 권69, 예11 가례잡의 중동팔관의, "太祖元年十一月有司言 前主每歲仲冬 大設八關會以祈福 乞遵其制 王從之 遂於毬庭置輪燈一座 列香燈於四旁 又結二綵棚 各高五丈餘 呈百戲 歌舞於前 其四仙樂部龍鳳象馬車船 皆新羅故事 百官袍笏行禮 觀者傾都 王御威鳳樓觀之"

도성제를 모방하였음은 제도 자체와 결부시켜 생각하면 흥미롭다. 철원은 이후 고려 태조 2년(919) 정월 개성에 천도하기까지 14년 동안 태봉과 고려의 수도였다.

태봉 전성기의 철원 내성에는 궁궐과 사원이 줄지어 있어 수도로서 상당한 외관을 갖추었을 것이다. 다만 그 궁전의 명칭은 왕건과 관련된 포정전(布政殿), 위봉루(威鳳樓) 등이 전해질 뿐 위치나 배치를 알 수도 없다. 사원의 경우에는 그 명칭이 전해지지도 않는다. 인구는 처음에 청주의 인호 1천을 이주시킨 후, 짧은 기간에 얼마만큼도 증가하지 않았을 것이다. 궁예 재위 기간에 그 세력은 매우 강대하였기 때문에, 외적이 수도를 엿볼 일 없이 시민은 평화로운 생활을 보냈다고 생각된다. 왕건의 찬탈도 평화로운 가운데 이루어졌기 때문에 병화(兵火)의 화를 당하는 일은 없었을 것이다. 왕건의 천도와 함께 시민의 대부분은 건설일이 오래지 않아 고원의 옛 수도를 버리고 새로운 도읍인 개성으로 이주하고, 일부는 청주로 돌아간 경우도 있고, 태봉의 옛 수도에 머무른 경우는 오히려 적지 않았을까 상상한다.

태봉의 옛 수도인 철원은 짧은 생명을 지녔을 뿐이었다. 그럼에도 불구하고 궁예가 심혈을 기울인 문화의 자취는 황량한 풍천원 도성지에 역력히 존재한다. 장대한 도성지, 산재한 궁전터, 정교하고 우아한 보물 석등을 비롯하여, 석조건축물이 그 증거이다. 더욱이 광대한 도성지에는 적지 않은 유물이 매장되어 있다. 11월 7일 오후 경성에 귀환하려 할 때 즈음에, 마쓰오카 훈도가 철원역에 뛰어와 소장하고 있는 유물 2점을 보여주었다. 모두 보물 석등의 남쪽에서 가까운 유적지에서 출토된 것으로, 하나는 도기로 된 호(壺)였으며, 높이가 약 20cm, 그 질은 다소 거칠

지만 견고하며, 청록수(靑綠釉)를 베풀고, 수법도 뛰어났다. 다른 하나는
술잔으로 생각되는 청동제 용기로 직경 약 6cm, 깊이 약 3cm이며, 주석
을 많이 넣은 합금인데, 그 기술은 상당히 발전한 것으로, 조선시대의 기
술에 비해서 뛰어났다. 이 2개의 유물로 보더라도 석등의 수법이 뛰어난
까닭을 이해할 수 있다고 생각한다. 더구나 마쓰오카 훈도의 말에 따르
면 풍천원의 민가에서 이러한 종류의 유물을 소장하는 사람이 적지 않
은데, 관헌에 압수될까 두려워 꽁꽁 숨겨두고 다른 사람에게 보여주지
않는다고 한다.

　이상으로 불완전하지만, 풍천원 궁예 도성지의 일반적인 조사와 문
화에 대한 고찰을 마친다. 철원은 경성에서 가까운 곳에 있다. 나는 경성
제국대학 법문학부의 학생들이 사학과를 중심으로 협력하여 더욱 상세
한 조사와 실측을 실시하기를 바라 마지않는다. 그 자체 진실로 의의 있
는 문화적 근로 봉사이다. 또한 상세한 보고를 본 학술지에 게재한다면,
본교 학생의 손으로 이룬 유일한 학술잡지인 본 학술지의 명성을 올릴
것이다.

　(1940년 12월 12일 한성 낙산 아래 이화초당에서 집필)

궁예 도성지 석등 높이 11척 5촌
강원도 철원군 북면 월정리 풍천원
1934년 8월 27일 보물지정

# 奉先寺址考

**都宥浩**

　　江原道鐵原郡於雲面의 楓川原은 羅末의 怪傑 弓裔가 세운 泰封國의
서울텃 자리로 잘알려져 있는곳이다.

　　일쪽부터 한번 찾아가 보고싶은 마음이 없는바는 아니였으나 이럭
저럭 가브지 못하고 지나왔었다.

　　그러던차에 華川方面에 古墳이 있다는 消息을 듣게되어 今年五月初
에 그리로 出張을 가게되었다. 그리하여 華川에서 돌아오던 길에 나는
鐵原 月井里驛前에서 下車하게되었다.

　　楓川原故都址에는 石燈있는곳이 두군데가 있어서 하나는 月井里驛
前에서 鐵路 東便으로 約一키로半 떠러진 곳에 있고 하나는 鐵路西便으
로 옛날의 대궐텃 자리에 있다는 消息을 물은 일이 있기에 우리는 前者

부터 먼저 찾어 보기로 하였다.

그 자리에 가보니 거기에는 옛날의 木造大建物이 남겨놓은 礎石만이 널려있고 그 밖에 龜趺이 하나있다.

그리고 風聞으로 듣던 石燈은 간곳이 없다 案內로 다리고 간 月井里中學의 어린 某君의 말을 들으니 石燈은 그앞마을인 「구룸물골」(雲井里)에서 一九四七年度의 八·一五紀念行事를 契機로 自己네 마을로 옮겨 갔다고 한다.

그날 거기서 대궐터로 가던길에 우리는 「구룸물골」에 들려서 그石燈을 가보았다.

마을 어구니에 그것을 고이 고이 잘손질하여 놓기는 하였으나 그자리를 옴긴것이 잘못이기에 里人民委員長을 맞나 말하였더니 自己네도 好意로 한것이 도로혀 잘못된것임을 알게 되었는데 郡人民委員會에서도 얼마前에 제자리에 도로 갖다 놓으라는 말슴이 있었기에 不遠間에 도로 갖다 놓을 작정이라는 말을 하여 주었다. 그날 우리는 於雲面人民委員會에 가서도 그石燈移轉에 關한 이야기를 한 일이 있는바 特히 「구룸물골」의 里委員長의 古墳에對한 誠意에는 우리가 도로혀 感激하여 마지 않었다.

그런데 本來石燈이 있었고 그곁에 只今도 龜趺이 남아 있는 곳에서 約五十米 떠러저 있는곳에 瓦當破片과 돌이 섞여서 쌓여 있는 돌각담이 하나있다

거기서 우리는 幸혀나 무엇이 있지나 않는가 하고 기와 破片을 뒤집어 보았다. 그結果로 우리가 얻은 기와 조각中에는 「奉先寺」라는 陽刻의 명문이 있는것 하나 「寅奉先寺」라고 쓴것하나 「奉」字가分明치 않은것

하나 그밖에 또 「壬寅」이라고 쓴것(以上모다 陽刻)두개가 있었다. 「奉先寺」나 「寅奉先寺」라고 쓴것은 三枚가 모다 「암기와」이나 壬寅이라고 쓴것은 「숫기와」이다. 奉先寺라는 銘文을 실은 기왓 조각에는 陽刻의 菖蒲花紋이 있는데 壬寅이라고 쓴 숫기와의 紋도 亦是 菖蒲다.

弓裔의 都邑텃 자리에서 나온것인 만큼 泰封國과 關聯이 있는 것이나 아닌가하여 마음이 꽤 궁금하여 졌다. 壬寅年은 弓裔가 죽은後 高麗太祖二十五年(西紀九四二年)에 該當한 해이니 如何間 그것이 弓裔當時의 것이 아님은 틀림없는 일이다. 그런데 그紋樣도 亦是 高麗初期의 것이다. 그런데 以上에서 얻은기왓조각들과 함께 같은 각담에서는 高麗式蓮花紋의 巴瓦도 나왔다.

奉先寺라는 절은 京畿道楊州에 하나 있는데 그것은 李朝初葉에 創建된 것으로 輿地勝覽에는 그절에 關하여 다음과 같은 記錄이 있다.

「奉先寺 在注葉山光陵南岡 金守溫記 奉先寺者 我大王大妃 殿下 爲世祖大王而創之者也.」

그밖에 楓川原의 弓裔의 都邑地土城內에서는 아직 奉先寺라는것이 알려진 일이 없다.

그런데 輿地勝覽의 漢城에관한 記錄中에는

「興德寺 在東部燕喜坊 是爲敎宗 權近德安殿記 建文三年夏 太上王(李成桂를말함-筆者) 命相地于潛龍舊邸之東 別構新殿 秋功告訖 乃命臣近 若日 高麗太祖統一三韓 以其私第 爲廣明奉先二寺 圖利國也」

云云의 句가 있다. 이것은 王建이 私第를 廣明寺와 奉先寺의 두佛寺로 만들었다는 것을 傳하는 말인데 廣明寺에 關하여는 輿地勝覽(開城府上)에

봉선사명 와편(도유호, 1950)

「廣明寺 在延慶宮北 松岳山麓 世傳高麗太祖舊宅捨爲寺」

云云의 記錄이 있다. 따라서 問題의 두 절中에서 廣明寺만은 開城에 있던 舊邸에서 생겨난 것임을 알수가 있으나 奉先寺에 關하여서는 아직 그所在를 알수가 없었던 것이다. 그런데 이번 나는 그所在를 알어 내게 된것이 아닌가 하는 느낌을 禁할수 없게되었다.

瓦當破片의 나온 그자리는 암만 보아도 廢寺址임에는 더 疑心할 餘地가 없는것 같다. 그 礎石 石燈 龜趺 等은 아마도 문제의 奉先寺와 關聯이 있는것이라고 나는 推測하는바이다 다시말하면 王建은 開城쪽에 있던 舊邸로는 廣明寺를 만들었고 鐵原에 있던 舊邸로는 奉先寺를 만들었다는 것을 엿볼수가 있는것이다.

廣明寺 創建의 年代에 關하여는 新羅末의 景明王 六年壬午 高麗太祖 五年 後梁龍德二年이었다고 하니(李能和朝鮮佛敎通史上編一八二頁參照) 이번 주어온 瓦當破片에 보이는 壬寅年과는 二十年의 差異를 가지고 있다. 이 壬寅 卽 高麗太祖卄五年은 奉先寺 創造年代인지 그렇지않으면 改修한 年代인지는 아직 나로서는 確然히 알길이없다.

그러나 如何間 問題의 瓦當破片이 發見된 寺址만은 弓裔의 部下로 있을때나 弓裔의자리를 빼았은뒤에 아직 王建이 鐵原에 살적에 쓰고 살던 절터이며 또 奉先寺의 遺趾일 것이다.

# 태봉학회 창립선언문

　신라 말은 일대 변동의 시기였다. 농민들의 봉기가 계속되었고, 호족들은 중앙 정부에 대해 독립적인 태세를 강화하였다. 이를 배경으로 2백 수십 년 전에 멸망한 백제와 고구려의 계승국임을 자처하는 나라들이 등장하였다. 신라는 분열되어 이른바 후삼국시대가 되었다.

　후삼국 중 먼저 주도권을 잡은 나라는 태봉이었다. 태봉의 영역은 전국의 2/3에 달했으며, 이를 통치하기 위해 정부 조직을 정비하였다. 신라, 고려의 불교문화와 구별되는 태봉의 불교문화가 유행하였고, 수도였던 철원은 거대한 성곽에 둘러싸인 국제도시였다. 태봉의 역사와 문화는 그 자체로서 중요한 연구의 대상이다.

　태봉을 계승한 나라는 고려였다. 따라서 고려 초의 복잡한 국내외 정세를 제대로 이해하기 위해서는 태봉의 그것을 파악하는 것이 필요하다. 문물제도 역시 태봉의 그것을 이은 것이므로 고려 초의 정치 제도 등을 알기 위해서는 태봉의 그것에 대한 이해가 필수적이다. 태봉의 역사는 고려의 전사(前史)로서도 중요하다.

오랫동안 태봉의 역사와 문화는 본격적인 주목을 받지 못했다. 주로 궁예왕의 폭정이 부각되었다. 태봉의 역사와 문화에 대한 본격적인 연구가 시작되었던 것은 1990년대 들어와서의 일이었다. 정치사, 사회사, 사상사, 미술사, 전쟁사, 고고학의 여러 분야에서 연구가 이루어졌고, 그 결과는 괄목할 만한 것이었다. 태봉의 역사와 문화에 대한 철원군과 철원군민들의 관심도 높아졌다.

이제 태봉의 역사와 문화를 연구하는 연구자들은 연구를 보다 심화하고, 한편으로는 그 결과를 철원군민을 비롯한 시민사회와 공유하기 위해 태봉학회를 출범시키기로 하였다. 학계의 여러 선학, 동학들의 아낌없는 호응을 바란다. 철원군과 철원군민들의 변함없는 성원을 기대한다.

철원은 분단과 전쟁의 상흔이 많이 남아 있는 곳이다. 태봉의 도성 철원경의 유적은 군사분계선을 중심으로 남북한의 비무장지대 안에 위치하고 있다. 장래 남북한 학자들의 공동 조사와 연구의 대상인 것이다. 태봉학회의 출범이 통일을 전망하는 데에 조금이나마 도움이 될 수 있기를 희망한다.

2018년 2월 23일
태봉학회

# 태봉학회 회칙

**제 1 장 총 칙**

제 1 조(명칭) 태봉학회라고 한다.

제 2 조(목적) 태봉국의 역사를 비롯한 철원 지역의 역사에 대한 연구와 조사를 통하여 철원 지역의 문화 발전에 기여함을 목적으로 한다.

제 3 조(사업) 목적 달성을 위하여 다음과 같은 사업을 한다.

1. 학술회의 개최
2. 유적의 답사 및 조사
3. 시민강좌 개최
4. 자료집 및 기타 간행물의 발간
5. 국내외 여러 학회와 교류
6. 철원군을 비롯한 관련 기관과 협력
6. 기타 위의 각 사항의 사업을 수행하기 위해 필요한 사업

**제 2 장 회 원**

제 4 조(자격) 회원은 학술회원, 기관회원과 일반회원과 학생회원으로 구분한다.

1. 학술회원은 본회의 목적과 관련된 연구 및 교육에 종사하는 자로 한다.
2. 기관회원은 철원군 등 본회의 목적과 관련된 기관과 그 기관장 및 관련 업무 담당자로 한다.

3. 일반회원은 본회의 목적에 찬동하는 일반 시민으로 한다.

4. 학생회원은 대학 및 대학원 석사과정에 재학 중인 자로 한다.

제 5 조(권리·의무) 회원은 본회의 제반 사업에 참가할 수 있는 권리를 가지며, 본회가 정하는 바에 따라 회비를 납부해야 할 의무를 지닌다.

제 6 조(자격상실) 회원이 회칙을 준수하지 않거나 본회의 명예를 훼손한 때에는 회원의 자격을 잃을 수 있다.


## 제 3 장 임원, 감사 및 고문

제 7 조(임원) 다음의 임원을 둔다.

1. 임원진은 다음과 같이 구성한다.

1) 회장 1인, 2) 부회장 1인, 3) 사무국장 1인, 4) 연구·편집이사 1인, 5) 대외협력·홍보이사 1인

2. 임원은 겸직할 수 있다.

3. 감사 1인과 고문 약간 명을 둔다.

제 8 조(선임) 임원과 감사는 평의원회에서 선출하고 고문은 평의원회에서 추대한다.

제 9 조(임기) 임원의 임기는 2년으로 하되 연임할 수 있다. 단 임기 중 궐위 시에는 임원회의에서 보선하며 임기는 전임자의 남은 기간으로 한다.

제 10 조(직무) 임원의 직무는 다음과 같다.

1. 회장은 본회를 대표하고 회무를 통괄한다.

2. 부회장은 회장을 보좌하며, 회장 유고시 회장을 대신한다.

3. 사무국장은 재정, 문서 사무 등을 담당한다.

4. 연구·편집이사는 학술회의 개최, 유적의 답사와 조사, 시민 강좌 개최, 각종 자료집 및 기타 간행물의 발간을 담당한다.

5. 대외협력·홍보이사는 국내외 여러 학회와 교류, 철원군을 비롯한 관련 기관과 협력 및 학회 활동의 홍보 업무를 담당한다.

6. 감사는 회무를 감사하며 평의원회에 보고한다.

제 11 조(임원회의) 임원과 감사, 고문 등으로 구성되며 평의원회에서 의결된 사항을 수행한다.


## 제 4 장 평의원회

제 12 조(구성) 평의원회를 둔다.

1. 평의원회는 학술회원과 기관회원으로 구성한다.

2. 평의원회 의장은 학회 회장이 맡는다.

제 13 조(심사) 평의원회는 다음과 같은 사항을 심의 의결한다.

1. 임원, 감사의 선출과 고문의 추대

2. 사업 계획의 수립

3. 예산·결산의 심의 의결

4. 기타 중요한 사항

제 14 조(소집 및 의결)

1. 평의원회는 의장 또는 평의원 1/3 이상의 요구에 의해 의장이 소집한다.

2. 의결은 평의원 과반수의 출석과 출석 과반수의 찬성으로 한다.

3. 온라인 상의 위임이나 찬반의 의견 표시도 유효하다.

## 제 5 장 편집위원회

제 15 조(구성) 편집위원회를 둔다.

    1. 편집위원회는 임원, 감사 및 회장이 위촉한 위원으로 구성한다.

    2. 편집위원장은 회장이 맡는다.

제 16 조(임무) 편집위원회의 임무는 다음과 같다.

    1. 학술회의, 유적의 답사와 조사, 시민 강좌 등의 자료집 기획, 심의 및 발간

    2. 기타 간행물의 기획, 심의 및 발간

제 17 조(회의) 편집위원회는 편집위원장이 소집한다.


## 제 6 장 총 회

제 18 조(회의) 총회는 정기 총회, 임시 총회로 한다.

    1. 정기 총회는 매년 1회 회장이 소집하고 그 의장이 된다.

    2. 임시 총회는 평의원 과반수의 요구에 의해 회장이 소집한다.

제 19 조(권한) 총회는 평의원회에서 의결된 사항을 보고받는다.


## 제 7 장 재 정

제 20 조(재정)

    1. 재정은 회원이 납부하는 회비, 지원금, 기타 수입으로 충당한다.

    2. 회계 연도는 매년 1월 1일부터 12월 31일까지로 한다.


## 제 8 장 회칙의 제정과 개정

제 21 조(회칙의 제정과 개정) 본회의 회칙은 평의원회에서 제정, 개정하

며, 평의원 과반수의 출석과 출석 평의원 2/3 이상의 찬성으로 의결한다.

**부칙**

제 1조 본 회칙에 규정되지 않은 여타의 사항은 통상 관례에 준한다.

2018년 2월 23일 제정.

# 태봉 및 철원 역사 관련 연구 동향
## – 철원군을 중심으로 –

### 김영규
철원역사문화연구소 소장

## 2000년 제1회 학술대회

2000년 10월 4일 철의삼각전적관에서 『철원의 역사, 태봉국과 궁예왕 재조명』이란 주제로 학술세미나를 개최했다. 주제발표는 강원대 최복규(崔福奎) 교수 「철원의 역사적 배경」, 이화여대 신형식(申瀅植) 교수 「궁예에 대한 재평가」, 육사 이재 교수 「철원 궁예도성의 재검토」, 소설가 강병석 씨 「궁예는 누구인가」 이다. 이번 행사를 계기로 태봉국과 궁예 관련 학술행사를 태봉제에 정례화 시키기로 했다. 월정리에 궁예역사관을 건립하고 보개산성·명성산성 등 태봉국 관련 유적을 관광자원으로 개발해야 한다고 주장했다. 이번 세미나는 철원군민들의 태봉국과 궁예에 대한 관심도를 높이기 위해 학문적 깊이보다는 개론적으로 추진되었다. 철원군만이 할 수 있는 행사이고 당위성이 충분하다고 의견을 모았다.

## 2001년 제2회 학술대회

2001년 10월 11일 철의삼각전적관에서 『태봉의 역사와 문화』라는 주제로 학술세미나를 개최하고 정치·사회·사상·종교적인 관점에서 철원에 도읍을 정했던 태봉국과 궁예왕을 재조명했다. 동국대 이기동 교수 등 7명의 전문가가 주제발표를 했는데, 이재 교수는 「궁예도성의 위치와 잔존실태」란 연구에서 각종지도와 항공사진을 볼 때 도성은 내성 안에 궁성이 있는 3중성이며 규모 또한 문헌기록보다 커 외성 12.5km, 내성 7.7km, 궁성 1.8km인 것으로 파악되었다고 밝혔다. 그리고 정부가 경의선 복원 경험을 살려 궁예도성 조사 및 경원선 복원에 능동적으로 나서야 한다고 주장했다.

## 2003년 제3회 학술대회

2003년 11월 28일 철의삼각전적관에서 『궁예와 태봉의 역사적 재조명』이란 주제로 제3회 태봉학술제가 개최되었다. 이번 학술대회에 전국의 궁예 관련 연구자들이 총 출동해 1~2부에 걸쳐 13명 학자들이 발표했다. 첫째 날인 28일에는 이도학 한국전통문화학교 교수 「궁예와 견훤의 비교 검토」, 경희대 조인성 교수 「궁예정권의 대외관계」, 국민대 김두진 교수 「나말여초 불교계와 궁예의 토착불교사상」, 서경대 정선용 교수 「궁예의 도읍 선정과 철원」, 강원대 유인순 교수 「궁예왕 전설과 역사소설」, 육사 이재 교수 「철원일대 궁예왕 관련 유적조사」 등 주제발표가 있었고, 둘째 날인 29일에는 비무장지대 궁예왕 도읍지와 보개산성 등 궁예 관련 유적지를 돌아봤다.

### 2005년 「태봉·궁예 연구회」 창립 발기인대회

이성무 전 국사편찬위원장 등 역사학자 10여명이 2005년 6월 23일 오후 5시 서울 한국역사문화연구원에서 「태봉·궁예연구회」 창립 발기인대회를 갖고 본격 운영에 들어갔다. 태봉·궁예연구회는 7월에 연구회를 창립한 후 「태봉·궁예학회」 창립을 목표로 태봉국 및 궁예왕 관련 사료 발굴에 주력하는 한편 오는 8월경 중국·미국학자 등이 참여하는 국제학술대회 등을 통해 굴절되고 왜곡된 역사를 복원해 나갈 계획이다. 태봉·궁예학회는 조인성 경희대교수, 이재범 경기대교수, 이재 육사교수, 김해완 성균관대교수, 정선용 서강대교수, 김기봉 경기대교수, 김중삼 강원대강사 등 국내 역사학자 30여명이 참여한다.

### 2005년 「철원학연구소」 설립 제안

2005년 8월 5일 철원군번영회는 「철원학연구소」를 설립해야 한다고 주장했다. 도내 첫 군 단위 지역학연구소가 될 철원학연구소는 철원군이 태봉국의 도읍지였을 뿐 아니라 통일한국의 중심지라는 자긍심을 바탕으로 철원의 역사·종교·사상·정치·경제·문화 등 각 분야에 대하여 연구와 토론을 벌이고 전문연구자들의 연구 성과를 축적할 계획이다. 그리고 철원의 과거와 현재를 분석해 미래 청사진 즉 철원의 발전방향을 제시할 포부를 갖고 있다.

## 2005년 제4회 학술대회

2005년 9월 29~30일 철원군(군수 문경현)과 태봉국철원정도기념사업회(회장 김준수)가 공동으로 청소년회관에서 제4회 태봉국제학술대회를 개최했다. 이번 학술대회는 태봉국과 궁예왕 역사에 대한 일반 대중들의 관심을 높이고 학술적 이슈화를 위해 추진했다. 참여 학자로는 「후삼국시대 궁예정권의 연구」로 박사학위를 받은 경기대 이재범 교수, 오랜 기간 미륵사상 연구 활동을 벌인 미국 워싱턴대 리차드 맥브라이드 교수, 향교와 민속신앙을 연구학자 도이 구니시코 전북대 교환교수 등 3개국 12명 역사학자가 참여했다. 이재범 교수는 주제발표에서 1,100년 전 궁예왕이 철원에 도읍을 정한 것은 신분제를 개혁하는 등 야심에 찬 새로운 국가경영을 위했기 때문이라고 주장했다. 이번 국제학술대회는 태봉국 철원정도 1,100주년을 맞아 태봉국 도읍지로서 명성과 정체성을 되새기고 철원이 나아갈 방향을 정립하는 계기가 되었다.

### 2007년 유홍준 문화재청장 궁예도성 탐방

2007년 5월 28일 오후 2시 한미연합사의 협조를 얻어 조병호 육군 6

사단장 안내로 유홍준 문화재청장과 직원 4명, 이재 육사 교수 등 역사학자 5명 도합 10명의 탐방단이 비무장지대 궁예도성 일대를 둘러봤다. 이번 현장 방문은 2001년 이재 육사 교수가 6·25전쟁 이후 처음으로 군사분계선 남쪽 비무장지대 궁예도성터를 현장 조사한 후 6년 만의 일이다. 이번 탐방을 계기로 향후 궁예도성에 대한 남북 공동조사가 이루어지길 주민들은 기대하고 있다.

## 2009년 제5회 학술대회

2009년 10월 27일 오후 2시 고석정 철의삼각전적관에서 특별기획 『태봉국과 통일한국』 토론회를 개최했다. 이번 토론회는 강원도 역사상 유일한 도읍지인 철원군의 정치 경제적 가치에 대한 고찰은 물론 통일시대 철원의 역할과 DMZ 활용 등에 대한 전문가 진단이 이루어졌다. 제1주제 발표자인 이재범 경기대 교수는 「궁예의 개혁정치」란 주제로 1,100여 년 전 철원에 도읍을 정한 궁예의 개혁정치를 재조명했다. 제2주제 발표자인 나희승 한국철도기술연구원 대륙철도연구실장이 「동북아시대 교통·물류 중심지 철원의 역할」 발제를 통해 남북경제공동체 구성이라는 중장기적 관점에서 철원을 중심으로 한 남북철도 및 대륙철도 연계구상을 밝혔다. 제3주제 발표자인 이승구 강원대 교수는 「DMZ를 활용한 관광인프라 구축」이란 주제발표를 통해 한반도 내륙 최대 규모의 DMZ를 보유한 철원군이 어떻게 하면 성공적으로 DMZ관광을 활성화할 수 있을지 경기도와 비교분석해 고찰했다. 제1주제 토론자는 이인

재 연세대 교수, 김영규 철원문화원 향토사연구위원이고, 제2주제 토론자는 김재진 강원발전연구원 책임연구원, 김창환 강원대 교수이며, 제3주제 토론자는 김영칠 강원도의원, 김경숙 강릉원주대 교수 등이다.

### 2010년 철원역사문화연구소 창립

2010년 2월 9일 갈말읍 신철원 철원군청 제2별관에서 「철원역사문화연구소」 개소식이 열렸다. 철원역사문화연구소는 태봉국과 궁예왕 고대사에서부터 남북분단과 전쟁의 상흔을 담고 있는 현대사까지 연구한다. 김영규 소장은 철원이 후삼국 분열과 6·25전쟁 등 가장 혼란스러웠던 시대의 주 무대였기에 역사적 전환기에 대한 체계적인 정리와 연구 활동을 벌이겠다고 밝혔다. 철원역사문화연구소 자문위원으로는 궁예 연구 권위자 이재범 경기대 교수와 조인성 경희대 교수, 관방유적 전문가 유재춘 강원대 교수, 접경지역 주민들 연구자 김귀옥 한성대 교수, 지병목 국립경주문화재연구소장 등이 위촉되었다.


# 2010년 제6회 학술대회

2010년 12월 15일 오후 3시 고석정 철의삼각전적관에서 『궁예, 그리고 DMZ』라는 주제로 철원역사문화토론회가 개최되었다. 이번 토론회에는 국내 궁예 연구의 최고 권위자로 꼽히는 이재범 경기대 교수와 조인성 경희대 교수가 발제를 했고 구문경 국립중앙박물관 학예연구사가 태봉국 유물 현황과 과제에 대해 발표했다. 이 교수는 궁예는 정사류에서 전제주의적 정치, 도덕적 타락, 직계존비속 살해 등 전형적인 폭군으로 그려졌지만 철원지역 구비전승에서는 부하를 끝까지 지킨 덕장으로 표현되고 있어 궁예를 보는 시각을 다양화할 필요가 있다고 밝혔다. 조교수는 「북한 역사학계의 궁예 인식」이라는 주제발표에서 북한학계에서는 태봉국과 궁예가 고구려 계승 의지를 가졌고 고려가 태봉국을 계승했다고 인식하고 있다고 밝혔다. 구문경 연구사는 태봉국 도성이 그려진 일제강점기 지적도 등을 공개했다. 토론자로는 유재춘 강원대 교수와 김영규 철원역사문화연구소장이 참여했다.

## 2011년 제7회 학술대회

2011년 12월 22일 오후 2시 고석정 철의삼각전적관에서 『태봉국 역사 재조명 태봉학술세미나』가 열렸다. 최연식 목포대 교수는 주제발표에서 전남 선각대사비문의 재해석을 통해 나주(羅州) 경략(經略)의 주역이 왕건이 아니라 궁예라는 사실과 궁예의 선종 승려 우대정책을 새롭게 제기했다. 장득진 국사편찬위원회 편사연구관은 「한국사 교과서에 나타난 궁예 인식의 변화와 차후방안」 주제발표에서 역사 속에서 궁예왕은 미치광이 폭군으로 왜곡되게 그려졌고 이는 삼국사기와 고려사의 기록을 무비판적으로 수용한 결과인 만큼 바로 잡아야 한다고 역설했다. 이재 국방문화재연구원장은 「태봉국도성과 동아시아 도성의 비교분석」을 통해 비무장지대에 있는 태봉국도성은 그 규모나 성곽축조기술이 당나라 장안성에 버금갈 만큼 어마어마한 점으로 볼 때 대제국을 건설하려던 야망을 읽을 수 있다고 밝히고 태봉국 도성의 가치를 충분히 알리고 남북공동조사가 조속히 이루어져야 한다고 주장했다. 토론회는 이재범 경기대 교수가 진행했고 토론자로는 국방차관을 지낸 황규식 성신대 석좌교수와 조범환 서강대 교수가 참여했다.


## 2012년 제8회 학술대회
### (제1회 병자호란 김화 백전대첩 기념 학술대회)

2012년 11월 2일~3일 이틀간 열린 제1회 병자호란 김화 백전대첩 기념 학술대회에서는 "철원 김화 백전대첩을 아는가"라는 타이틀 하에 철원군과 (재)국방문화재연구원 주최·주관으로 열렸다. 1일차인 11월 2일에 기조발표와 6편의 연구논문 발표와 토론이 있었고, 이튿날에 관련 유적지인 충렬사, 전골총, 성산성, 백수봉에 대한 답사가 있었다. 기조발표는 「유림장군의 생애와 공적」(유승주 교수)이었고, 주제발표는 「병자호란 이전 평안도의 국방체제와 군사적 동향」(노영구 교수), 「김화 백전전투의 전황과 의의」(이재범 교수), 「김화 백전전투지의 위치」(권순진 연구원), 「전골총의 조성 경위와 위치 비정」(유재춘 교수), 「조선 정부의 포로 송환 노력」(강성문 교수), 「김화 백전대첩 유적의 현황과 보존대책」(이재 국방문화재연구원장) 등이었다. 1회 김화 백전대첩 기념 학술회의에서는 병자호란 이전의 평안도 지역의 국방체제와 당시의 군사적 동향, 김화 백전전투의 전개 상황과 그 전투장소 고증, 김화 백전전투와 관련된 유적지 고증 및 정비 보존 대책, 정묘·병자호란 당시 포로를 송환하기 위한 조선 정부의 노력과 영향에 대한 내용이 발표·논의되었으며, 크게 본다면 병자호란과 관련하여 군사적, 전쟁사적 측면에서의 조명, 김화 백전전투 장소의 고증 및 관련 유적지 정비 방향에 대한 논의가 이루어졌다.


## 2013년 제9회 학술대회
### (제2회 병자호란 김화 백전대첩 기념 학술대회)

제2차 병자호란 김화 백전대첩 기념 학술대회는 2013년 10월 25일 "김화 백전대첩 승리의 비밀을 풀다"라는 타이틀을 걸고 2012년과 마찬가지로 철원군과 (재)국방문화재연구원의 주최·주관으로 철원군 철의삼각전적지 관광사업소 대강당에서 열렸다. 이날 학술회의에서는 병자호란 시 조선의 무기 특별전을 소개하는 것으로 시작하여, 김기훈 육군사관학교 교수의 「병자호란 김화 백전대첩의 군사적 고찰」에 대한 기조강연이 있었다. 이날 강연에서 김 교수는 그간 병자호란 당시 김화 백전전투가 새롭게 조명되었으면서도 2012년 육군본부에서 5년에 걸친 프로젝트의 결과물로 『한국군사사』(전 15권)를 발간되어 병자호란에 대해 본격적인 군사사 관점에서 다양한 성과가 반영되어 당시의 군사제도, 전략전술, 무기체계 등에 대한 종합적 검토가 이루어졌으면서도 중요한 백전전투에 대한 소략한 서술과 전투 위치 비정 등에 그간의 성과가 반영되지 못한 것을 아쉬운 점으로 지적하였다. 앞으로의 과제로 김화전투에 대한 자료집 발간, 김화전투 지역에 대한 고고학적 연구, 중국 역사학자들과의 공동 연구가 제의되었다. 이러한 제언은 김화 백전전투의 역사적 성격과 의미 부여를 보다 확고하게 하고, 보다 넓은 의미에서의 김화 전투에 대한 조명이 필요하다는 측면에서의 의견 제시였다고 평가할 수 있다. 연구논문 발표로는 「청의 팔기병 체제와 병자호란-청조 개국시기의 팔기제를 중심으로-」(서정흠 교수), 「병자호란시 조선군의 화약병기」(박재광 건대박물관 학예실장), 「조선 중기 활과 화살」(유세현 영집궁시박물관장), 「김화대첩시 조선군의 병력 배치 및 전술」(이재 국방문화재연구원장) 등이 있었다. 제2차 김화 백전대첩 학술회의에서는 병자호란 당시 김화 전투를 전쟁사, 군사사적 측면에서 보다 심화된 이해를 하고자 하는 방향에서 이루어졌다고 평가할 수 있다. 당시 청나라군사의 특성이나 전술, 조선군 진영의 무기나 전술 등에 대한 이해를 통해 김화전투를 보다 심도 깊은 이해를 도모하였다.

### 서중석 남북역사학자협의회 남측위원장 궁예도성 남북공동조사 추진 제안

2013년 11월 19일 철원군청 대회의실에서 열린 2013 제9회 DMZ평화상 교류협력부문 수상자인 서중석 남북역사학자협의회 남측위원장은 남북관계가 냉랭한 상황에서 교류협력 분위기로 나가기 위해서는 비정치적인 분야인 남북학계 사이의 장벽부터 허물어야 한다며 비무장지대 내 궁예도성에 대한 남북공동조사를 추진하자고 제안했다. 서 위원장은 궁예도성에 대한 남북 공동조사는 궁예가 애초 고구려의 계승을 내세웠고 나라 이름도 처음으로 고려라고 정했다는 점에서 고구려의 정통성을 강조하고 있는 북한도 충분히 관심을 기울일 사업이라며 추진을 촉구했다.

**철원 궁예도성 발굴·복원 추진 주목**

강원발전연구원은 2013년 12월 남북역사학자협의회 남측위원회와 「철원성(궁예도성)에 대한 조사와 발굴, 복원을 위한 업무협력 협약(MOU)」을 맺었다. 이에 따라 빠르면 2014년 2월부터 철원성 발굴·복원의 전 단계인 학술회의, 철원성과 DMZ 세계평화공원 관련 저서 발간 등을 위한 실무협의를 할 계획이다. 강원발전연구원과 남북역사학자협의회 남측위원회는 철원성과 DMZ 세계평화공원에 대한 남북공동 학술회의, 남북공동 지표조사, 남북공동 발굴조사 등도 중장기적으로 검토 중이다.

## 2015년 제10회 학술대회
### (제3회 병자호란 김화 백전대첩 기념 학술대회)

2015년 10월 16일 철원군여성회관에서 「김화 백전대첩지 활용과 관광활성화 방안 심포지엄」이란 타이틀로 김화 백전대첩 유적지를 어떻게 활용하고 철원군 관광활성화를 위하여 어떠한 연계방안이 있을까 모색하는 학술대회였다. 주제발표 세션 Ⅰ 김화 백전대첩지 활용방안 부문에서 유재춘 강원대 교수가 「김화 백전대첩 제1~2회 학술대회 성과 분석」을, 유승각 강원발전연구원 연구위원이 「김화 백전대첩과 DMZ생태평화공원 관광연계 방안」을 발표했다. 세션 Ⅱ 철원 김화지구 6·25전적지 관광활성화 부문에서 이정곤 박사가 「6·25전쟁 당시 김화 오성산 상감령 전투의 역사적 의미」, 이승구 강원대 교수가 「김화 오성산 상감령

전투지, 관광활성화 방안」, 전종순 21세기군사연구소 전문연구위원이 「6·25전쟁 최후 전투, 금성지구 전투(김화 교암산 전투)가 주는 교훈」을 발표했다. 토론자로 김정록 전 6사단 부사단장, 조규병 전 강원일보 기자, 김영규 철원역사문화연구소장, 박봉원 강원발전연구원 연구위원, 홍성익 강원도 문화재 전문위원 등이 참여했다. 이튿 날인 17일에는 김화 백전대첩지(충렬사) 및 6·25전적지(DMZ생태평화공원) 탐방이 있었다.

### 국회 외통위 철원 궁예도성 발굴사업 남북 공동조사 검토

2015년 11월 4일 국회외교통일위원회가 최근 비무장지대의 궁예도성 발굴사업을 적극적으로 검토하겠다고 밝혀 관심이 집중되고 있다. 국회 외통위는 지난 2일 고려 왕궁터이자 유네스코 세계유산인 북한 개성 만월대 발굴 현장을 방문하고 궁예도성 발굴사업을 등을 검토하겠다고 입장을 발표했다.

### 「DMZ 평화적 이용과 남북 역사문화교류 - 철원 궁예도성 남북 공동조사 필요성」 토론회

2015년 12월 1일 국회 의원회관 제1소회의실에서 한기호, 원혜영, 김영우, 우상호 국회의원이 공동으로 마련해 열린 토론회에서 참여자들은 남북 공동으로 궁예도성 조사를 통해 꼬인 남북관계의 물꼬를 트자며 필요성과 중요성을 수차례 강조했다. 토론회에서 이재 국방문화재연구원장이 「궁예도성의 현 실태와 남북공동조사의 필요성」, 하일식 연세대 교수가 「남북한 역사서술에서 태봉의 위상」, 조유전 전 국립문화재연구소장이 「궁예도성 복원 필요조치와 발굴계획안」을 주제로 각각 발표했다.

# 2016년 제11회 학술대회
## (저격능선전투 및 상감령전역 관광지화 방안 심포지엄)

2016년 10월 14일 철원군 여성회관에서 옛 김화군 중심지인 생창리 (읍내리) 일대 김화백전전투지~성재산성~전골총으로 이어지는 관방(關防)유적과 상감령전역(저격능선전투), 금성지구전투로 대표되는 오성산 일대 6·25전적지를 2016년 개장한 DMZ생태평화공원과 연계해 명실 상부한 '대한민국 국난극복(國難克服) 현장'으로 묶어서 대규모 체험관광 단지로 발전시킬 수 있는지를 모색해 보는 학술대회를 가졌다. 오전 10시 특별행사로 영화 '상감령'이 상영되었고, 오후 2시부터 6명의 주제발표가 있었다. 주제발표는 국방문화재연구원 권순진 조사연구팀장의 「김화 백전대첩지 정비 계획 및 활용 방안」, 울산과학대학교 이철영 교수의 「국내외 관방유적지(성곽유적) 관광지화 성공 사례」, 이정곤 북한대학원대학교 박사의 「상감령전역(上甘嶺戰役)을 어떻게 볼 것인가?」, 정해정 대진대 교수의 「상감령전역의 관광지화 ; "기억의 정치학"을 관광이라는 즐거움으로 뛰어넘기」, 강원발전연구원 유영심 책임연구원의 「상감령전역지 중국인 관광객(요우커) 유치 방안」, 철원역사문화연구소 김영규 소장의 「상감령전역에 대한 중국인 성향 및 남이섬 관광객 앙케트 조사 분석」 등이다. 종합토론에는 유재춘 강원대 교수, 권혁진 강원한문고전연구소장, 조대원 대진대학교 교수, 박봉원 강원발전연구원 연구위원이 참여했다. 15일에는 생창리 DMZ생태평화공원 제1코스와 2코스 암정교 용양보 등지를 탐방했다.

**철원 궁예 태봉국 테마파크 조성 추진**

2017년 1월 13일 철원군은 후삼국시대 궁예와 태봉국을 테마로 한 역사·문화 체험공간을 조성하고 지역관광 활성화를 도모하기 위해 2017년부터 2020년까지 4년 동안 철원읍 홍원리 703-7 일대에 이 사업을 추진하기로 했다. 총 사업비 130억 원이 소요되는 궁예 태봉국 테마파크 조성사업에는 궁예 역사체험관, 궁예 사당, 선양관, 태봉국 체험정원 등이 만들어진다. 군은 2016년 사업 부지를 대상으로 측량을 마무리했고 2017년 문광부로부터 설계비 3억8천5백만 원을 확보했다. 2월 토지매입, 3~12월 설계용역을 거쳐 2020년까지 연차적으로 사업을 추진한다.

# 2017년 제12회 학술대회

철원이 '코리아(Korea)'의 어원인 고려(高麗)의 개국지였다는 사실을 규명하고 재확인하기 위한 2017 태봉학술대회가 12월 1일 오후 1시 30분 철원군청 대회의실에서 열렸다. 철원군과 강원일보사가 주최하고 철원문화원과 철원역사문화연구소가 후원한 학술대회는 "태봉 도읍지 & 고려 개국지, 철원" 이라는 주제로 고려 태조 왕건이 태봉국 궁예왕을 몰아내고 개성으로 도읍을 옮기기 이전 이미 철원에서 '고려'라는 국호를 사용했던 역사적 사실을 집중 조명했다. 권혁순 강원일보 논설실장을 좌장으로 12명 전문가들이 주제발표 및 토론자로 나서 열띤 토론을 벌였다. 주제발표는 이재범 경기대 사학과 명예교수 「태봉과 고려의 개창지로서 철원의 역사적 위상」, 조인성 경희대 사학과 교수 「태봉 철원경의 경관 복원을 위한 문헌 자료 정리」, 유재춘 강원대 사학과 교수 「철원 월하리유적(고려 태조 王建 舊宅址) 조사 내용과 향후 과제」, 최성은 덕성 여대 미술사학과 교수 「태봉의 불교조각 - 지역성의 발현과 새로운 이미 지의 형상화」, 조경철 나라이름 역사연구소장 「궁예의 고려를 계승한 왕 건의 고려」, 김진영 한국외국어대 문화콘텐츠학과 교수 「철원지역 역사 문화콘텐츠 활용 방안 - 궁예왕과 태봉제를 중심으로」 등이 있었다. 토 론자로는 김용선 한림대 사학과 명예교수, 김창현 고려대 한국사연구소 연구교수, 이상배 서울역사편찬원 시사편찬과장, 정성권 동국대 미술사 학과 강사, 서금석 전남대학교 사학과 강사, 김영규 철원역사문화연구소 소장 등이 참가했다. 2017년 학술대회는 궁예 태봉국의 도읍지이자 왕 건 고려의 개국지인 철원의 위상을 재확인하고 머지않은 장래에 실현될 태봉국도성 남북공동조사를 준비하며, 궁예왕과 태봉국을 철원군의 문 화관광콘텐츠로 발전시킬 방안을 모색하기 위해 열렸다. 한편 학술대회 에서 참가자 전원이 <태봉학회> 창립을 선언하고 경희대 사학과 조인성 교수를 회장에 추대했으며 내년 2월경에 창립기념학술대회와 출범식을 갖기로 의견을 모았다.

## 2018년 태봉학회 창립기념학술대회 및 출범식 개최

2018년 2월 23일(금) 오후 2시 철원군청 4층 대회의실에서 태봉학회 창립기념학술대회와 출범식이 있었다. 이날 출범식에는 철원군수를 비롯한 기관장과 사회단체장 그리고 철원군민 약 150여명이 참가했다. 출범식에서 경희대 사학과 교수인 조인성 회장은 창립선언문에서 "고려는 태봉의 정치제도와 문물을 그대로 이어받았고 고려 역사를 연구하려면 태봉의 역사를 알아야만 한다. 그동안 태봉의 역사 문화는 주목받지 못했다. 이제 우리가 나서 잘못 알려진 태봉의 역사를 바로 잡고 적극 알리기 위해 태봉학회를 창립하니 선배후학들의 아낌없는 호응과 철원군민들의 성원을 기대한다. 그리고 태봉학회 출범이 통일을 전망하는데 조금이나마 도움이 되길 기대한다."고 했다. 이현종 철원군수는 인사말에서 "올해 2018년은 궁예 태봉국이 멸망한지 1,100주년이 되는 해이다. 이러한 뜻 깊은 해를 맞이하여 태봉학회가 창립된다는 것은 매우 보람찬 행보이다. 그동안 한정된 자료로 인해 왜곡된 역사를 바로 잡고 철원군 발전에 기여하는 태봉학회가 되길 기대한다."고 했다. 양원석 철원문화원장도 환영사에서 "뒤늦게나마 태봉학회가 출범하게 되어 퍽 다행이고 향후 태봉국 역사 연구가 진일보하여 철원군의 문화적 역량이 증진되고 주민들 자부심이 고양되기를 바란다."고 했다. 이어 5인조 밴드의 세미클래식 축하 연주가 있었고 축하 떡 절단과 기념촬영 순으로 진행되었다.

출범식에 앞서 진행된 창립기념학술대회에서는 이재범 전) 경기대 사학과 교수가 「국호 '태봉'과 궁예정권」이란 제목으로 기조발제를 했고, 조경철 나라이름역사연구소장이 「궁예의 철원 도읍과 '신경(神京)'」이란 제목으로 제1주제발표를 했다. 그리고 정성권 동국대 미술사학과 교수가 「태봉의 불교조각 - '궁예미륵'의 조성 배경과 의의」란 제목으로 제2주제발표를 했다. 이어 벌어진 종합토론에서는 김용선 한림대 사학과 명예교수를 좌장으로 박광연 동국대 연구교수, 최성은 덕성여대 미술사학과 교수가 참여하여 열띤 토론을 벌였다. 기조발제에서 이재범 교수는 태봉학회는 태봉국 역사 연구뿐만 아니라 철원의 자연 생태 인문 사회 등 모든 분야에 대한 연구와 저술이 이루어져야 한다고 강조했다. 지금은 남북분단으로 철원군이 접경지역에 머물고 있지만 머지않아 통일이 된다면 한반도 중심부에 위치한 철원군의 위상은 100년 전, 1000년 전의 번영을 구가할 수 있다. 이에 그러한 기반을 조성하는 역할을 해야 할 곳이 태봉학회라고 강조했다. 종합토론을 주관한 좌장인 김용선 한림대 명예교수는 수년전부터 창립하려고 했던 태봉학회가 출범하게 되어 감개가 무량하고 새로운 전기를 마련한 셈이니 여기에 계신 학자들과 후학들이 모두 나서 뜻 깊은 성과를 낼 수 있게 매진하자고 했다.


## 2018년 태봉학술대회

2018년 10월 12일(금) 철원군청 4층 대회의실에서 '남북공동의 문화유산 - DMZ 태봉 철원도성'이란 주제로 태봉학술대회가 열렸다. 주제발표는 「철원도성 연구의 현 단계」(이재 국방문화재연구원 원장), 「철원도성 남북공동연구의 과제」(조인성 경희대 사학과 교수), 「남북역사문화 교류의 경험과 전망」(하일식 연세대 사학과 교수), 「금강산 신계사 복원과 문화재 연구조사 교류」(박상준 불교문화재연구소 실장)가 있었다. 종합토론에는 조인성 태봉학회 회장이 좌장을 맡았고 토론자로는 유병하(국립경주박물관 관장), 이재범(경기대 사학과 명예교수), 임승경(국립문화재연구소 고고연구실 실장), 정호섭(한성대 역사문화학부 교수), 최성은(덕성여대 미술사학과 교수) 등이 참여하였다. 이튿날인 13일에는 평화전망대(태봉국도성)와 전 왕건구택지, 도피안사를 둘러보는 태봉국 관련 문화재 답사가 있었다

## 2019년 태봉학술회의

2019년 11월 8일(금) 철원군청 4층 대회의실에서 '신라의 쇠망 - 태봉 성립의 전야'라는 주제로 태봉학술회의가 열렸다. 기조발제는 「신라의 쇠망과 태봉의 성립」(이기동 동국대 명예교수), 주제발표는 「신라 하대 왕위계승전과 사병의 확대」(이기봉 충남대 교수), 「말법시대 변방의 작은나라 - 명분인가 시대인식인가」(박광연 동국대 교수), 「헌강왕의 유학진흥책과 사상적 혼돈」(배재훈 아시아문화원 연구원)이 있었다. 종합토론은 박남수 신라사학회 회장이 좌장을 맡았고 김영미 이화여대 교수, 김창겸 한국학중앙연구원 교수, 이재범 전 경기대 교수, 장일규 국민대 교수, 조범환 서강대 교수, 채미하 고려대 교수 등이 참여하였다. 이튿날인 9일 노동당사와 도피안사, 고석정과 송대소 일대를 둘러보는 현장 답사가 있었다.

태봉학회 총서 **1**

# 태봉
# 철원도성
# 연구

CHEORWON
DOSEONG :
THE CAPITAL CITY
OF TAEBONG
KINGDOM

**泰封國 鐵圓都城**

엮은이 | 태봉학회, 철원군

펴낸이 | 최병식

펴낸날 | 2019년 12월 30일

펴낸곳 | 주류성출판사

주소 | 서울특별시 서초구 강남대로 435(서초동 1305-5) 주류성빌딩 15층

전화 | 02-3481-1024(대표전화)  팩스 | 02-3482-0656

홈페이지 | www.juluesung.co.kr

값 22,000원

잘못된 책은 교환해 드립니다.

ISBN  978-89-6246-416-0  94910

ISBN  978-89-6246-415-3  94910(세트)